Uwe Burka

Jeder kann

die Zukunft

mitgestalten

Eine zukunftsfähige Geld- und Wirtschaftsordnung
für Mensch und Natur

Gemeinschaftsproduktion mit

 und

Copyright 2017: IL-Verlag, Basel
Copyright 2017: Hof Maiezyt, Uwe Burka
Umschlagbild: Isabelle Goumaz Burka
Umschlaggestaltung:
Ulinne Coverdesign, Neuenkirchen
Satz: IL-Verlag, Basel
Printed in EU
ISBN: 978-3-906240-68-8

Uwe Burka

Jeder kann
die Zukunft
mitgestalten

Eine zukunftsfähige Geld-und Wirtschaftsordnung
für Mensch und Natur

Mit einem Vorwort von Udo Herrmannstorfer
…und im Anhang:
Für jeden Tag im Monat ein Vorschlag zum
„aktiv ZUKUNFT sichern„
Es gibt menschlich-praktische Wege aus den wachsenden Krisen!

Gemeinsam herausgegeben von:

Uwe Burka
La Vulpillière 10
CH 1070 Puidoux
uweburka@posteo.org

Uwe Burka, ~~Hof Maiezyt, CH 3804 Habkern~~, uweburka@posteo.org
und IL-Verlag, Basel, info@il-verlag.com

Einbandgestaltung und Zeichnungen von Isabelle Goumaz Burka

Dieses Buch ist ausdrücklich zum Kopieren freigegeben. Der Name des Autors sollte bei einer Weitergabe allerdings mit angegeben werden und der Sinn des Gesamtinhaltes bei der Verwendung einzelner Passagen nicht verfälscht werden. In diesem Sinne können auch die Zeichnungen von Isabelle Goumaz Burka kopiert werden.

Dieses Buch gibt es auch frei in elektronischer Form unter:

www.aktivZUKUNFTsichern.com

Oktober 2017

*Dieses Buch ist
Jacques de Molay
und all denen gewidmet,
die ihr Leben für den Aufbau
einer menschenwürdigeren Welt
gegeben haben.*

Inhalt

Vorwort 9
Liebe Leserin, lieber Leser, ... 13
Eintauchen 17

1.Teil: Bewusst im Leben stehen 46

Warum brauchen wir eine zukunftsfähige Geld- und Wirtschaftsordnung? 47
Das Ideal kommt vor dem Kompromiss 53
Ziele 55
FREIHEIT – GLEICHHEIT – BRÜDERLICHKEIT 68
Arbeitsteilung bewusst erfassen 69
Polarität zwischen Produzierenden und Dienstleistern 73
Das soziale Hauptgesetz 76
Zentralisierung – Dezentralisierung 78
„Was brauchst Du wirklich?" 80
Die Energiefrage 82
Unser Stadt - Land - Verhältnis 92
Landwirtschaft, unser aller Basis, muss neu gestaltet werden 97
Kulturentwicklung ist die Voraussetzung für eine gesunde Wirtschaft 110
Die Rentenfrage 113
Erbschaften in die richtigen Hände geben 115
Umgestaltung der Produktions- und Dienstleistungsunternehmen 120
Assoziatives Wirtschaften 124
Ordnung schaffen 126
Regionalentwicklung mit Hilfe von Zukunftswerkstätten 132
Dezentrale Entwicklungshilfe zur Heilung der globalen Probleme 134

2. Teil: Geld verstehen und damit gestalten lernen 138

Wer regiert das Geld? 142
Wie entsteht das Geld? 146
Die drei Geldebenen – Eine Bewusstseinsfrage 154
Geld = Weltbuchhaltung 160
Der alles tötende „Wucher" 166
Handel mit Boden, Arbeit und Kapital zerstört unser Leben 168
Investmentunternehmen – schlimmer als die Banken 176
Profite für die Entwicklung von Mensch und Natur 178
Die Banken an die Leine nehmen 180
Vom „Schuldgeld-System" zum „Schenkgeld-System" 191
Ein realitätsbezogenes Geld 196
Alternative und komplementäre Geldsysteme 204
Die Rückeroberung der Macht 209
„Steuer"(-ungs)möglichkeiten 213
* Kapital- und Steuerflucht verhindern 219

3. Teil: Wir werden anders leben 221

Die Schweiz könnte Vorbild werden 225
Tragende Gemeinschaften 230
Aus der „Mitte" heraus aktiv werden 242
Abschließendes 247
Anhänge 255
„aktiv ZUKUNFT sichern„ 255
9/11 hat nie aufgehört 261
Biographie des Autors 268
*Reglement des Fonds „Erde und Kultur" 289

Vorwort

Es gibt viele soziale Baustellen in unseren Gesellschaften, neue und solche, die teilweise schon länger auf ihre Bearbeitung warten. Ihre Ausbreitung durch alle gesellschaftlichen Bereiche, ihr gleichzeitiges Auftreten und ihre Heftigkeit zeigen uns, dass es sich nicht mehr nur um sachlich und geographisch isolierte Einzelprobleme handelt, sondern dass der ganze soziale Weltorganismus schwer erkrankt ist. Und alle Hochrechnungen bisherigen Verhaltens prognostizieren ein Fiasko apokalyptischen Ausmaßes, dem mit einzelnen Reformen oder punktuellen Verbesserungen nicht mehr beizukommen ist. Haben wir unsere Zukunft schon verspielt? Nicht die Frage der Nachhaltigkeit sondern die Zukunftsfähigkeit menschlichen Verhaltens wird das neue existentielle Kriterium. Die Sorge um die Zukunft von Erde und Mensch ist deshalb eines der Grundmotive dieses Buches. Aber welcher Zukunft?

Der vor uns liegende Weg führt offensichtlich in einen Abgrund. Wohin können wir uns in unserer Orientierungslosigkeit wenden? Denn eine Sinnwende ist unumgehbar: Dieselben Denk- und Empfindungsweisen, die uns in diese Probleme hineingeführt haben, sind nicht geeignet, uns auf neue Weise – zukunftsfähig – herauszuführen. Mit dieser Erkenntnis ist bereits ein wichtiger Schritt getan. So wie sich in den Verhältnissen der Gegenwart die in früheren Generationen vorhandenen Vorstellungen menschlichen Zusammenlebens realisiert haben, so liegt in den Gedanken und Empfindungen, die wir in der Gegenwart entwickeln, der Keim für die Gestaltungen der Zukunft. Entscheidend ist, ob die entwickelten Gedanken genügend Keimkraft haben oder sich in der augenblicklichen Wirkung erschöpfen, z.B. durch das Abstellen eines Missstandes.

Das Buch ist eine Einladung zu einer breit angelegten Baustellenbegehung. Dabei liegt der Suche nach Antworten von Anfang an die

Überzeugung zu Grunde, dass Erde und Mensch – Natur und Kultur – nicht zwei getrennte Wirklichkeitsbereiche bezeichnen, sondern dass sie innerlich und wechselseitig miteinander verwoben sind. Im inhaltlichen Verlauf geht jeder Problemgruppierung eine Charakterisierung dieses Zusammenhanges voraus, gefolgt von einer Ursachenanalyse des Problems und Handlungsempfehlungen, die zur Verbesserung der Situation beitragen könnten. Dabei ergibt sich eine Mischung von ergebnisoffenen Anregungen, Rezepten und gesellschaftlichen Regelungsvorschlägen. Auch wenn nicht alle Hinweise Keime sind und bei entsprechender Aussaat ev. andere als die erwarteten Pflanzen und Früchte erscheinen würden, so bleibt dies doch ein weiteres durchgängiges Motiv des Autors: keimfähige Saat auszusäen.

Das Säen in der Stille ist gegenüber den lauten sozialpolitischen Auseinandersetzungen auf öffentlicher Bühne unspektakulär. In unserer ergebnisfixierten ungeduldigen Zeit erscheinen Aussaat und Keimung als Zeiten, in denen äußerlich beinahe Stillstand herrscht. Die darin wirksame unsichtbare Kraft aber enthält bereits potentiell alle daraus entstehenden Früchte. Wo die Aussaat dagegen vergessen oder verschmäht wird, da muss die lebendige Samenkraft durch äußere Kräfte – in diesem Falle mit der Durchsetzungskraft gesellschaftlicher Macht – ersetzt werden.

Hier zeigt sich ein Dilemma, in das jeder engagierte Mensch gerät, wenn er an gesellschaftlichen Veränderungen mitwirken will: Die Missstände scheinen sich schneller zu entwickeln als die Bewusstseinslage und das darauf gestützte Verhalten der Menschen. Wer vor allem Missstände beseitigen will, der wird nicht auf die individuelle menschliche Entwicklung warten wollen. Der Ruf nach allgemein verbindlichen „guten" Regeln ist zwar aus gesellschaftlicher Sicht verlockend und findet eine große Anhängerschaft, bedeutet aber aus der Sicht der Individualität in der Regel einen Entwicklungsrückschritt, weil die Eigenkräfte der beteiligten Menschen mangels Betätigung geschwächt werden. Die Humboldt'sche Warnung, der Staat könne die Menschen nicht bessern, ist aktueller denn je. Es gehört eben auch zum Verständnis der notwendigen Sinn-Wende, dass die Probleme nicht nur durch den

Menschen geschaffen werden, sondern dem Menschen auch als Entwicklungshilfe dienen. Als Beispiel mag der ökologische Fußabdruck dienen, der oft als Maßstab umweltgerechten Verhaltens angeführt wird. Weitgehend unberücksichtigt geblieben ist aber die Frage, wo die Menschen hingehen, die diese Fußabdrücke hinterlassen haben, und was sie dadurch an anderer Stelle geleistet haben oder leisten werden. Das Abwägen des richtigen Vorgehens in einer Situation muss jeder selbst sorgfältig und verantwortungsvoll bedenken. Das kann uns auch kein Buchautor letztlich abnehmen. Der Ausweg, den Burka anbietet, besteht aus einer breiten Palette von Handlungsalternativen, die von der freilassenden Aufforderung bis zu konkreten Gesetzesvorschlägen reichen.

Was ist das Kriterium der Zukunftsfähigkeit? Die Vorstellungsweisen der Vergangenheit dem sozialen Leben gegenüber waren in unserem kulturellen Umfeld ganz auf die Emanzipation des Einzelnen gerichtet. Die Individualität war das Ziel, das aber nur zu erreichen war unter Ausblendung sowohl der geistigen als auch der mitmenschlichen Bezüge. Das Ergebnis waren der geistige Materialismus und der soziale Egoismus. Sie wurden allen gesellschaftlichen Modellen zugrunde gelegt und bis heute zum bestimmenden Faktor der sozialen Gestaltungen erhoben. Durch die Triebkraft des Egoismus kam ein mächtiger Zivilisationsimpuls in unsere Kultur, dessen Errungenschaften unser Leben durchziehen. Was zu Beginn bejubelt wurde, hat sich zwischenzeitlich jedoch in sein Gegenteil verkehrt. Der Egoismus wuchert über seine sozialen Grenzen hinaus und wird zur zerstörenden Kraft nicht nur des Bestehenden sondern auch dessen, was er selbst hervorgebracht hat. Der Ruf nach dem Meisterwort des Hexenmeisters ist überlaut zu hören.

Wer aber ist der Meister des sozialen Lebens? Die Kompliziertheit der Beziehungsverhältnisse scheint sich dem Verstehen des Einzelnen, wenn er nicht spezialisierter Fachmann ist, zu verweigern. Ohnmacht, Resignation und eine zunehmende Angst vor der Zukunft sind weit verbreitet und führen zu einer Lähmung des Willens. Die Krankheit wird zur Normalität erklärt, Anpassung zur Handlungsmaxime. Das ergibt sich, wenn der Verstand versucht, die Verhältnisse wie von außen zu verstehen und zu regeln. Im Geistigen wie im Sozialen ist alles in

Bewegung. Und diese erfährt man, wenn man sich selbst bewegt. Im Sozialen stehen wir bewegend darinnen und haben dadurch die Möglichkeit unmittelbar aufgrund sozialer Erfahrungen (und nicht Theorien) mitzugestalten. Die dazu notwendige Begegnung mit anderen weitet den Blick des Egos zum Ganzen hin und setzt der Vereinzelung des Egoismus den christlichen Impuls der Freiheit und Nächstenliebe entgegen. Die Überwindung des geistigen Materialismus ist die stärkste Waffe gegen den Egoismus, die sich der individuelle Mensch schmieden kann. Angekommen bei uns selbst, können wir heute fragen: Was kann ich beitragen zur Gesundung von Natur und Menschheit?

Dies ist die Aufforderung des sozialen Lebens der Gegenwart, die aus dem Buch tönt:

Sieh' Dich um was geschehen müsste

Sieh' was Du tun kannst

Tue es.

Zum Abwarten haben wir keine Zeit.

Udo Herrmannstorfer (Wirtschaftsberater)

Liebe Leserin, lieber Leser,

Noch gehören wir zu den reichen Bürgern unserer Erde. Durch die Spekulationsaktivitäten an den sogenannten „Märkten" nimmt die Umverteilung von den Armen zu den Reichen aber immer gefährlichere Ausmaße an. Es ist nur eine Frage der Zeit, wann auch wir massive wirtschaftliche, ökologische und soziale Zusammenbrüche erleben werden.

Wir alle nehmen an dem größten je da gewesenen realen Kriminalfall teil. Warum die mächtigen Finanzakteure mit ihren Helfern in Politik und Massenmedien nicht an Aufklärung und Gerechtigkeit interessiert sind, wird immer klarer werden.

Dieses Buch, in zweiter überarbeiteter Ausgabe, zeigt konkrete Möglichkeiten auf, wie wir aus dieser Sackgasse herausfinden können und die Wirtschaftsverhältnisse durch persönliche und gesellschaftliche Aktivitäten verbessern können.

Als Erstes braucht es auf allen Ebenen mehr Menschen, die sich ein tieferes Verständnis der zugrundeliegenden Fehlentwicklungen aneignen. Wer die hier dargestellten und weitere Veränderungsmöglichkeiten glaubwürdig auch nach außen kommunizieren möchte, wird allerdings an einer gesundenden Umgestaltung des eigenen Lebens nicht vorbeikommen. Die Wahl einer gemeinwohlorientierten Arbeit und ein bewusstes Konsumverhalten sind da die ersten Voraussetzungen. Zusätzlich können wir einen großen Einfluss gewinnen durch die Art, wie und wem wir unser zurzeit nicht benötigtes Geld leihen.

Den größten Einfluss auf die zukünftigen Wirtschaftsverhältnisse erreichen wir durch eine heute sehr vernachlässigte Geste: das bewusste „Verschenken". Einem Kind z.B. eine kreative Bildung in einer freien und lebensnahen Schule zu schenken, kann ungeahnte Zukunftskräfte entfesseln. Aber auch schon das Schenken von Aufmerksamkeit und aufbauenden Worten oder eines guten Buches, kann bei Mitmenschen Blockaden lösen und neue Lebenswege initiieren. Unsere Zukunft hängt maßgeblich davon ab, inwieweit wir uns für die Entwicklung von Mensch und Natur interessieren und ihnen, zum Teil mindestens, unser Leben schenken.

Auf gesellschaftlicher Ebene ist es dringend notwendig unser heutiges „Schuldgeld-System" zu überwinden, welches den Wachstumszwang und damit Umweltzerstörung, soziales Elend, Kriege, Flüchtlingsströme usw. zur Folge hat.

In diesem Buch werden praktische Wege, hin zu einem „Schenkgeld-System" aufgezeigt, welches eine rettende Neubelebung der kulturellen, sozialen, ökologischen und ökonomischen Verhältnisse ermöglichen kann.

Das Buchmanuskript gab ich zur Kritik Menschen mit sehr unterschiedlichen Hintergründen. Einige Anregungen konnte ich so aufnehmen. Auch wurde mir nahegelegt, im Anhang dieses Buches meine Biographie abzudrucken, damit der Leser die aufgezeigten Probleme und Lösungsvorschläge nicht einfach als ersonnene idealverblendete Theorien abtun kann, sondern sieht, dass sie auf Grund meiner Lebenserfahrungen als realistische Erkenntnisse angenommen werden können. Allen Beitragenden danke ich hiermit herzlich. Mein besonderer Dank geht an meine Frau Isabelle für ihre menschliche Unterstützung und die Zeichnungen für dieses Buch.

Damit die hier dargestellten Entwicklungsmöglichkeiten auch in weiteren Kreisen gelesen, diskutiert und umgesetzt werden können, hatte ich die erste Auflage mit 10.000 Exemplaren selbst finanziert und über verschiedene Wege verschenkt. Gleichzeitig haben einige zigtausend Leser das Buch frei heruntergeladen. Dies ist auch weiterhin unter *www.aktivZUKUNFTsichern.com* möglich.

Mehr als tausend positive Rückmeldungen und kleine Spenden trugen zu dieser zweiten überarbeiteten Auflage bei, weshalb wir auch diese

Auflage wieder mit 10'000 Exemplaren verschenken können. Diesen Menschen danke ich herzlich für ihre Beiträge.

Auch Sie können durch einen kleinen Betrag helfen die nächste Geschenk-Auflage und Übersetzungen zu ermöglichen. Siehe nächste Seite.

Diese zweite Auflage kommt in Zusammenarbeit mit dem IL-Verlag, Basel, heraus, welcher die nochmalige Durchsicht und Edition unentgeltlich durchführte. Über den IL-Verlag können die Buchhändler das Buch bestellen. Für diese Art von Bestellung berechnet Ihnen der Buchhändler allerdings ca. 10,- CHF oder 9,- € für die reinen Vertriebskosten.

So, nun wünsche ich Ihnen eine anregende Reise, indem Sie mit mir in die Welt unseres Sozial- und Wirtschaftslebens eintauchen und erfahren, dass auch Sie die Zukunft mitgestalten können.

Uwe Burka, Hof Maiezyt, im Oktober 2017

„Jeder kann die Zukunft mitgestalten" von Uwe Burka

Dieses Buch ist ein Geschenk,

auch zum Weiterschenken.

Der Autor und viele Leser der ersten Auflage machten dies möglich.

Falls auch Sie dieses Buch stimulierend finden und an einer noch größeren Verbreitung interessiert sind, beteiligen Sie sich doch bitte mit einem kleinen Betrag an der Finanzierung der nächsten Geschenk-Auflage und Übersetzungen.

Konto CHF:

Uwe Burka, Freie Gemeinschaftsbank Basel,

IBAN CH91 0839 2000 0040 1037 0, BIC: BLKBCH22

Konto EUR:

Uwe Burka, GLS-Bank Bochum,

IBAN DE23 4306 0967 0033 7455 40, BIC: GENODEM1GLS

Gerne schenken wir auch Ihren Freunden ein weiteres Buch:

Dazu senden Sie uns bitte *einen adressierten und frankierten B5-Briefumschlag ohne Polster (CH = 2,0 CHF, D = 1,0 €, A = 2,5 €)*. Für bis zu 20 Bücher schicken Sie uns bitte eine Adresse und 20,00 CHF oder 15,00 € für den Versand zu der jeweiligen Landesadresse:

Schweiz:	Uwe Burka, ~~Hof Maiezyt, CH-3804 Hab~~kern
Deutschland:	Kultur-Tankstelle, Autohaus Manske GmbH & Co KG Hauptstr. 49, D-79591 Eimeldingen
Österreich:	Daniela Schmock, Kulturraum Gut Oberhofen A-4894 Oberhofen am Irrsee

Auf unserer Website *www.aktivZUKUNFTsichern.com* ist zu erfahren, wie viel Vorrat es noch hat. Dort kann es auch frei heruntergeladen werden.

Uwe Burka
La Vulpillière 10
CH 1070 Puidoux
uweburka@posteo.org

Eintauchen

Wäre es nicht schön, wenn im Fokus unserer Aktivitäten die Entwicklung von Mensch und Natur stehen würde?

Sicherlich wünschen sich die meisten Menschen eine bessere Welt, aber wissen Sie, was sie dazu beitragen können? Und was wären Sie bereit dafür zu tun?

Dieses Buch zeigt Wege, wie jeder Einzelne von uns an einer Gesundung der Welt konkret mitarbeiten kann. Technische, soziale, ökologische, monetäre und geistige Heilungsmethoden gibt es reichlich. Auch Geld hätten wir im Übermaß, um die zukunftssichernden Möglichkeiten anzugehen.

Es fehlen allerdings die Menschen, die diese positiven Herausforderungen sich zu eigen machen. Warum fällt uns das Aktivwerden nur so schwer?

Dazu müssen wir uns eingestehen, dass wir mehr und mehr in einer kranken Gesellschaft leben, die uns manipuliert, betäubt und uns unserer natürlichen und moralischen Lebensgrundlagen beraubt. Von allen Seiten werden wir täglich mit Konsum, Industrienahrung, Elektrosmog, Stress, Lügen, Aggressivität, usw. bombardiert. Sich einen inneren Freiraum zu schaffen, um aus unserer Mitte heraus neue Wege und die eigene „Berufung" zu finden, fällt da immer schwerer.

Aber uns allen, egal ob wir reich oder arm sind, bleibt nichts anderes übrig, als dass wir uns aus diesem Gefängnis befreien und uns aktiv um eine Umgestaltung unserer Gesellschaft bemühen.

Mehr und mehr Experten fragen sich: Wann wird unser auf Wachstum und Konkurrenz aufgebautes Wirtschaftssystem auch hier zusammenbrechen? In 20, 10, 5 oder 2 Jahren? Oder vielleicht schon nächste Woche? Für viele Menschen, auch in Europa, ist das System schon zusammengebrochen. Schon ein paar kulminierende negative Nachrichten können jederzeit eine Panik an den Geld-überladenen Finanzmärkten auslösen.

Wir haben keine geordnete Marktwirtschaft, sondern eine unkontrollierte und wild gewordene Finanzwirtschaft, die sich auf Kosten der Realwirtschaft die schlimmsten Exzesse erlaubt.

Zum Beispiel schiebt die Europäische Zentralbank nun ohne parlamentarische Kontrollen jeden Monat über 80 Milliarden Euro über die Geschäftsbanken in die Finanzmärkte und spricht davon, die stockende Wirtschaft damit ankurbeln zu wollen. Nur von diesen größer werdenden Summen kommt kaum etwas in der Realwirtschaft an! Und wenn, dann nur als Kredite für die ohnehin überproduzierende Industrie. Die wenigsten Bürger verstehen noch diese fraglichen Rettungsaktionen für unsere Wirtschaft.

Ist dieses Verhalten nicht vergleichbar mit folgendem Bild? Eine verlotterte Familie braucht dringend Hilfe. Nun schenkt man dem spielsüchtigen Familienvater eine große Menge Geld, die er sofort wieder verspielt und der konsumabhängigen Mutter leiht man Geld für ein neues Zweitauto. Die armen Kinder erhalten weiterhin keine gesunde Nahrung und stimulierende Schulbildung. Dabei bräuchten die Kinder dringend menschliche Zuwendung, gesunde Nahrung und eine zukunftsweisende Bildung. Die Eltern bräuchten Therapien und Umschulungsmöglichkeiten, um ihre Fähigkeiten für eine bessere Zukunft ausbilden zu können.

In einer gesundenden Realwirtschaft müssten Gelder heute eigentlich dringend in zukunftsaufbauende Bildungs-, Sozial- und Ökologieprojekte fließen. Würden die 80 Milliarden Euro monatlich in diese Bereiche geleitet werden, dann könnte das eine Kultur-, Sozial- und Ökologierevolution von einem nie da gewesenen Ausmaß bedeuten! Zusätzlich würde das Geld in der Realwirtschaft bleiben,

Es geht mir bei den vorgebrachten Erkenntnissen und den daraus entwickelten Veränderungsvorschlägen nicht darum, eine „Beweisschlacht" mit der ständigen Nennung von Quellen führen zu wollen, denn alles kann ja heute als „richtig" bewiesen werden. (Selbst Kriege beweist man der Bevölkerung als „richtig", und dies auf beiden Seiten.) Sondern es geht mir darum, den überall gegenwärtigen „Medienmeinungen" noch die eigene praktische Erfahrung hinzuzufügen und die sich mir daraus ergebenden weiteren Überlegungen zur Diskussion zu stellen. Der Leser kann diese frei mit den eigenen Erfahrungen vergleichen und annehmen, ablehnen oder erst einmal als Frage stehen lassen. Idealerweise werden noch andere Erfahrungen dazugestellt, um ein klareres Bild zu bekommen. Schnell wird auch der unbedarfte Leser feststellen, dass es mit den offiziellen und breit vertretenen „Meinungen" nicht unbedingt zum Besten steht. Der Austausch von wirklich selbst gemachten Erfahrungen und der daraus entwickelten Sichtweisen wird für eine Neuordnung unserer Wirtschafts- und Lebensprozesse immer wichtiger.

Wirtschafts-„Wissenschaftler" werden sich natürlich schwer tun mit meiner Vorgehensweise, da sie es gewohnt sind, die Verhältnisse nur theoretisch, analytisch und mit dem alten Blick der Wachstumsdoktrin von außen zu betrachten. Aber auch ihnen verspreche ich neue „Einblicke" in das Leben unserer Wirtschaftsverhältnisse.

Das zentralisierte, rein materielle kommunistische System hat mit der Vernichtung des Bauern-, Handwerks- und Mittelstandes sowie der Kontrolle über das Bildungssystem eine kaum zu glaubende zerstörte Wirtschaftsstruktur, Umwelt und Kultur hinterlassen. Der Umzug meiner Familie nach der Wende in die ehemalige DDR, um in den dort zusammengebrochenen Verhältnissen eine sozial-ökologische Dorfgemeinschaft aufzubauen, hat uns dies täglich klar vor Augen geführt.

Unser sich zunehmend aufblasendes neoliberales Wirtschaftssystem ist dabei, die gleichen Verbrechen an Natur und Menschheit zu begehen. Natürlich ist jeder Einzelne mit seiner Denk- und Konsumkultur mitverantwortlich. Unser krankes, auf Konkurrenz und Profit aufgebautes System hat seine Metastasen gründlich über die ganze Menschheit verbreitet. Ob wir es wahrhaben wollen oder nicht, wir sind alle infiziert. Wir haben es also gleichermaßen mit einem System-, wie auch einem Kulturproblem zu tun.

Wirtschaft wird heute für die meisten Menschen in erster Linie mit Geld gleichgesetzt. Durch die sogenannten Finanzmärkte, aber auch durch unser eigenes unbewusstes Verhältnis zum Geld, tritt eine bedarfsorientierte „Realwirtschaft" immer mehr in den Hintergrund. Selbst die wichtigsten Bedürfnisse unserer Mitmenschen und der Erhalt der Natur werden zunehmend der Allmacht des Geldes, dem „Mammon" geopfert.

Welchen Stellenwert hat z.B. die Landwirtschaft, unser aller Lebensgrundlage, in unserem Wirtschaftssystem? Weltweit haben 2016 die Bauern und Gärtner ca. 1,4 Billionen US-Dollar für ihre Produkte bekommen. (Eine Billion = 1.000.000.000.000.) Dies sind im Durchschnitt ca. 200,00 US-Dollar von jedem Erdenbewohner im Jahr. (Davon ging allerdings der größte Teil für Pachten, Kredite, Maschinen, Saatgut und Agrochemie sofort wieder weg). Gleichzeitig gab es einen Umsatz in der Realwirtschaft von ca. 77 Billionen US-Dollar, das sind ca. 10.000,00 US-Dollar pro Erdenbewohner *(50-mal so viel)*. Und nun aufgepasst: Gleichzeitig gab es in der „Spekulationsindustrie" (Aktien, Devisen, Derivate usw.) einen Umsatz von über 3.000 Billionen US-Dollar, dies sind über 420.000,00 US-Dollar pro Erdenbewohner. Für Spekulationen wurde also weltweit über 2.000mal mehr Geld bewegt, als für die Landwirtschaft! (Als Grundlage für diese Zahlen dienten verschiedene Bankstatistiken, insbesondere die der Weltbank und die der „Bank für Internationalen Zahlungsausgleich" (BIZ) in Basel. Die BIZ errechnet z.B. alle drei Jahre die globalen spekulativen Devisen- und Derivategeschäfte.)

Sollten wir uns vor diesem Hintergrund nicht fragen, wie es kommt, dass wir es trotz der gigantischen Geldmittel nicht schaffen, unsere Bauern richtig zu bezahlen, damit sie und ihre Familien würdig leben können und für uns alle das Land ohne Gifte gesund bestellen können? Die Hälfte von allem Humus haben wir durch die chemische Landausbeute in den letzten 70 Jahren schon verloren! Sind wir nicht in der Lage, auch nur ein Tausendstel der Spekulationsgelder zu verwenden, um unser aller Lebensgrundlage, den Humus und dessen Pfleger zu schützen? Laut Weltagrarbericht 2011 müssen eine Milliarde Menschen hungern, obwohl biologisch-nachhaltig zwölf Milliarden Menschen ernährt werden könnten. Laut diesem UN-Agrarbericht, welcher von über 400 Experten aus 58 Ländern erstellt wurde, setzt dieses allerdings eine verbreitete biologische Kleinlandwirtschaft voraus. Der Agrochemiegigant Monsanto verbreitet aber trotzdem die Lüge immer weiter, dass die Welt nur durch Chemie und Genmanipulationen ernährt werden kann. Viele Massenmedien und Regierungen unterstützen diese Lüge.

Wie leben wir in unserer wirtschaftlich hochentwickelten Welt? Ist es in unseren Dörfern und Stadtteilen wirklich schön, ruhig, nachbarschaftlich, kindgemäß, naturdurchzogen, kulturell lebendig; also heimisch und lebenswert? Selbst im Praktischen können wir uns fragen, wie viel Erleichterung wir gewonnen haben: Finden wir noch Arbeit, Schule, Einkaufsmöglichkeiten, Handwerker, Ärzte, Behörden usw. nebenan oder sind wir vollkommen vom Auto abhängig?

„Nur Wachstum kann Arbeitsplätze und Wohlstand sichern!"
Mit dieser Behauptung werden weiter unsere Landschaft vergiftet und zugebaut sowie die Finanzmärkte mit ihrer Diktatur auf Kosten des sozialen Friedens aufgeblasen. Politik, Medien und gesellschaftliche Einrichtungen scheinen nur noch Handlanger dieses Systems zu sein. Um das wirkliche Wohlergehen von Mensch und Natur kümmert man sich nur noch ansatzweise.

Die ökologischen und wirtschaftlichen Krisen wachsen rasant, aber noch schlimmer sind die menschlichen Katastrophen, die sich dadurch zusammenbrauen.

Welche Zukunftsperspektiven vermitteln wir z.B. unseren Kindern und Jugendlichen? Das große Geldverdienen? Einfamilienhaus auf dem Lande, das heißt im Siedlungsdorf ohne Laden, Schule und Kultur? Flugreisen zum fernen Strand mit kurzer Sight-Seeing-Tour zu den letzten Urwaldnischen und Durchfahrt eines Vorstadtgettos? Vernetzung mit der ganzen Welt, bald sogar mit Google-Earth-Live? Wer sich anstrengt und sich anpasst, kann dies vielleicht alles haben und braucht nicht, wie die meisten Menschen, in Armut zu leben.

Wir entziehen den Kindern immer mehr eine Beziehung zu Natur, Handwerk, Kunst und gesundem Sozialleben und geben ihnen lieber iPads zur Kommunikation und Videokriegsspiele zur Freizeitgestaltung und wundern uns, wenn sie depressiv, aggressiv oder hyperaktiv werden. Abhilfe sollen dann die Pharmazeutika wie das millionenfach verabreichte „Ritalin" bringen. Dieses gigantische Geschäft trägt zu unserem heutigen Wirtschaftswachstum bei, verhindert aber die menschliche Entwicklung, die wir so dringend brauchen, um uns für morgen ein neues menschen- und naturwürdiges Leben zu gestalten.

„Gestern Abend ist ein Jugendlicher in unserem Bahnhof vor den Zug gesprungen", erzählte mir eben ganz erschüttert ein Nachbar. Derlei Nachrichten häufen sich leider. Sehr viele begehen auch den schleichenden Suizid durch Drogen, Alkohol oder verlassen einfach die Realität und verlieren sich in einer fiktiven elektronischen Welt. Wenn es nicht immer wieder junge Menschen mit einer natürlich mitgebrachten Positivität gäbe, könnte man den Glauben an eine bessere Zukunft ganz verlieren.

Warum schweigen bei all diesen grundlegenden Problemen die meisten Intellektuellen und Vertreter unserer Gesellschaft in Kirchen, Gewerkschaften, Schulen, Universitäten, Sozialeinrichtungen usw.?

Wo sind die jungen Menschen, die sich kraftvoll für eine bessere Welt einsetzen können? Konkret suche ich für mehrere zukunftsweisende Projekte mutige, kreative und belastbare Menschen, die als Pioniere oder Mitunternehmer Verantwortung übernehmen können. Leider gibt es aber viel zu wenig gesunde Menschen mit diesen Fähigkeiten. Meinen Beraterkollegen geht es ähnlich. Durch beratende Begleitung und Fach-Seminare versuchen wir, zu mindestens punktuell, die Situation etwas zu verbessern.

Bei dem staatlichen Bildungssystem sieht es sehr trist aus, was den Nachwuchs für eine zukunftsgerichtete Gesellschaft angeht. Es geht da zunehmend um eine intellektuelle Wissensvermittlung zur bestmöglichen Eingliederung in ein überbürokratisiertes und profitorientiertes Gesellschaftssystem. Lernangebote zur Steigerung der menschlichen Kreativität werden dagegen abgebaut. Zusätzlich sind mittlerweile die meisten Schüler süchtig nach iPads und PCs. Fast jegliche Gestaltungskraft für eine bessere Welt wird so erdrückt.

Warum werden bei dieser Situation iPads und PCs, von den Schulen für die Kinder unter 14 oder 15 Jahren nicht einfach verbannt und dafür lebendige Angebote gemacht? Ein Kind – im kreativen Umfeld aufgewachsen – wird keine Schwierigkeit haben, erst später mit einem PC zu beginnen. Mein Sohn z.B. hat erst mit 15 Jahren angefangen mit dem PC zu arbeiten. Nach zwei Jahren war er bereits der rettende Fachmann für die Lehrer an seiner Waldorfschule.

Kreativität kann schon früh gefördert werden. Wald- und Hofkindergärten, Gartenunterricht, Theaterspielen, Werken, Kunstprojekte, Zirkus, Organisation von Abenteuerreisen, Landwirtschaftswochen, Verantwortung für kleinere Schüler übernehmen, Planung von lokalen Währungen und Unternehmungen usw. braucht es für die junge Generation! Meine Frau plant z.B. an ihrer Schule schon mit Fünftklässlern zukunftsfähige Dörfer: Mit Begeisterung zählen die Schüler auf, was es alles braucht: Bäcker, Bauernhöfe, Spielstraßen ohne Autos, Tischler, Läden, Schule, Feuerwehr, Krankenschwester usw. In einer eigens hergestellten Sandkiste wird alles gebaut und gestaltet. Jeder übernimmt eine Verantwortung, eine Bürgermeisterin wird ebenfalls engagiert gewählt.

Auch wenn ich in diesem Buch von verschiedener Seite auf die unschönen Ursachen der pädagogischen, sozialen, wirtschaftlichen und ökologischen Missstände eingehe, so ist dies doch notwendig, da die Lösungen für eine nachhaltige Zukunft sich aus einem tieferen Verständnis der heutigen Situation ergeben. Oder bildlich gesprochen: Bevor ich ein altes Haus renoviere, sollte ich mir gründlich das Fundament, die tragenden Balken und das Dach anschauen. Es nutzt nichts, die Wände schön zu verkleiden, wenn dahinter morsche Balken sind. – Wir werden sehen, dass es im Gebälk schon richtig fault.

Unsere neoliberale Wirtschaft ist weitgehend außer Kontrolle geraten! Dieses System folgt seinen eigenen Gesetzen bezüglich Zentralisierung, Wachstumszwang und Profitvermehrung. Bis 1980 betraf dies vorwiegend die Realwirtschaft. Seither hat die spekulative Finanzwelt mit den gleichen unnatürlichen Gesetzmäßigkeiten fast vollständig die Realwirtschaft in ihren Besitz oder mindesten unter ihre Kontrolle gebracht.

Diese übergeordneten, weitgehend anonymen Finanzmächte saugen die Realwirtschaft nun immer brutaler aus. Um die Machtstrukturen für deren Wachstum zu festigen werden Bürger, Organisationen und Regierungen manipuliert, überwacht und zunehmend mit Hilfe der Medien unter ihre Kontrolle gebracht. Natürlich so geschickt, dass die meisten Bürger, Politiker und Journalisten immer noch meinen in einer freien Demokratie zu leben und die Geschicke selbst mitbestimmen zu können.

Wir alle kennen das neoliberale Gesetz der Zentralisierung, durch welches die Kleinen von den Großen geschluckt werden. Das Verschwinden von kleinen Läden, Firmen, Landwirtschaften, Schulen, Gemeindebüros usw. in unserer Umgebung kennt jeder.

Auf globaler Ebene finden diese Zentralisierungen ebenfalls statt. Dies betrifft nicht nur die Realwirtschaft, die z.B. durch forcierte Freihandelsabkommen immer weiter dazu gedrängt wird. Auch die wachsenden Finanzmächte benutzen nun zunehmend Staaten und Staatengemeinschaften um ihre Macht auf globaler Ebene auszubauen. Das neoliberale Gesetz der Zentralisierung kann – wie beim Monopoly-Spiel – letzten Endes nur einen Sieger übrig lassen!

Wer gehört denn global gesehen zu den mächtigsten Spielern?

Die USA waren bis vor kurzem die stärkste Wirtschaftsmacht. Deren enorme Überschuldung und ständige Handelsdefizite (mehr Import als Export) zwang sie aber dazu, immer mehr Dollar zu kreieren und in den internationalen Kreislauf zu pumpen, um nicht zu kollabieren. Möglich ist ihnen dies durch das 1944 in Bretton Woods trickreich erhandelte internationale Währungsabkommen, welches den Dollar zur Leitwährung machte, mit der auch das Öl gehandelt werden musste. Da einige Länder, trotz schwerer Repressalien der USA, den Dollar nicht mehr als Leitwährung anerkennen (z.B. Russland und Iran), wird es für die USA immer schwieriger wirtschaftlich oben zu bleiben. Dafür versucht sie als stärkste Militärmacht der Welt ihren Führungsanspruch durchzusetzen. Als Weltmeister in kriegerischen Auseinandersetzungen sammelt ihre Armee ständig Kriegserfahrungen und verdient nebenbei noch gigantische Summen durch Waffenverkäufe an die verschiedenen Konfliktparteien. Die USA versuchen weiterhin die Europäer, Kanada, Neuseeland und Australien an sich zu binden. In Mittel- und Südamerika sind die USA durch die ständigen Manipulationen der dortigen Regierungen immer weniger gerne gesehen. In Nahost wird ihr Führungsanspruch mit Hilfe der Israelis und Saudis, sowie deren Destabilisierungspolitik gegenüber den anderen Ländern aufrechterhalten. Dass Russland dabei Syrien zur Hilfe kam schmeckt ihnen gar nicht.

China ist gerade dabei, die USA wirtschaftlich zu überholen. Global sind nun viele Nationen von chinesischen Produkten abhängig, da immer mehr Produktionsketten im eigenen Land aufgegeben wurden. Durch Landkäufe und Infrastrukturprojekte im großen Stil hat sich China in Südostasien und über den gesamten afrikanischen Kontinent zur führenden Nation gemacht. Seine große Armee ist in erster Linie auf Verteidigung ausgelegt und hat nur wenig praktische Erfahrung. Mit Russland und evtl. Indien würde sie aber für die USA ein unberechenbarer Gegner sein. China hat sich auf Wirtschaftsebene mit Brasilien, Russland, Indien und Süd Afrika zu den sogenannten BRICS-Staaten zusammen geschlossen und gibt dem Wirtschaftsbund der G7 (USA, Japan, Kanada, England, Deutschland, Frankreich und Italien) ein Gegengewicht.

Russland spielt wirtschaftlich nicht ganz vorne mit. Aber es hat gewaltige Bodenschätze. Militärisch sind sie für die USA eigentlich nicht gefährlich, da es vorwiegend eine Verteidigungsarmee hat. Trotz enormer Abrüstungsaktivitäten, besitzt die Russische Föderation aber noch ein großes Atomarsenal zur Abschreckung. Im Gegensatz zu den USA hat Russland kaum Auslandstützpunkte. Russland wäre lediglich eine Gefahr, wenn es sich mit den Chinesen, oder schlimmer für die USA, mit den Europäern zusammenschließen würde.

Wir befinden uns zunehmend in der Endphase des globalen Monopoly-Spieles.

Wenn wir dieses Monopoly-Spiel, also das neoliberale Gesetz nach Zentralisierung mit letztlich nur einem Gewinner, nicht erkennen und schleunigst gegensteuern, werden wir bis zum bitteren Ende immer mehr Kriege auf allen Ebenen durchmachen müssen! Das sind Kriege mit dem Ziel, auf raffinierte Weise unliebsame Regierungen und Wirtschaftsmächte auszuschalten. Dazu bedient man sich der Lügen, der Manipulationen durch die Mainstream-Medien, der Bespitzelungen, der Bürgerkontrollen, der Erpressungen, der Einschläferungsversuche, der gestreuten Epidemien, der Cyberattacken und Computerviren, der Gerichte, der Finanzmärkte, der „false-flag"-Provokationen (falsche Flagge, unter welcher einem Gegner eine abscheuliche Tat in die Schuhe geschoben, und die eigene Kriegsführung gerechtfertigt wird), der modernsten Waffen usw. Auch mit dem Einsatz von Atomwaffen wird wieder zunehmend gedroht.

In diesem Buch möchte ich mit Ihnen einen Weg entwickeln, in dem wir auf verschiedenen Ebenen, auch in uns selber, schrittweise eine System-Veränderung herbeiführen können. Dazu gibt es viele praktische Anregungen. Wir werden auch unser heutiges „Schuldgeld-System", welches uns, systembedingt, den Wachstums- und Kriegszwang auferlegt besser verstehen lernen und aufzeigen, wie dieses in ein neues „Schenkgeld-System" – zu einer ganz neuen Entwicklung unserer Gesellschaft – übergeleitet werden kann. Eine Menschen- und Naturaufbauende Bedarfswirtschaft kann so ermöglicht werden. Der Anfang kann dezentral in kleinen Regionen mit verständnisvollen und aktiven Menschen gemacht werden. Die Erfolge würden schnell weitere Menschen und Regionen anziehen und dazu motivieren, die in diesem Buch dargestellten Prinzipien ebenfalls zu studieren und weiterzuentwickeln.

Mit welchem Denken bahne ich mir aber einen Weg durch den Dschungel der gesellschaftlichen Miss-Verhältnisse? Woher habe ich denn meine Meinung über die Sozial-, Wirtschafts-, Umwelt- und Kriegsereignisse? Habe ich „eigene" Erfahrungen mit den zu beurteilenden Verhältnissen gemacht? Oder kommen diese vorwiegend von unseren „Meinungsmachern", den Mainstream-Medien, bzw. von Menschen, die ebenfalls ihre Meinungen aus diesen Medien haben? Wie weit lasse ich mich, trotz rationalem Denken, emotional von den Medien an der Nase herumführen?

Wenn man anfängt, die Filme und besonders die Nachrichten zu analysieren, stellt man immer wieder fest, dass diese nicht nur durch ihre Einseitigkeiten manipulieren, sondern auch ganz gezielt Stimmung für oder gegen eine Person, einen Konzern, eine Aktie oder eine Regierung machen. Zum Beispiel werden immer wieder Ängste vor Epidemien oder Seuchen verbreitet, dann folgt nach einigen Wochen die Forderung nach groß angelegten Impfprogrammen. Ärzte oder Politiker, die sich dagegen aussprechen, werden schnell als verantwortungslos abgestempelt. Die Pharmaindustrie bekommt dann von der Politik schnell sehr fragwürdige Großaufträge zur Erforschung und Herstellung von Impfstoffen, die dann doch nicht zum Einsatz kommen oder unter sehr riskanten Bedingungen an arme Bevölkerungsschichten abgegeben werden. Dann herrscht auf einmal totale Stille. Dabei waren es neulich noch die ganze Menschheit bedrohende Epidemien oder Seuchen mit denen Ängste geschürt wurden. Aufklärende unabhängige Fachberichte gibt es in den Medien nicht. Hinter dieser Strategie stehen ganz klar wirtschaftliche Interessen.

Wenn durch gewisse Nachrichten eine Aktie plötzlich an Wert verliert und dazu noch von der Panik dieser Aktionäre berichtet wird, wundert man sich nicht, wenn nach solcher Propaganda der Aktienwert massiv fällt und dann ein großer „Retter" kommt, der sehr günstig die Aktienmehrheit kauft. Kurz darauf klettern diese Aktienwerte wieder. Verändert hat sich innerhalb des Konzerns gar nichts. Die Medien haben für diesen „Retter" eine gute Propaganda gemacht und er hat mit billigen Mitteln die Macht übernehmen können.

Manche Themen, wie die Liebesaffären von bekannten Schauspielern werden von den Mainstream-Medien bis ins Detail analysiert und kommentiert. Dafür schweigt man sich bei machtrelevanten Kriegs-Hintergründen, wie zu den Maidan-Demonstrationen in Kiew/Ukraine oder zu den Oppositions-und Terroristenunterstützungen in Nahost aus, welche diese Länder in Bürgerkriege stürzten und große Flüchtlingsströme auslösten. Die Logistik- und Waffenunterstützung des Westens, besonders der USA, für die oppositionellen Gewalttäter werden verschwiegen. Über den „Diktator" Baschar al Assad in Syrien und die kriegerische Einmischung Russlands wird hingegen ständig kritisch berichtet. Wir hören nicht, dass sich dort die USA völkerrechtswidrig und ohne UN-

Mandat einmischen, und dass Russland auf Einladung der Syrischen Regierung völkerrechtlich korrekt dort sein darf.

Wieder einmal werden durch die Medien die Völker zu einer gefährlichen Polarisierung manipuliert.

Immer mehr Menschen wollen aus Hilflosigkeit, Frustration oder Gleichgültigkeit von internationalen Nachrichten einfach nichts mehr wissen und sich oft nur noch in ihrem engeren Umfeld engagieren. Dies ist verständlich. Dennoch, so denke ich, können wir nicht die Augen vor den globalen Problemen verschließen, da sie uns zunehmend auch zu Hause erdrücken werden. Oder bildlich gesprochen: Was nützt mir der schönste Biogarten auf einem Ozeandampfer, der auf einen Eisberg zusteuert?

Die in diesem Buch aufgezeigten ökologischen, sozialen und wirtschaftlichen Entwicklungsmöglichkeiten entstanden aus einer globalen Gesamtsicht, in welcher auch kleine Aktivitäten den „Gesamtorganismus Erde" heilen können. „Handle lokal, denke global".

Um die vor uns liegenden Herausforderungen besser beurteilen zu können, gehe ich auf den nächsten Seiten noch etwas näher auf die gefährlichsten globalen Spannungsfelder ein.

Mit Hilfe der Anti-Russland-Propaganda werden gigantische Steuermittel in die Rüstungsindustrie und die Truppenstationierungen an den russischen Grenzen gesteckt. Dabei geben die USA heute schon neunmal mehr und die Nato fünfzehnmal mehr für das Militär aus als Russland. Die USA unterhalten über 700 ausländische Militärstützpunkte. Russland dagegen nur vier. Ich sage hiermit nicht, dass wir auf der Seite Russlands stehen sollten! Auch dort passieren inakzeptable Dinge! Aber die US-Provokationen mit Unterstützung durch die EU sind brandgefährlich. So wird z.B. bis heute, ohne Nachweis, propagandistisch behauptet, Russland hätte im US-Wahlkampf Machenschaften von Hilary Clinton ausspioniert und dem Trump Lager zugespielt und damit die Wahl dort beeinflusst. Dass die USA Weltmeister in der politischen Einflussnahme in anderen Staaten sind, findet dagegen keine mediale Kritik. So hatten die USA ganz offen nach dem Zusammenbruch der

UDSSR Boris Jelzin mit über 100 Millionen US-$ im Wahlkampf unterstützt, der das neoliberale System nach seinem Sieg einführte und damit das Aufkommen der Oligarchen ermöglichte. So führte Jelzin das Land endgültig in den wirtschaftlichen Ruin.

Erst unter Putin ist das Land durch die Bekämpfung der Korruption und der Aufkündigung von einseitigen Energieverträgen, die ausländischen Unternehmen eine fast grenzenlose Ausbeutung der Energiereserven ermöglicht hätten, wieder einigermaßen auf die Beine gekommen. Dass Putin in unseren Massenmedien immer wieder als undurchsichtig und gefährlich hingestellt wird, ist von daher verwunderlich. Verfolgt man seine Reden und Taten, dann fallen einem besonders seine wiederkehrenden positiven Gesten der Handreichung dem Westen gegenüber auf. Er bietet immer wieder an, sich gemeinsam für Frieden in der Welt einzusetzen. Seine sehr lesenswerte historische, auf Deutsch gehaltene, Rede vor dem Deutschen Bundestag am 25. September 2001 ist ein gutes Zeugnis dafür.

Trotzdem wird Russland durch die Mainstream-Propaganda immer wieder an den Pranger gestellt. Wie drückte es Obama im Juni 2014 vor seinen Marines aus: „Unsere Fähigkeit die Weltmeinung zu prägen, hat Russland sofort isoliert" (Das kann sogar in sog. Qualitätsmedien nachgelesen werden!) Sagt ein Normalbürger, dass die USA die Weltmeinung beeinflussen, so ist er Verschwörungstheoretiker. Sagt das ein US-Präsident, dann ist er Verschwörungspraktiker.

Kann Europa sich nicht unabhängig machen und vermittelnd zwischen Ost und West stehen, um für Abrüstung zu sorgen, anstatt einseitig auf der Seite der USA zu stehen? Wenn nur 10% der weltweiten Rüstungsetats für Entwicklungsaufgaben eingesetzt würden, bräuchte niemand mehr auf der Erde zu hungern. Würden 50% der Rüstungsetats für Entwicklungsaufgaben eingesetzt, könnte das moderaten Wohlstand für alle Menschen auf der Erde bedeuten.

Aber das Gegenteil passiert! Die USA rüsten massiv auf und die Bundesregierung Deutschland hat dem US Präsidenten Donald Trump versprochen, die Armeeausgaben bis 2024 von 1,2% auf 2% des Bruttosozialproduktes zu erhöhen (von 11,2% auf 19% des Bundeshaushaltes!).

Dies wurde im März 2017 mit den Stimmen von CDU, CSU und SPD beschlossen. Deutschland gibt dann für das Militär ca. 70 Milliarden Euro im Jahr aus und damit mehr als Russland!

Dass sich Russland bei dieser massiven Aufrüstung bedroht fühlt, ist für mich verständlich. Schließlich sind die Westeuropäer schon einige Male dort einmarschiert und haben Tod und Verwüstung hinterlassen. Trotzdem bleibt Russland dabei, seine 2016 angekündigten Rüstungsausgaben bis 2019 um 25% zu senken! In unseren Leitmedien fand ich von Russlands Senkungen nichts und von Deutschlands Erhöhung nur wenig und dann auch nur mit befürwortenden Kommentaren. Diskussionen darüber fand ich nur in alternativen Medien.

Warum zeigen die deutschen Leitmedien und Politiker solche Hörigkeit der Siegermacht USA gegenüber? Ist es ein geheimer Staatsvertag, die sogenannte „Kanzlerakte" vom 21.5.1949, in dem die Leitmedien und der Bundeskanzler bis 2099 sich grundsätzlich auf die Seite der Siegermächte stellen müssen und der jeweilige Bundeskanzler diese Vorschrift vor seinem Amtseid zu unterschreiben hat? Es gibt eine veröffentlichte Beschreibung (Die ZEIT 8.9.2009) durch den Staatssekretär Egon Bahr, wie sein Bundeskanzler Willy Brand erschüttert war, weil er eine solche Vereinbarung vor seinem Amtseid unterschreiben musste. Die heutige Bundeskanzlerin widerspricht, eine derartige Vereinbarung unterschrieben zu haben. Warum aber denn die offensichtliche Hörigkeit Deutschlands gegenüber den USA?

Warum bauen die USA Propaganda und Kriegsbereitschaft in großem Umfang gegenüber den Russen auf, zumal sie gar nicht bedroht sind? Licht auf diese Frage wirft z.B. Georg Friedmann der Chef des renommierten US-Amerikanischen „Think Tanks" für Geostrategie, Stratfort, in einer aufgezeichneten und vielgesehenen Fragestunde am 4.2.2015 in Chicago. Der Strategieberater der US-Regierung beschreibt dort erstaunlich offen, neben den Hintergründen der US- Destabilisierungspolitik im Nahen Osten, die Haltung der USA zu Russland und Deutschland. Die größte Angst der Amerikaner, so Georg Friedmann, ist ein Zusammenschluss der bildungs- und kapitalstarken Deutschen mit den rohstoffreichen Russen. Dieser Zusammenschluss in Verbindung mit der EU könnte die USA wirtschaftlich übertreffen. Um diese Verbindung zu verhindern, treiben die USA einen Nato-Gürtel zwischen Deutschland und Russland. In der Ukraine wurde deshalb der Bürgerkrieg gegen die dortige russlandnahe Regierung angezettelt. Aber auch in Lettland, Estland, Polen und Rumänien wird deshalb mit allen Mitteln gegen die Russen polemisiert und das Militär aufgerüstet, was zu einer weiteren Polarisierung führt.

Polarisierungen gibt es auch gegenüber dem Islam und selbst innerhalb des Islams. Die historischen Spannungen zwischen den Sunniten (größte Anhängerschaft in der arabischen Welt) und den Schiiten (vorwiegend im Bahrain, Iran, Irak, Syrien und Libanon) werden vom Westen zusätzlich geschürt. Eine besonders radikale Strömung der Sunniten ist der Wahhabismus. Seine Anhänger betrachten die Schiiten als Ketzer. Der Wahhabismus ist Staatsreligion in Saudi-Arabien. Die vom Westen einseitig unterstützten Saudis versuchen ihre Führerrolle militärisch und durch ein weltweit wachsendes Netz von wahhabitischen Schulen auszubauen. Aus diesen dogmatischen Schulen werden auch die meisten Terroristen des IS und anderer Gruppierungen rekrutiert.

Oft habe ich mit Muslimen aus verschiedenen Strömungen in arabischen Ländern oder in Israel gearbeitet. Grundsätzlich kann ich das Bild vom allgemein bösen Angehörigen des Islam nicht teilen. Egal mit welchen Gruppen ich arbeitete, erlebte ich immer wieder eine Gastfreundschaft, die wir hier kaum kennen. Fast überall traf ich aber eine ablehnende Haltung gegenüber den USA. Sie mögen doch verschwinden und sich nicht in ihre Angelegenheiten einmischen. Ich traf nur vereinzelt junge Männer mit radikalen Ansichten den Amerikanern und Israelis gegenüber.

Irak unter Saddam Hussain, Libyen unter Muammar Al-Gaddafi und Syrien unter Baschar Al-Assad gehörten zu den fortschrittlichsten Ländern in der arabischen Welt! Auch wenn die Opposition, besonders die radikal-islamistischen Kräfte, mit starker Hand klein gehalten wurden, gab es doch regen Austausch mit andersgläubigen Menschen und anderen Nationen. Das Ausscheren dieser drei Führer aus der (von den USA verpflichtenden) Praxis, Öl nur mit Dollar zu handeln, und einfach andere Währungen zu akzeptieren (Irak und Lybien) und mit Russland, anstatt mit den USA, eine Europa versorgende Gaspipeline zu bauen (Syrien), brachte die USA gegen sie auf. Diese Führer wurden deswegen kurzerhand zu menschenverachtenden Diktatoren erklärt. Eine gewaltige Propaganda gegen sie wurde dann aufgefahren. Der sogenannte „Arabische Frühling" wurde zusätzlich mit Lügengeschichten über die sozialen Medien bei den kleinen Leuten angestachelt. Die Europäer mit ihren Massen-Medien machten das volle Propagandaspiel mit. Im Hintergrund wurden vom Westen massiv die oppositionellen Gruppierungen, besonders die radikalen sunnitischen Islamisten finanziell, logistisch und militärisch unterstützt. Über die Türkei und Saudi-Arabien gehen die meisten Waffen, Gelder und Terroristen in die Krisengebiete. Auf diese Art versuchen die Türkei und Saudi-Arabien ganz nebenbei auch ihre eigene Macht in der Region auszubauen.

Unsere Leitmedien bauschen die Kriegsverbrechen der Syrer und die der nachträglich zu Hilfe gekommenen Russen auf, verschweigen aber weitgehend die Kriegsverbrechen der USA und der von ihr unterstützten angeblich „gemäßigten" Rebellen.

Als der ehemalige CDU Abgeordnete Jürgen Todenhöfer bewaffnete Rebellen interviewte, die klar von der Unterstützung des Westens für ihre Gruppierungen sprachen, ging in unseren Leitmedien sofort eine Hetzkampagne gegen ihn los. Seitdem werden von ihm keine Berichte mehr verbreitet.

Die Abgeordnete des US-Repräsentantenhauses, Tulsi Gabbard, verbrachte im Januar 2017 eine Woche in Syrien und im Libanon. Sie hatte Begegnungen mit allen Schichten der Bevölkerung, selbst mit Präsident Assad sowie muslimischen und christlichen Religionsführern. Ihr Fazit aus all den Gesprächen lautet: Es gibt keine „gemäßigten" Rebellen. Das sei ein Krieg zwischen Terroristen und der syrischen Regierung. Die Syrer flehen einhellig die Vereinigten Staaten von Amerika und andere Länder an, mit der Unterstützung dieser Terroristen aufzuhören, die Syrien und seine Menschen zerstören. Tulsi Gabbard mahnt: „Ich fordere den Kongress und die neue US-Administration auf, sofort auf die Bitten der Menschen Syriens zu reagieren und das Gesetz zur

„Beendigung der Bewaffnung von Terroristen zu unterstützen. Wir müssen aufhören, direkt oder indirekt Terroristen zu unterstützen [...] Wir müssen unseren Krieg zum Sturz der syrischen Regierung beenden." Frau Gabbard berichtet weiter, dass Menschen, die unaussprechliche Schrecken erlitten und überlebt haben, sie baten, ihre Stimmen an die Welt weiterzugeben. Verzweifelte Stimmen, die nicht gehört wurden aufgrund einer falschen, einseitigen Berichterstattung der westlichen Medien. Nach diesem öffentlichen Aufruf von Tulsi Gabbard sollte es für eine weitere Unterstützung der Rebellen durch den Westen keine Entschuldigung mehr geben. Dennoch ging Donald Trump im Mai 2017 in den Nahen Osten, um gegen Syrien und Iran Front zu machen. Saudi Arabien verkaufte er dabei für 110 Milliarden US-$ Waffen!

Für mehr Glaubwürdigkeit der Massenmedien sollen nun Berichte von Amnesty International oder Ärzte ohne Grenzen sorgen. Ihre Leitzentralen berichten aus 2. oder 3. Hand von Angriffen der Syrer gegen Spitäler und Zivilisten. Dies sind meistens ungeprüfte Behauptungen der „gemäßigten" Rebellen. Besucht man die Webseite von Amnesty USA und wirft dort einen Blick auf den Lebenslauf der Geschäftsführerin Suzanne Nossel, geht einem ein Licht auf. Die hübsche rothaarige Frau mit dem etwas flippigen *Greenpeace-Charme* „... bringt reiche Erfahrungen aus dem Regierungs-, NGO- und privaten Bereich für ihre Position als Geschäftsführerin von Amnesty International USA mit, die sie 2012 antrat ...", heißt es da. Demnach arbeitete Nossel „bis vor Kurzem" als Ministerialrätin für internationale Organisationen im US-Außenministerium, „wo sie für Menschenrechte, humanitäre Angelegenheiten, Frauenfragen, öffentliche Diplomatie sowie Öffentlichkeitsarbeit und Kongressbeziehungen zuständig war. Im Außenministerium prägte Nossel in leitender Stellung das US-Engagement im Menschenrechtsrat der Vereinten Nationen, einschließlich bahnbrechender Menschenrechtsresolutionen über den Iran, Syrien, Libyen und die Elfenbeinküste". Sie arbeitete also für Barak Obama, der den Syrien Krieg durch die Unterstützung der Opposition und der „moderaten Rebellen" erst richtig initiierte.

Im Schatten all der kriegerischen Auseinandersetzungen im Nahen Osten fühlt sich Israel so sicher, dass es die Syrische Armee völkerrechtswidrig ebenfalls bombardiert und trotz der Resolution 2334 des UN Sicherheitsrates vom 27.12. 2016 einfach weiter macht mit den Siedlungsbauten im Westjordanland. Die Spannungen werden dort immer grösser.

Eine ganze Region versinkt im Chaos und verursacht Flüchtlingsströme! Warum gingen da noch die deutsche (Kriegs)-Ministerin von der Leinen (8.12.2016) und die deutsche Kanzlerin Merkel (30.4.2017) nach Saudi-Arabien, um den dortigen Diktatoren logistische Militärhilfe gegen den syrischen Präsidenten Assad anzubieten? Warum werden dagegen Frauendiskriminierungen, öffentliche Auspeitschungen, öffentliche Enthauptungen, Unterstützung des IS, Völkermord in Jemen usw. bei den Saudis toleriert? Warum gab es keine ernsten Proteste der sogenannten Volks-Politiker und Leit-Medien gegen diese Besuche? Wurden und werden Ohren, Augen und Mund zugehalten, weil die Saudis, neben Israel, die Hauptverbündeten der USA im Nahen Osten sind? Ist der Deutschen Bundesregierung der profitable Waffenexport an Israel und die Saudis wichtiger? Warum verdienen sich die Rüstungskonzerne und Banken der angeblich neutralen Schweiz diskret auch noch eine goldene Nase dabei? Bilden sich die Volks-Politiker ihre Meinung nur aus den Leit-Medien? Wie lange sollen das provozierte Chaos und die daraus resultierenden Flüchtlingsströme noch anhalten?

Man sollte sich immer wieder bewusst machen, dass nur wenige zentralgesteuerte Nachrichtenagenturen all unsere Zeitungen, Internetplattformen, Radio- und Fernsehsender mit vorsortierten, einseitigen und – zu oft – unwahren Berichterstattungen und Nachrichten versorgen. Dies betrifft linke Medien wie die taz gleichermaßen wie rechte Medien wie die Neue Zürcher Zeitung. Am Brennpunkt gemachte Zeugenaussagen weichen dagegen oft von den breit gestreuten Medienaussagen ab. Eigene kritische Recherchen können sich die Zeitungen, Internetportale usw. oft nicht leisten oder sie sind schlichtweg nicht dazu gewillt. Auch die Kommentare in den einzelnen Medien gründen sich vorwiegend auf die Informationen der in Frage gestellten zentralen Nachrichtenagenturen.

Selbst wenn einmal eine Falschmeldung widerrufen werden muss, ändert dies nicht viel. Eine 20 Mal gehörte Lüge sitzt tiefer, als eine kleine unten platzierte Richtigstellung.

Eine Steigerung der Propaganda stellen für mich die von den Medien organisierten Bürgerumfragen dar. Erst wird Wochenlang gegen eine Person oder eine Situation gehetzt, um dann zu verkünden, dass z.B. 70% der Befragten in die infrage gestellte Person oder Situation kein Vertrauen mehr haben. Dies gibt ihnen dann den Grund Rücktritte, Gesetzesänderungen oder gar Kriegsunterstützung zu fordern. Der Spiegel bedient sich dieser primitiven Manipulationsmethode besonders gerne. Selbst die sogenannten „sozialen Netzwerke" unterliegen der totalen Kontrolle und werden auch von langer Hand zur Stimmungsmache für oder gegen eine Bewegung missbraucht. Wer z.B. die Stimmungsmache für den „Arabischen Frühling" mit Hilfe dieser Medien näher untersucht hat, weiß wovon ich hier spreche.

Immer mehr Bürger informieren sich auch durch alternative Nachrichtenportale oder gar bei der Gegenseite, wie bei RT-deutsch (Russia Today) um breiter informiert zu sein, und die Geschehnisse besser beurteilen zu können. Von den Mainstream-Medien und den bürgerlichen Politikern werden diese Quellen aber weitgehend als Verbreiter von Verschwörungstheorien, bzw. als Russlandpropaganda diskreditiert. Der Bürger soll brav weiter alleine den Mainstream-Medien vertrauen. Dieses Verhalten ist vergleichbar mit einer Forderung, dass ein Richter in Zukunft nur noch den Staatsanwälten zuhören darf und nicht mehr den Gutachtern und Verteidigern.

Obendrein werden die Bürger gezwungen, diese Manipulationen durch Radio- und Fernsehgebühren mitzufinanzieren.

Vor diesem Hintergrund können einfach keine objektiven Wirtschafts-, Sozial-, Umwelt- oder gar Kriegsanalysen erwartet werden. Eine objektive Demokratie ist so nicht möglich! Wollen wir dies weiterhin einfach so hinnehmen: Manipulation, statt Information und Propaganda, statt Aufklärung? Sollten wir nicht die Informationsmedien aus dem Diktat anonymer Wirtschafts- und Politikmächte befreien?

Gut, dass man auch mutige Journalisten in unabhängigen Foren finden kann. So fand ich neulich beim seriösen, gemeinnützig anerkannten Nachrichtenportal www.infosperber.ch einen sehr gut recherchierten Artikel von Helmut Scheben: „9/11 hat nie aufgehört". Diesen die Augen öffnenden Artikel über die Entwicklung der geostrategischen Zielsetzungen der USA und deren Anteil an den kriegerischen Auseinandersetzungen im Nahen Osten findet man im Anhang dieses Buches. Scheben war von 1993 bis 2012 Redakteur und Reporter im *Schweizer Fernsehen (SRF)*, davon 16 Jahre lang tätig in der *Tagesschau* ...

In den Leitmedien wagt sich nur selten ein Journalist offizielle Darstellungen von den Hintergründen der verschiedenen Kriege oder des „9/11" zu hinterfragen. Zu schnell wird man als „Verschwörungstheoretiker" abgestempelt oder es wird von „Fake News" gesprochen.

Als z.B. der Friedensforscher Daniele Ganser am 24.2. 2017 in der Talkshow „Arena" im Schweizer Fernsehen davon sprach, dass der offizielle Bericht zu „9/11" nicht mit einem Wort den Zusammensturz eines dritten Gebäudekomplexes, dem World Trade Center Nr. 7, erwähnte und sich eine neue Untersuchung wünscht, zumal tausende unabhängige Ingenieure und Sprengexperten von einer kontrollierten Sprengung des Gebäudes sprechen, fuhr ihm der Moderator mehrmals abwiegelnd ins Wort und versuchte ihn in die Ecke der unglaubwürdigen Verschwörungstheoretiker zu stellen. Dabei wurde von Ganser nur eine unabhängige Aufklärung des kriegsauslösenden Ereignisses gewünscht.

Die westliche Medienwelt hat sich zu 95% durch Hetze gegen den amerikanischen Präsidenten Donald Trump eingeschworen. In jeder seiner Aussagen werden Lügen und menschenverachtende Hintergründe gesucht. Er hat aber die Wahl gewonnen und nach Umfragen einige Monate nach seiner Wahl hätte er sogar noch mehr Stimmen bekommen. Wie ist dies möglich, zumal ja die Bevölkerung normalerweise sich von den Medien an der Leine führen lässt? Dies kann nicht einfach nur mit seinem Slogan „Amerika first" erklärt werden. Zu viele Menschen hatten einfach genug von den leeren politischen Versprechungen, Machtstrukturen und medialen Einseitigkeiten. Ob Trump bessere Verhältnisse zustande bringt, ist allerdings zu bezweifeln. Zu sehr ist er selbst mit dem neoliberalen Kapitalsystem verquickt und zeigt keinerlei Interesse an ökologischen Verbesserungen. Er hat sogar das Pariser Klimaabkommen aufgekündigt. Interessant ist aber, dass Trump vor seiner Wahl die Unterstützung der Terroristen im Nahen Osten durch die Obama Regierung wiederholt scharf kritisiert hat. Auch sprach er von Unregelmäßigkeiten bei der Untersuchung der „9/11" Geschehnisse! Er hat es gewagt dem Establishment in die Suppe zu spucken. Heute betreibt Trump allerdings das gleiche Kriegsspiel wie vorher Obama. Ein Amerikanischer Präsident, egal ob Republikaner oder Demokrat, kann anscheinend nur existieren, wenn er die neoliberale Kriegstreiberei mitmacht. Nur so kann man die Propaganda und die, für die Amerikaner sehr profitable, Aufrüstung der Japaner und Südkoreaner gegen Nordkorea verstehen. Nordkorea warnt nun die USA demonstrativ mit seinen Raketen- und Atomsprengübungen, da es sich zunehmend bedroht fühlt. Wieder einmal wird eine ganze Region destabilisiert, was die USA gegenüber den Chinesen beim großen Monopoly-Spiel um die Weltherrschaft stärkt.

Gerne präsentieren sich die etablierten Parteien und Medien in Europa als zur „Mitte" gehörend. Selbst die meisten GRÜNEN sind stolz, nun zur „Mitte" zu gehören. Was heißt denn überhaupt politische „Mitte"? Wenn man die politische Situation so anschaut, dann heißt es doch nichts anderes als: weitermachen mit Wirtschaftswachstum, Toleranz von Spekulationsexzessen, Bürgerüberwachung, Akzeptanz des Auseinanderdriften von Arm und Reich sowie USA-Hörigkeit, inklusive Kriegstreiberei.

Von Rechts und Links gibt es nun zunehmend sich ähnelnde Kritik an der Politik der sogenannten „Mitte" und die sie unterstützenden Massenmedien. Das Establishment versucht deshalb Rechts und Links gegeneinander auszuspielen, um im Schatten der geschürten Rechts-Links-Streitigkeiten mit ihrem Natur und Mensch verachtenden neoliberalen System weiter zu machen wie bisher. Das alte Rezept: „Da wo zwei sich streiten freut sich der dritte" funktioniert immer noch sehr gut.

Wie ein Lebensorganismus an einem wachsenden Krebstumor stirbt, so wird auch das neoliberale Wirtschaftssystem an seinem Wachstumszwang zugrundegehen. Was passiert aber dann, wenn unser (Monopoly)-System zusammenbricht?

Mit welcher Energie heizen wir dann unsere Häuser und fahren unsere Autos? Wie ersetzen wir die zu 80% importierten Konsumgüter? Wie viele Handwerker können ohne Ersatzteile und modernes Handwerkszeug etwas reparieren, da diese fast nur noch aus Asien bezogen werden können? Welche Lebensmittel kommen aus der Region? Können wir das zu 90% anfällige Industriesaatgut ersetzen, welches auf Chemiegifte angewiesen ist? Wer kann gärtnern und Lebensmittel anbauen? Wer pflegt den Kontakt zu einem Landwirt? Haben wir ein Auffangnetz, wenn das zunehmend auf Geld und Elektronik aufgebaute Sozialleben zusammenbricht? Was, wenn das Rentensystem zusammenbricht? Wie wollen wir unseren Kindern einen solchen Zusammenbruch erklären und eine tragfähige, das Leben bejahende Zukunft einsichtig machen?

Haben Sie Antworten? Fragen Sie einmal unsere kleinen und großen Politiker aus der „Mitte", aber auch die von Links und Rechts, nach Notfallplänen. Die Antworten werden sehr, sehr dünn ausfallen. Ein bald möglicher Wirtschaftszusammenbruch wird einfach ausgeblendet.

Die Wirtschaft kann auch durch Computerzusammenbrüche getroffen werden! Unsere zunehmend elektronisch gesteuerte Welt ist an diesem Punkt sehr empfindlich. Mir selbst sind schon große Datensätze durch sogenannte Viren verloren gegangen und ungefragt von außenstehender Seite Unterlagen von meinem PC heruntergekopiert worden. Auch meine Homepage „www.aktivZUKUNFTsichern.com , auf der dieses Buch frei heruntergeladen werden kann, ist schon gehackt und ausgeschaltet worden, so dass ich sie ganz neu aufbauen musste. Die Fremdzugriffe auf unsere elektronisch geregelten Vorgänge häufen sich.

Durch die Unterlagen des desertierten US-Geheimdienstlers Edward Snowden wissen wir ja auch, dass die Geheimdienste einiger Länder sich in jedes beliebige Computersystem oder iPad unbemerkt einloggen können, um Daten zu stehlen oder zu manipulieren. Bei geostrategischen Hackangriffen kann man sogar Einbruchspuren eines feindlichen Landes hinterlassen, um dieses dann an den Pranger zu stellen.

Wenn man bedenkt, dass heute fast alle Lebensbereiche über internetgestützte Computer gesteuert werden, kann man vielleicht erahnen, wie fragil unser modernes Leben organisiert ist. Alle öffentlichen Stromversorgungsanlagen werden darüber gesteuert! Ebenso werden fast alle Wasserversorgungs- und Entsorgungssysteme, Behördenabläufe, Eisenbahnen, Flugzeuge, Fernseh- und Radiosender, Supermarktketten, Tankstellen, die gesamte Speditionslogistik, Banken usw. über internetgestützte Computer am Laufen gehalten. Wenn auch nur ein Teil dieser netzabhängigen Systeme lahmgelegt würde, liefe nichts mehr! Selbst eine Armee kann so kaltgestellt werden.

Gäbe es wirklich intelligente Terroristen, wie uns ja immer wieder weisgemacht wird, dann hätten sie es über die Zerstörung elektronischer Schaltzentralen viel leichter, Chaos anzurichten. Attentate auf das einfache Volk zeugen nach meiner Meinung entweder von Dummheit oder politisch motivierter Manipulation für eine Kriegspropaganda oder von der Absicht eines weiteren Ausbaus unseres Überwachungsstaates.

Bei politischen oder wirtschaftlichen Spannungen wird zunehmend die „Schwachstelle Computernetz" angegriffen werden. Die USA z.B. haben unter Obama das Budget für die Aufrüstung zum Cyberkrieg verzehnfacht. Das Einbrechen in streng geschützte Regierungs-Telefonsysteme, wie bei der Deutschen Bundesregierung, um direkt die Bundeskanzlerin Merkel abzuhören scheint dabei nur ein Kinderspiel zu sein. Etwas komplizierter war es für sie sicherlich ins Nordkoreanische Militärsystem einzudringen, um direkt in das Steuerungssystem von deren Testraketen zu gelangen, um dann mehrere zum Absturz zu bringen. Diese Aufrüstung zum Cyberkrieg findet sicherlich auch in China, Russland und anderen Ländern statt.

Das Wissen über die zunehmenden Abhängigkeiten von den zentralisierten Machtstrukturen in Politik, Finanzwirtschaft und Medien mit den daraus wachsenden Gefahren für Mensch und Umwelt sollte uns aber nicht paralysieren. Es kann uns auch zu einem radikalen Umdenken und zur Umorganisation unserer Lebensbedingungen ermuntern!

Damit wir aus diesem mörderischen Dickicht herausfinden können, möchte ich am Anfang unserer Reise durch dieses Buch schon auf folgende Wegweiser zeigen: „menschliches Maß" – „Dezentralisation" – „globale Verantwortung" – „Änderung der Geldschöpfung" – „ökologischer Neuaufbau" – „füreinander Wirtschaften" – „Entwicklung durch spirituelle Öffnung".

Immer mehr Menschen haben sich schon auf den Weg gemacht und arbeiten an: Gemeinwohlinitiativen, Demokratieformen mit mehr Konsensus und Bürgerbeteiligung, Geldsystemen ohne vernichtende Zinsen, Medien frei von Kapitalmacht, lokaler Nahrungsversorgung durch Zusammenwirken von Produzenten und Konsumenten, energieneutralen Häusern, Tauschringen, ethisch motivierten Banken, freien Sozial- und Umweltverbänden, freien Schulen, einer alternativen Gesundheitsversorgung, alternativen Entwicklungshilfe-Organisationen usw. Es gibt nun sogar einen Staat, Bhutan, der sein gesamtes System auf das Bruttosozialglück seiner Bevölkerung aufbaut.

Jeder Einzelne kann sich produktiv in eines der vielen, vielen Projekte einbringen oder am eigenen Ort eine neue Initiative starten. Die Vernetzung von Menschen und Gruppen findet nicht nur über das Internet statt. Mehr und mehr Tagungen, Festivals, Straßenfeste, Arbeitseinsätze in Gärten und Bauernhöfen, künstlerische Aktivitäten, Bildungsprojekte usw. verbinden die Initiativen über die so wichtigen persönlichen Begegnungen. Eine menschlichere und bedarfsorientierte Kultur entwickelt sich da. Immer mehr Informationen, Bücher und Filme gibt es zu dieser wachsenden Bewegung. Leider werden all diese in den Massenmedien kaum erwähnt. Es lohnt sich aber sehr, sie zu suchen. Wer sucht der findet!

Bei der Suche nach andersartigen Nachrichten, Organisationen, Projekten, Bildungssystemen, Philosophien, Religionen usw. bemühe ich mich immer wieder absichtlich in Richtungen zu schauen, die meiner konventionellen Erziehung entgegenstehen. Viel Neues konnte ich so lernen! Besonders wichtig ist es mir auch, verschiedene russische, chinesische und islamische Nachrichten zu studieren. Mit diesem erweiterten Blick sieht man zunehmend die Einseitigkeiten der verschiedenen Seiten. Die größten Einseitigkeiten finde ich dabei immer wieder bei unseren westlichen Leitmedien. Sie unterstützen damit direkt und indirekt immer wieder die Kriegspropaganda der USA.

Nur so konnte ich anfangen auch Nazis, Afrikaner, Superreiche, Penner, Islamisten, Freimaurer, Russen, Homosexuelle, Amerikaner, Mörder, Adelige, Chinesen usw. zu verstehen. Es ging mir nicht darum ihrer Meinung zu sein, sondern mich in sie hinein zu fühlen, von ihnen zu lernen, also mehr ein „Erdenmensch" zu werden.

Damit die Zukunftsinitiativen den zentralisierenden und immer mächtiger werdenden Wirtschaftsmächten mit ihren Helfern in Politik und Medien auch substantiell etwas entgegensetzen können, ist jetzt ein gewisser Bewusstseinssprung nötig. Von vielen Seiten her können wir die lebensbedrohenden Verhältnisse anschauen, erkennen und ihnen noch ganz andere Lebenskräfte entgegen stellen. Wir sollten allerdings aufpassen, dass wir die neuen Strukturen nicht mit unseren alten infizierten Denkmustern aufbauen. Ganz neue und realitätsbezogene Einsichten z.B. in das Wirtschaftsleben können wir uns dazu erarbeiten.

Das „reale" Wirtschaftsleben „nährt" sich aus zwei angrenzenden lebendigen Ebenen. Einerseits aus der Natur, die alle Rohstoffe, lebendig und mineralisch, sowie Luft, Wasser und Energien zur Verfügung stellt. Und andererseits durch den Geist, der sich über unsere menschliche Kultur und Fähigkeiten produktiv einbringt.

Diese beiden Voraussetzungen für jegliche wirtschaftliche Entwicklung – Natur und Kultur – werden heute allerdings gnadenlos ausgesaugt. Die Erhaltung und Entwicklung von Natur und Kultur ist vordergründig unrentabel. Die Frage ist nur: Wie lange kann sich dieser kurzsichtige Wirtschaftsegoismus noch halten, bis er an sich selbst erstickt?

Ohne eine grundlegende Neuorientierung würden die meisten Rohstoffe bis Ende dieses Jahrhunderts verbraucht und gesunde, kreative Menschen die Ausnahme sein.

Alles dreht sich heute um das Geld. In der Realität ist aber nicht das Geld der Auslöser der Wirtschaftsaktivitäten, sondern der begabte Mensch. Leider werden die Begabungen meistens dem „Mammon" hinter dem Geld geopfert.

Wer aber das wirkliche Wesen des Geldes verstehen lernt, dem eröffnen sich damit riesige Möglichkeiten, die Entwicklung von Mensch und Natur positiv zu beeinflussen.

Damit ich hier nicht in den gleichen Fehler verfalle, wie allgemein üblich, die Wirtschaft nur vom Geld her verstehen zu wollen, bespreche ich in diesem Buch erst einmal die realen sozial-wirtschaftlichen Lebensbedingungen, wie z.B. unser Verhältnis zur Arbeit, Produktion, Energie, Klima, Landwirtschaft, Kultur, Rente, Entwicklungshilfe, Zentralisierung, Dezentralisierung usw.

Wir werden sehen, warum der falsche Umgang mit den drei Idealen FREIHEIT, GLEICHHEIT und BRÜDERLICHKEIT uns von einer Katastrophe in die andere stolpern lässt und wie wir bei deren richtigem Verständnis die Verhältnisse neu ordnen und heilen könnten.

Erst in der zweiten Hälfte dieses Buches schaue ich näher auf das Geld und beschreibe z.B., wer es regiert und wie es entsteht. Auch zeige ich von verschiedenen Seiten, was Geld überhaupt ist und wie Geld heute z.B. durch Zinsen verfälscht wird. Es wird aufgezeigt, wie und an welchen Stellen „das Geld aus dem Realwirtschaftskreislauf gesaugt wird". Wir erfahren, was der freie Aktienhandel mit „moderner Sklaverei" zu tun hat, was Landspekulation mit moderner Kriegsführung zur „Landeroberung" zu tun hat und wie durch Spekulationen mit Kapital die Menschheit ihrer weiteren Entwicklungsmöglichkeiten beraubt wird.

Bei diesem „Hinuntertauchen" in die verschiedenen Geldsphären werden wir feststellen, dass es beim Wissen über das Geld ein großes Vakuum gibt, auch bei denen, die es wissen sollten. Höchstes Bewusstsein von möglichst vielen Menschen sollte hier entwickelt werden, um die Verhältnisse wieder kontrollieren zu können.

Das heutige neoliberale Geldsystem, welches auf Wachstumszwang mit Hilfe von ständig steigenden Schulden aufgebaut ist, muss dringend überwunden werden, sonst werden alle Lebensbereiche immer mehr ausgesaugt. Auch die schon neuentstandenen Sozial- und Ökologieprojekte würden zunichte gemacht werden, wenn wir unser jetziges Schuldgeldsystem beibehalten.

Wir werden konkrete Vorschläge im Kleinen wie im Großen für einen neuen Umgang mit dem Geld erarbeiten. Dabei werden auch Vorschläge zu einer radikal neuen Bankordnung gemacht. Wie ein zukünftiges Geld und dessen Kreislauf zur Heilung von Mensch und Natur aussehen können, wird ebenfalls entwickelt.

Heute gibt es schon interessante Regionalwährungen, die besonders im Sozialen einiges in Bewegung bringen. Diese werden aber von ihrer Struktur her nicht reichen dem offiziellen Schuldgeldsystem substantiell etwas entgegenzusetzen, zumal sie in der Regel an unsere offiziellen Währungen gekoppelt sind.

Nachdem wir im Buch einige Krankheiten im heutigen Geldsystem analysiert haben, möchte ich Ihnen ein ganz neues Geldsystem vorstellen, welches die „reale" Welt spiegelt und fördert. Wir können vom gegenwärtigen ausbeutenden „Schuldgeldsystem" übergehen in ein zukunftsförderndes „Schenkgeldsystem"!

An vielen Orten könnten, erst einmal dezentral, Schenkgeldsysteme aufgebaut werden und für neues Leben sorgen. (Besonders zu diesem Thema hoffe ich auf einen steigenden Austausch und auf Seminararbeiten mit interessierten Lesern.)

Am Ende des Buches gibt es auch Vorschläge zu einem ganz neuen Steuersystem, welches die positive Entwicklung von Mensch und Natur fördert und alle schädlichen Waren und Geschäftspraktiken durch Besteuerung erschwert.

Abschließend werden noch einige soziale, wirtschaftliche und kulturelle Entwicklungsmöglichkeiten aufgezeigt. Hierbei geht es nie um: Entweder alle machen mit oder nichts geht. Ich gehe immer davon aus, dass selbst der kleinste Schritt eines Einzelnen die Gesamtsituation beeinflusst. Natürlich brauchen wir viele Einzelne. Noch besser, wenn an vielen Stellen diese Einzelnen sich zusammenschließen.

„Die Gedanken von heute sind die Realitäten von morgen!"
Hiermit lade ich Sie ein, mit mir neue Wege zu denken und zu initiieren. Wir können auch lernen, die Welt von der Zukunft her mit ganz neuen Möglichkeiten zu denken, denn unsere alten Denkmuster sind am Ende ihres Lateins.

Ich persönlich rechne nicht damit, dass wir weltweite ökonomische Zusammenbrüche grundlegend noch aufhalten können. Aber es kommt jetzt darauf an, ganz wach in unser krebskrankes System neue Lebens- und Wirtschaftsformen hineinzuweben, die wieder die Entwicklung von Mensch und Natur in den Mittelpunkt stellen. Das Ausmaß des größer werdenden Chaos und Elends sowie der Aufbau neuer Strukturen werden von unserem individuellen Engagement und seiner Beispielwirkung abhängen. Dazu sind im Anhang dieses Buches auch eine Reihe kurz gefasster praktischer Vorschläge „aktiv ZUKUNFT sichern" zusammengestellt.

Mit Änderungen tun wir uns in der Regel allerdings schwer, besonders wenn sie unser eigenes Leben betreffen. Darum werden die zum Teil ungewohnten Vorschläge viele Leser davon abschrecken, weiterlesen zu wollen. Wer aber den Mut hat, sich in diese ungewohnten Vorschläge gedanklich zu vertiefen und den Gesamtansatz zu betrachten, der wird sich auch mit Freude produktiv an einer aufbauenden Diskussion und am Umbau unserer Lebensverhältnisse beteiligen können.

Wir alle werden anders leben. Die Frage ist, ob wir weiterhin den wachsenden Problemen nur reaktionär mit faulen Kompromissen begegnen oder ob wir aus Einsicht wirklich nachhaltige Lebensformen aufbauen. Das Leben kann nicht nur spannender, sondern auch schöner werden. Noch haben wir gewisse Freiheiten zur Gestaltung einer besseren und nachhaltigeren Welt.

Viele der hier vorgebrachten Ideen finden sich natürlich auch bei anderen Autoren, wobei es sehr schwierig ist, das ursprüngliche Erfassen dieser Ideen auf eine bestimmte Person zurückzuführen. Überhaupt wäre es gut, die „Ideenwelt" als eine übergeordnete und allen frei zur Verfügung stehende zu betrachten. Darum verzichte ich hier auf die Nennung anderer Autoren. Es geht mir hier auch nicht um eine wissenschaftliche Abhandlung, sondern um das Ringen einer inneren Auseinandersetzung und Bildgestaltung mit unseren Lebensverhältnissen und deren Wandlung. Auch die noch nicht gefundenen Ideen existieren schon in der übergeordneten „Ideenwelt". Wir sind vielleicht nur noch nicht reif genug, diese Ideen zu ergreifen oder zu „begreifen".

1. Teil: Bewusst im Leben stehen

Was machen Sie, wenn Sie merken, dass Sie im falschen Zug sitzen? Sitzen bleiben und sich überraschen lassen, wo man wohl landet? Oder sich schnell bewusst machen, wo man sich gerade befindet und dann umsteigen, um doch noch an das richtige Ziel zu kommen?

Wir bekommen heute die besten beruflichen Fachausbildungen, um uns produktiv in das System eingliedern zu können. Auch können wir lernen, wie man am besten in unserem System „Geld macht". Aber,

- werden wir auch ausgebildet in ökonomischer Weitsicht?
- Lernen wir, die sozialen, ökologischen und wirtschaftlichen Auswirkungen unserer Handlungen zu beurteilen?
- Lernen wir zu beurteilen, ob unsere Arbeit wirklich Sinn ergibt?
- Lernen wir, was menschliche und natürliche Entwicklung bedeuten?
- Lernen wir uns selbst und unsere Umgebung kritisch zu reflektieren, um gegebenenfalls Änderungen einleiten zu können?
- Lernen wir, was Geld wirklich ist, wie es entsteht und wie es wirkt in den verschiedenen Bereichen von Realwirtschaft und Spekulationswirtschaft?

Hat es vielleicht System, dass gerade diese fundamentalen Lebensfragen in Schulen und Massenmedien fast ganz totgeschwiegen werden?

Um bewusst die Lebensverhältnisse mitgestalten zu können, bleibt mir nichts anderes übrig, als mich immer wieder umfassend mit diesen Lebensfragen zu beschäftigen.

Warum brauchen wir eine zukunftsfähige Geld- und Wirtschaftsordnung?

Jeder einzelne Punkt in der folgenden Liste zeigt die Sackgasse unseres heutigen Wachstumssystems und warum wir dringend eine zukunftsfähige Geld- und Wirtschaftsordnung brauchen. Zu allen hier aufgeführten Problemen werden in diesem Buch praktische und zukunftsaufbauende Alternativen aufgezeigt.

° Die Entwicklung der Menschen und der Natur wird der wirtschaftlichen Profitmaximierung immer weiter untergeordnet.

° Unser jetziges neoliberales Wirtschaftssystem fördert neben dem Wachstum der Realwirtschaft ein rasantes Wachstum einer fiktiven spekulativen Finanzindustrie. Vor 1980 waren die Finanzbewegungen weltweit für die Realwirtschaft noch größer als die der Spekulationswirtschaft. Heute hat die Spekulationswirtschaft mittlerweile einen über 60-mal größeren Umsatz als die Realwirtschaft. Tendenz stark steigend! (Haben Sie sich schon einmal gefragt: Was „produziert" unsere „Finanzindustrie" mit ihren „Produkten" eigentlich?). Geld mit Geld zu verdienen und dies auf Kosten anderer Menschen ist in unserem System um ein Vielfaches einfacher als sinnvoll zu arbeiten. Diese fragile Scheinwelt unterliegt zudem immer wieder gefährlichen Schwankungen. Schon ein paar kumulierende negative Nachrichten könnten innerhalb kürzester Zeit Panik an den Märkten auslösen, dieses Kartenhaus zusammenbrechen lassen und damit die Realwirtschaft mit in den Abgrund ziehen ...

° Unser Wirtschaftssystem mit dem ihm zugrundeliegenden Zinseszinssystem verursacht einen „Zwang zum Wirtschaftswachstum" und wird mit seiner exponentiellen Wachstumsfunktion zwangsläufig zusammenbrechen müssen!* Bis dahin werden allerdings, systembedingt, die

Reichen immer reicher und die Arbeitenden immer ärmer. 1% der Weltbevölkerung besitzt mittlerweile mehr als der Rest der Welt.

* (Bei einem Zinssatz von 5% verdoppelt sich ein Betrag nach ca. 14 Jahren! Hätte Joseph vor 2000 Jahren 1 g Gold mit 5% Verzinsung angelegt, wäre heute die gesamte Menschheit nicht in der Lage, einem Erben das Gold mit seinem Zinseszins auszubezahlen. Der Goldklumpen müsste heute millionenfach größer als die gesamte Erde sein. Wirtschaftszusammenbrüche und Kriege sind in der Geschichte unter anderem auf diese Tatsache zurückzuführen.)

Freihandels- und Globalisierungsmaschine (von News STOP CETA

° Die spekulative „Finanzindustrie" besitzt mittlerweile den größten Teil aller Rohstoffquellen, Fabrikationsanlagen, Transportsysteme und Handelsketten. Ihr einziges Ziel ist der Profit. Wir bezahlen für unsere Konsumgüter indirekt nun schon mehr als die Hälfte ihrer Preise in diese sich rapide aufblasenden Finanzmärkte. Dass dies auf Kosten von Mensch, Natur und Realwirtschaft geht, dämmert mittlerweile nicht nur den Armen. Die Mittelschicht wird jetzt auch zunehmend leergesaugt. Der größte Teil der Menschheit ist an die Finanzindustrie versklavt.

° Unser jetziges Wirtschaftssystem fördert auf allen Ebenen egoistisch konkurrierendes Denken und Handeln. Verschwendung, Ignoranz, Hochmut und Geiz dominieren zunehmend die Verhaltensweisen, auch in den ärmeren Bevölkerungsschichten. Selbst unsere Kinder und die Schulen sind davon geprägt. Der Realitätsverlust durch einseitig intellektuellen Unterricht sowie die Abhängigkeiten von elektronischen Medien machen diese Misere nur noch schlimmer. Was für eine Zukunft entwickelt sich da?

° Die Finanzindustrie fordert mit Hilfe der Wirtschaftsverbände, ihrer politischen Vertreter und ihrer Massenmedien noch mehr Liberalisierung des Marktes sowie Geldspritzen (bezahlt mit unseren Steuergeldern) für das Wirtschaftswachstum als das beste Rezept. Die Auswirkungen dieses unnatürlichen Rezeptes schlagen nun zunehmend auch auf die Menschen und Natur in den reichen Ländern zurück: Arbeitslosigkeit, Landschaftsverlust, Umweltbelastungen, 30 % der CO_2-Steigerung in der Atmosphäre und 50% Humusverlust seit Beginn der industrialisierten Landwirtschaft, Gletscherschmelze, zu Ende gehende Rohstoffe, mehr und mehr paralysierte Menschen, die von Psychopharmaka abhängig sind, immer weiter steigender Emigrationsdruck usw.

° Unser System erlaubt, mit Bauland und landwirtschaftlichen Flächen zu spekulieren. Da zudem die meisten Kredite mit Immobilien- und Landbesitz abgesichert werden müssen, wird der Boden immer begehrter. Die gewaltig gestiegenen Landpreise spiegeln sich in überhöhten Pachten, Mieten und Konsumpreisen wieder.

° Neues Geld entsteht zu 90% durch die Kreditvergaben der Privatbanken. Da es den konventionellen Banken nur um Profitmaximierung geht, wandern diese Gelder vorwiegend in die spekulativen Finanzmärkte. Geldfluss- und Wirtschaftssteuerung sind für die Zentralbanken so kaum noch möglich.

° Die meisten Banken, Rentenkassen bzw. Pensionskassen und Versicherungen spekulieren mit unserem Geld! Damit werden auch wir, indirekt und ungefragt, zu Ausbeutern anderer Menschen und der Natur.

° Innerhalb von sechs Jahren haben sich global die offiziellen Staatsschulden um 80% auf über 43 Billionen Dollar erhöht (berichtet die Bank für Internationalen Zahlungsausgleich – BIZ – am 10. März 2014). Dies waren 2014 zwei Drittel des globalen Bruttoinlandsproduktes. Heute liegen die globalen Staatsschulden bei ca. 50 Billionen Dollar. Die z.Zt. niedrigen Zinsen haben ein noch schnelleres Anwachsen der Schuldenlast verhindert. Bei Zinssteigerungen oder Wirtschaftskrisen sind weitere gewaltige Schuldenaufnahmen zu erwarten. Diesen Schulden stehen gewaltige Finanzkonzentrationen der Finanzmärkte gegenüber. Eine gefährliche Machtverschiebung spitzt sich immer weiter zu. Die Finanzwelt mit ihren weitgehend anonymen Drahtziehern herrscht mittlerweile nicht nur über das weltweite Politik- und Wirtschaftsleben, sondern auch zunehmend über unser Sozial- und Kulturleben.

° Die kleinen unproduktiven und lebensfeindlichen Spekulanten bezahlen nur wenig Steuern. Die Großen bezahlen fast keine Steuern und wenn, dann oft in einem Steuerparadies ...

° Die Steuer- und Soziallasten (die auch für die Sozial- und Umweltschäden der Großkonzerne mit ihren anonymen Besitzern gebraucht werden) lasten vorwiegend auf den Schultern der real arbeitenden Bevölkerung ...

° Die sozialen und medizinischen Dienstleistungen unterliegen fast nur noch institutionellen und wirtschaftlichen Gesichtspunkten. Der Mensch wird zum wirtschaftlichen Objekt mit einer Verwaltungsnummer degradiert.

° Die Automatisierung und Computerisierung lässt die Menschen zu Handlangern dieses Systems verkommen. Selbst der Devisen- und Börsenhandel wird zum größten Teil nur noch von Hochgeschwindigkeitscomputern beherrscht.

° Immer weniger arbeitende Menschen bezahlen den größten Teil an Sozialabgaben und Steuern. Arbeitende Maschinen, Computer und Roboter bezahlen diese Beiträge nicht.

° Selbstständige und kreative Klein- und Mittelstandsunternehmer gibt es in unserer Gesellschaft immer weniger. Dafür wird das Heer von abhängigen Arbeitnehmern und Sozialhilfeempfängern immer größer.

° Immer mehr staatliche Grundstücke, Immobilien, Versorgungs- und Dienstleistungsbetriebe werden von unseren Politikern an Profitspekulanten günstig verkauft. In der Regel wird nicht einmal die Option einer Verpachtung wie beim „Erbbaurecht oder Baurecht" geprüft. So verschwinden unsere Lebensgrundlagen, Land, Wasser, Gesundheitsdienste, Verkehrssysteme usw. immer mehr in die Hände unbekannter Mächte mit reinen Profit- und Machtinteressen. (Immer mehr ausgebeutete und enteignete Afrikaner fliehen zum Überleben nach Europa. Wohin fliehen, nach weiteren Enteignungen, dann die Europäer? Können nicht alle zum Schluss in die Finanzmärkte fliehen? Können diese uns dann mit elektronischem Geld ernähren?)

° Die Globalisierung schreitet mit Hilfe von forcierten „Freihandelsabkommen" immer schneller voran, sodass die wirtschaftliche und demokratische Selbstständigkeit von Regionen, ja sogar ganzer Staaten zunehmend aufgehoben wird.

° Wenn die Politiker einmal Fehler machen, können sie die Verantwortung ganz einfach übernehmen, indem sie „den Hut nehmen" und mit einer guten Pension gehen. Die Zeche bezahlen die Steuerzahler.

° Die fortschreitenden Extreme zwischen West und Ost, Nord und Süd sowie Reich und Arm vermehren die sozialen und politischen Unruhen, den Emigrationsdruck und die Terror- und Kriegsgefahr.

° Die wirtschaftliche und geopolitische Anbindung Europas an die USA polarisiert die Welt zusätzlich. Die Spannungen zwischen West und Ost nehmen auf Kosten ärmerer Länder immer mehr zu. Ausgetragen werden diese Konflikte meistens in diesen Drittländern, in denen man interne Konflikte schürt. Europa wird seiner ausgleichenden Mittlerrolle zwischen West und Ost einfach nicht gerecht.

° Unsere Grund- und Menschenrechte werden durch wachsende chaotische Verhältnisse einerseits und andererseits durch das Diktat der Finanzmärkte und ihrer Helfer in Politik und Medien zunehmend unterhöhlt.

° Eine breite unabhängige Meinungsbildung zu all diesen Punkten gibt es nicht, da unsere Meinungsmacher, die Massenmedien, vom Finanzmarkt dirigiert werden.

Im Schatten all dieser wachsenden Ungerechtigkeiten steuern wir immer schneller auf menschliche und ökologische Katastrophen zu. Ganze Völker befinden sich im Krieg oder auf der Flucht bzw. finden kein Wasser oder keine Nahrung mehr. Ein großer Teil der Menschheit hat keinerlei Hoffnung, ihre Lebenssituation verbessern zu können. Selbst in den reichen Ländern kommen immer mehr Menschen in Existenznöte oder fallen aus ihren sozialen Zusammenhängen und werden depressiv.

Das Ideal kommt vor dem Kompromiss

Wir wissen, dass wir etwas ändern müssen, aber warum knicken wir immer wieder vor unserer eigenen Bequemlichkeit ein? Warum fehlt uns so oft der Mut, wirkliche Lebensideale zu entwickeln und diese zur Richtschnur unseres Handelns zu machen? Sind wir schon so materialistisch geworden, dass Ideen und Ideale kaum noch Realität für uns haben?

Ein Volk mit Menschen ohne Ideale ist leicht zu führen. Es akzeptiert Manipulationen und Bevormundung und stimmt jedem Kompromiss zu.

Bewegung kommt in eine Gesellschaft erst durch die beharrlichen Idealisten.

Ein Beispiel aus der jüngsten Vergangenheit: Wie viele Jahrzehnte haben wir das Rauchen in öffentlichen Räumen und am Arbeitsplatz kompromissbereit mitgetragen? Erst ein paar Idealisten haben es mit ihren Aktionen geschafft, uns von diesem schädlichen Joch zu befreien. Ihr Glaube an einen zukünftig gesünderen Zustand war größer als die gesamte Raucherlobby. Heute möchten nicht einmal mehr die meisten Raucher in diese respektlosen Verhältnisse zurückkehren.

Fast widerspruchslos nehmen wir heute genauso das ausbeutende Agieren der Finanzindustrie mit ihren Spekulanten hin. So wie wir damals den Rauchern noch die Aschenbecher hingestellt haben, so stellen wir heute diesen Wölfen im Schafsfell einfach unsere Renten- und Sparguthaben zur Verfügung; auch weil wir uns an ihrem Profit beteiligen wollen.

Wir sollten nicht angesichts der heutigen Schwierigkeiten resignieren, sondern uns für die menschlichen Zukunftspotentiale begeistern. Der Mensch ist das einzige Wesen, welches sich selbst am Schopf packen und wieder aus dem Sumpf ziehen kann. Dazu müssen wir allerdings von der Zukunft her denken lernen.

Jeder kennt bestimmt jemanden, der durch Alkoholsucht immer mehr soziale, wirtschaftliche und gesundheitliche Schwierigkeiten hat. Ihm einen Kompromiss vorzuschlagen, nur etwas weniger zu trinken, wird nicht viel helfen. Er muss mit dem Ideal der Abstinenz und einem neuen kreativen Leben konfrontiert werden. Nur dadurch kann er seine Verhältnisse wieder in Ordnung bringen.

Ein energisches Handeln ist auch bei unserem neoliberalen System nötig. Wir werden in diesem Buch noch genauer sehen, warum wir den spekulativen Finanzgeschäften kompromisslos zu Leibe rücken müssen. Die zukünftigen Entwicklungsmöglichkeiten hängen davon ab.

Unseren heutigen Reichtum haben wir den Idealen und der Entwicklungsarbeit vieler Generationen, ja ganzer Kulturepochen zu verdanken. Welche Ideale, welchen Beitrag leisten wir heute für die nächsten Generationen? Sind wir dankbar für die Leistungen unserer Vorfahren? Zeigen wir Verantwortung für die nächsten Generationen?

Ziele

Mit dem Leser möchte ich qualitative Entwicklungsmöglichkeiten erarbeiten. Es geht mir dabei um die Umgestaltung unserer profitorientierten und naturvernichtenden Finanz- und Konsumwirtschaft hin zu einer sozial- und kulturaufbauenden Bedarfswirtschaft.

In allen Lebensbereichen entwickeln sich durch die Initiativkraft einzelner Menschen immer mehr positive Beispiele, die in diese Richtung zeigen. Ein großes Beispiel sind für mich die Persönlichkeiten, die nach dem unendlichen Elend des 2. Weltkrieges die Größe und den Mut gehabt haben, den offenen Moment zu nutzen, die Menschenrechte zu formulieren und viele Staaten zu deren Anerkennung zu bewegen. In unserer heutigen geld- und profitorientierten Welt wäre dies wohl nicht mehr möglich. Aber es gibt sie, offiziell und rechtsverbindlich. Mit dem Beitritt zur Organisation der Vereinten Nationen (UNO) muss jedes Land automatisch auch die Menschenrechte anerkennen. Es sind ihnen also die meisten Länder verpflichtet. Wir sollten allerdings uns selber und unsere Regierungen immer wieder daran erinnern und sie einfordern. Schauen wir doch einmal unsere Menschenrechte an. In den 30 Artikeln finden wir, wenn sie nur eingehalten würden, die Grundlagen zur Verbesserung unserer Welt. Es lohnt sich sehr, diese zu verinnerlichen.

Liste der Menschenrechte

Artikel 1
Freiheit, Gleichheit, Brüderlichkeit

Alle Menschen sind frei und gleich an Würde und Rechten geboren. Sie sind mit Vernunft und Gewissen begabt und sollen einander im Geiste der Brüderlichkeit begegnen.

Artikel 2
Verbot der Diskriminierung

1. Jeder Mensch hat Anspruch auf die in dieser Erklärung verkündeten Rechte und Freiheiten, ohne irgendeine Unterscheidung, wie etwa nach Rasse, Farbe, Geschlecht, Sprache, Religion, politischer und sonstiger Überzeugung, nationaler oder sozialer Herkunft, nach Eigentum, Geburt oder sonstigen Umständen.

2. Weiter darf keine Unterscheidung gemacht werden auf Grund der politischen, rechtlichen oder internationalen Stellung des Landes oder Gebietes, dem eine Person angehört, ohne Rücksicht darauf, ob es unabhängig ist, unter Treuhandschaft steht, keine Selbstregierung besitzt oder irgendeiner anderen Beschränkung seiner Souveränität unterworfen ist.

Artikel 3
Recht auf Leben und Freiheit

Jeder Mensch hat das Recht auf Leben, Freiheit und Sicherheit der Person.

Artikel 4
Verbot der Sklaverei und des Sklavenhandels

Niemand darf in Sklaverei oder Leibeigenschaft gehalten werden; Sklaverei und Sklavenhandel sind in allen Formen verboten.

Artikel 5
Verbot der Folter

Niemand darf der Folter oder grausamer, unmenschlicher oder erniedrigender Behandlung oder Strafe unterworfen werden.

Artikel 6
Anerkennung als Rechtsperson

Jeder Mensch hat überall Anspruch auf Anerkennung als Rechtsperson.

Artikel 7
Gleichheit vor dem Gesetz

Alle Menschen sind vor dem Gesetze gleich und haben ohne Unterschied Anspruch auf gleichen Schutz durch das Gesetz. Alle haben Anspruch auf den gleichen Schutz gegen jede unterschiedliche Behandlung, welche die vorliegende

Erklärung verletzen würde, und gegen jede Aufreizung zu einer derartigen unterschiedlichen Behandlung.

Artikel 8
Anspruch auf Rechtsschutz

Jeder Mensch hat Anspruch auf wirksamen Rechtsschutz vor den zuständigen innerstaatlichen Gerichten gegen alle Handlungen, die seine ihm nach der Verfassung oder nach dem Gesetz zustehenden Grundrechte verletzen.

Artikel 9
Schutz vor willkürlicher Verhaftung und Ausweisung

Niemand darf willkürlich festgenommen, in Haft gehalten oder des Landes verwiesen werden.

Artikel 10
Anspruch auf rechtliches Gehör

Jeder Mensch hat in voller Gleichberechtigung Anspruch auf ein der Billigkeit entsprechendes und öffentliches Verfahren vor einem unabhängigen und unparteiischen Gericht, das über seine Rechte und Verpflichtungen oder aber über irgendeine gegen ihn erhobene strafrechtliche Beschuldigung zu entscheiden hat.

Artikel 11
Unschuldsvermutung; keine Strafe ohne Gesetz

1. Jeder Mensch, der einer strafbaren Handlung beschuldigt wird, ist so lange als unschuldig anzusehen, bis seine Schuld in einem öffentlichen Verfahren, in dem alle für seine Verteidigung nötigen Voraussetzungen gewährleistet waren, gemäß dem Gesetz nachgewiesen ist.

2. Niemand kann wegen einer Handlung oder Unterlassung verurteilt werden, die im Zeitpunkt, da sie erfolgte, auf Grund des nationalen oder internationalen Rechts nicht strafbar war. Desgleichen kann keine schwerere Strafe verhängt werden als die, welche im Zeitpunkt der Begehung der strafbaren Handlung anwendbar war.

Artikel 12
Schutz der Freiheitssphäre des Einzelnen

Niemand darf willkürlichen Eingriffen in sein Privatleben, seine Familie, sein Heim oder seinen *Briefwechsel* (auch Telefon und E-Mails) noch Angriffen auf seine Ehre und seinen Beruf ausgesetzt werden. Jeder Mensch hat Anspruch auf rechtlichen Schutz gegen derartige Eingriffe oder Anschläge.

Artikel 13
Freizügigkeit und Auswanderungsfreiheit

1. Jeder Mensch hat das Recht auf Freizügigkeit und freie Wahl seines Wohnsitzes innerhalb eines Staates.
2. Jeder Mensch hat das Recht, jedes Land, einschließlich seines eigenen, zu verlassen sowie in sein Land zurückzukehren.

Artikel 14
Recht auf Asyl

1. Jeder Mensch hat das Recht, in anderen Ländern vor Verfolgungen Asyl zu suchen und zu genießen.
2. Dieses Recht kann jedoch im Falle seiner Verfolgung wegen nichtpolitischer Verbrechen oder wegen Handlungen, die gegen die Ziele und Grundsätze der Vereinten Nationen verstoßen, nicht in Anspruch genommen werden.

Artikel 15
Recht auf Staatsangehörigkeit

1. Jeder Mensch hat Anspruch auf Staatsangehörigkeit.
2. Niemandem darf seine Staatsangehörigkeit willkürlich entzogen noch ihm das Recht versagt werden, seine Staatsangehörigkeit zu wechseln.

Artikel 16
Ehefreiheit und Schutz der Familie

1. Heiratsfähige Männer und Frauen haben ohne Beschränkung durch Rasse, Staatsbürgerschaft oder Religion das Recht, eine Ehe zu schließen und eine Familie zu gründen. Sie haben bei der Eheschließung, während der Ehe und bei deren Auflösung gleiche Rechte.
2. Die Ehe darf nur auf Grund der freien und vollen Willenseinigung der zukünftigen Ehegatten geschlossen werden.
3. Die Familie ist die natürliche und grundlegende Einheit der Gesellschaft und hat Anspruch auf Schutz durch Gesellschaft und Staat.

Artikel 17
Eigentumsgarantie

1. Jeder Mensch hat allein oder in der Gemeinschaft mit Anderen Recht auf Eigentum.

2. Niemand darf willkürlich seines Eigentums beraubt werden.

Artikel 18
Gedanken-, Gewissens- und Religionsfreiheit

Jeder Mensch hat Anspruch auf Gedanken-, Gewissens- und Religionsfreiheit; dieses Recht umfasst die Freiheit, seine Religion oder seine Überzeugung zu wechseln sowie die Freiheit, seine Religion oder seine Überzeugung allein oder in Gemeinschaft mit anderen, in der Öffentlichkeit oder privat, durch Lehre, Ausübung, Gottesdienst und Vollziehung von Riten zu bekunden.

Artikel 19
Meinungs- und Informationsfreiheit

Jeder Mensch hat das Recht auf freie Meinungsäußerung; dieses Recht umfasst die Freiheit, Meinungen unangefochten anzuhängen und Informationen und Ideen mit allen Verständigungsmitteln ohne Rücksicht auf Grenzen zu suchen, zu empfangen und zu verbreiten.

Artikel 20
Versammlungs- und Vereinigungsfreiheit

1. Jeder Mensch hat das Recht auf Versammlungs- und Vereinigungsfreiheit zu friedlichen Zwecken.

2. Niemand darf gezwungen werden, einer Vereinigung anzugehören.

Artikel 21
Allgemeines und gleiches Wahlrecht; Zulassung zu öffentlichen Ämtern

1. Jeder Mensch hat das Recht, an der Leitung öffentlicher Angelegenheiten seines Landes unmittelbar oder durch frei gewählte Vertreter teilzunehmen.

2. Jeder Mensch hat unter gleichen Bedingungen das Recht auf Zulassung zu öffentlichen Ämtern in seinem Lande.

3. Der Wille des Volkes bildet die Grundlage für die Autorität der öffentlichen Gewalt; dieser Wille muss durch periodische und unverfälschte Wahlen

mit allgemeinem und gleichem Wahlrecht bei geheimer Stimmabgabe oder in einem gleichwertigen freien Wahlverfahren zum Ausdruck kommen.

Artikel 22
Recht auf soziale Sicherheit

Jeder Mensch hat als Mitglied der Gesellschaft Recht auf soziale Sicherheit; er hat Anspruch darauf, durch innerstaatliche Maßnahmen und internationale Zusammenarbeit unter Berücksichtigung der Organisation und der Hilfsmittel jedes Staates in den Genuss der für seine Würde und die freie Entwicklung seiner Persönlichkeit unentbehrlichen wirtschaftlichen, sozialen und kulturellen Rechte zu gelangen.

Artikel 23
Recht auf Arbeit und gleichen Lohn, Koalitionsfreiheit

1. Jeder Mensch hat das Recht auf Arbeit, auf freie Berufswahl, auf angemessene und befriedigende Arbeitsbedingungen sowie auf Schutz gegen Arbeitslosigkeit.

2. Alle Menschen haben ohne jede unterschiedliche Behandlung das Recht auf gleichen Lohn für gleiche Arbeit.

3. Jeder Mensch, der arbeitet, hat das Recht auf angemessene und befriedigende Entlohnung, die ihm und seiner Familie eine der menschlichen Würde entsprechende Existenz sichert und die, wenn nötig, durch andere soziale Schutzmaßnahmen zu ergänzen ist.

4. Jeder Mensch hat das Recht, zum Schutze seiner Interessen Berufsvereinigungen zu bilden und solchen beizutreten.

Artikel 24
Recht auf Erholung und Freizeit

Jeder Mensch hat Anspruch auf Erholung und Freizeit sowie auf eine vernünftige Begrenzung der Arbeitszeit und auf periodischen, bezahlten Urlaub.

Artikel 25
Recht auf einen angemessenen Lebensstandard

1. Jeder Mensch hat Anspruch auf eine Lebenshaltung, die seine und seiner Familie Gesundheit und Wohlbefinden einschließlich Nahrung, Kleidung, Wohnung, ärztlicher Betreuung und der notwendigen Leistungen der sozialen Fürsorge gewährleistet; er hat das Recht auf Sicherheit im Falle von Arbeitslo-

sigkeit, Krankheit, Invalidität, Verwitwung, Alter oder von anderweitigem Verlust seiner Unterhaltsmittel durch unverschuldete Umstände.

2. Mutter und Kind haben Anspruch auf besondere Hilfe und Unterstützung. Alle Kinder, eheliche und uneheliche, genießen den gleichen sozialen Schutz.

Artikel 26
Recht auf Bildung, Erziehungsziele, Elternrecht

1. Jeder Mensch hat Recht auf Bildung. Der Unterricht muss wenigstens in den Elementar- und Grundschulen unentgeltlich sein. Der Elementarunterricht ist obligatorisch. Fachlicher und beruflicher Unterricht soll allgemein zugänglich sein, die höheren Studien sollen allen nach Maßgabe ihrer Fähigkeiten und Leistungen in gleicher Weise offenstehen.

2. Die Ausbildung soll die volle Entfaltung der menschlichen Persönlichkeit und die Stärkung der Achtung der Menschenrechte und Grundfreiheiten zum Ziele haben. Sie soll Verständnis, Duldsamkeit und Freundschaft zwischen allen Nationen und allen rassischen oder religiösen Gruppen fördern und die Tätigkeit der Vereinten Nationen zur Aufrechterhaltung des Friedens begünstigen.

3. In erster Linie haben die Eltern das Recht, die Art der ihren Kindern zuteilwerdenden Bildung zu bestimmen.

Artikel 27
Freiheit des Kulturlebens

1. Jeder Mensch hat das Recht, am kulturellen Leben der Gemeinschaft frei teilzunehmen, sich der Künste zu erfreuen und am wissenschaftlichen Fortschritt und dessen Wohltaten teilzuhaben.

2. Jeder Mensch hat das Recht auf Schutz der moralischen und materiellen Interessen, die aus jeder wissenschaftlichen, literarischen oder künstlerischen Produktion ergeben, deren Urheber er ist.

Artikel 28
Angemessene Sozial- und internationale Ordnung

Jeder Mensch hat Anspruch auf eine soziale und internationale Ordnung, in welcher die in der vorliegenden Erklärung angeführten Rechte und Freiheiten voll verwirklicht werden können.

Artikel 29

Grundpflichten; Schranken der Menschenrechte

1. Jeder Mensch hat Pflichten gegenüber der Gemeinschaft, in der allein die freie und volle Entwicklung seiner Persönlichkeit möglich ist.

2. Jeder Mensch ist in Ausübung seiner Rechte und Freiheiten nur den Beschränkungen unterworfen, die das Gesetz ausschließlich zu dem Zwecke vorsieht, um die Anerkennung und Achtung der Rechte und Freiheiten der anderen zu gewährleisten und den gerechten Anforderungen der Moral, der öffentlichen Ordnung und der allgemeinen Wohlfahrt in einer demokratischen Gesellschaft zu genügen.

3. Rechte und Freiheiten dürfen in keinem Fall im Widerspruch zu den Zielen und Grundsätzen der Vereinten Nationen ausgeübt werden.

Artikel 30

Auslegungsvorschrift

Keine Bestimmung der vorliegenden Erklärung darf so ausgelegt werden, dass sich daraus für einen Staat, eine Gruppe oder eine Person irgendein Recht ergibt, eine Tätigkeit auszuüben oder eine Handlung vorzunehmen, welche auf die Vernichtung der in dieser Erklärung angeführten Rechte und Freiheiten abzielen.

Nicht nur in den diktatorischen Ländern, sondern auch bei uns, sind wir von der Verwirklichung der Menschenrechte weit entfernt! Die Situation verschlechtert sich sogar. Wir brauchen da z.B. nur an die totale Überwachung unserer Kommunikation oder gleiche Bezahlung für gleiche Arbeit zu denken.

Inwieweit verteidigen wir persönlich oder unsere Regierungen die Menschenrechte? Die Regierungen sämtlicher Länder wären dazu verpflichtet. Auch die Regierungen in den Ländern, die uns ständig mit auf fragliche Weise gewonnenen Rohstoffen und Konsumgütern billig versorgen!

Ein Recht wird allerdings, besonders von den Reichen und ihren Helfern in Politik und Medien, gnadenlos verteidigt: Das Recht auf Besitz (Artikel 17). Bei diesem Recht, so meint man, geht es nicht nur um den persönlichen Besitz, den man für seine persönlichen Bedürfnisse, wie Kleidung, Wohnung, Fahrzeug usw. braucht, sondern uneingeschränkt um jeden Besitz, wie groß er auch sein mag. Selbst wenn jemand tausende Hektar Land und viele Fabriken besitzt, wird dieser Besitz gegen alle Landlosen und unterbezahlten Arbeiter gnadenlos verteidigt. Oder, wenn gegen Banken demonstriert wird, weil sie durch ihre Spekulationen Millionen von Menschen in den Ruin treiben, werden diese auf Kosten der Versammlungsfreiheit immer wieder durch unsere Polizei unverhältnismäßig verteidigt. Die vielen nicht eingehaltenen Menschenrechte werden einfach (unter Missachtung von Artikel 30) dem überspannten Besitzrecht untergeordnet!

Jedem Recht stehen natürlich auf der anderen Seite auch Pflichten gegenüber. Diese Pflichten sehen wir leider oft bei den anderen oder beim Staat. Sich selbst auch in die Pflicht zu nehmen, fällt da schon schwerer.

Rechte werden auch leicht mit Freiheit verwechselt. Wenn ich z.B. Geld besitze, meine ich, das Recht und die Freiheit zu haben, damit tun zu können, was ich will. Dieses „freie Umgangsrecht" mit Geld wird heute auf allen Ebenen verteidigt.

Warum sehen wir aber die Freiheit immer so einseitig und erkennen nicht, dass auf der anderen Seite Menschen in ihrer Entwicklung bedrängt werden und die Erde ausgebeutet wird?

Damit Freiheit wirklich für alle Menschen in die Welt kommen kann, müssen wir noch die beiden Geschwister der Freiheit dazustellen. Was gehört noch zur Freiheit? Die Liebe und die Verantwortung. Wahre Entwicklung kann nur stattfinden, wenn die drei Geschwister „Liebe, Freiheit und Verantwortung" zusammen wirken!

Schauen wir die Welt an. Wo wirken Liebe, Freiheit und Verantwortung zusammen? Dieses Zusammenwirken ist wenig entwickelt. Überall in unseren Lebenszusammenhängen könnten wir, auch auf persönlicher Ebene, zur Vervollständigung dieser Werte beitragen.

Die forcierten Freihandelsabkommen ermöglichen den reichen Ländern frei und billig Waren aus Ländern einzukaufen, die die Menschenrechte mit Füßen treten und kaum Umweltstandards haben. Die weitere Unterhöhlung der Menschenrechte durch das sich zunehmend zentralisierende neoliberale Wirtschaftssystem mit seinen Helfern in Politik und Massenmedien gilt es zu stoppen. Eine zukunftsfähige Geld- und Wirtschaftsordnung muss den Idealen der Menschenrechte gerecht werden, das heißt, der freien Entwicklung von Mensch und Gesellschaft in allen Ländern.

Ist uns überhaupt bewusst, dass wir Menschen erst am Anfang unserer Entwicklungsmöglichkeiten stehen? Warum beurteilen wir den Menschen immer wieder nach seinen Schwierigkeiten und nicht viel mehr nach seinem Entwicklungspotential?

Auch wenn in den Menschenrechten der Naturschutz nicht extra erwähnt ist, so sollte allen doch klar sein, dass die Menschenrechte nur erfüllt werden können, wenn unsere ökologischen Lebensgrundlagen Erde, Luft, Wasser, Licht, Biodiversität usw. ausreichend und nachhaltig für alle Menschen gleichermaßen zur Verfügung stehen. Ich denke, dass dieser Schutz der natürlichen Lebensgrundlagen dringend auch in die Menschenrechtscharta aufgenommen werden müsste.

Noch besser wäre es, wenn es ein internationales Recht zum „Schutz der natürlichen Erde" geben würde! Durch einen Freund, der bei Greenpeace mitarbeitet, konnte ich erfahren, dass ein solches Recht zum „Schutz der natürlichen Erde" schon einmal vor über 30 Jahren vom damaligen schwedischen Ministerpräsidenten Olof Palme (ermordet am 28. Februar 1986) vehement eingefordert wurde. Hinter verschlossenen Türen wurden dann auch solche Rechte von der UNO bis in die Details vorbereitet. Recherchen ergaben, dass dieses Ansinnen dann aber unter dem Druck der USA, Chinas, Frankreichs und Hollands aufgegeben wurde. Greenpeace plant eine Kampagne, solche internationalen Rechte zum „Schutz der natürlichen Erde" öffentlich zu diskutieren und erneut einzufordern. *Schwere Umweltzerstörungen* durch den Menschen – auch als „Ökozid" bezeichnet – sollen zu einem *Völkerrechtsverbrechen* erklärt werden und vor den *Internationalen Strafgerichtshof in Den Haag* zur *strafrechtlichen Verfolgung* gebracht werden können. Das Anliegen wird weltweit von verschiedenen Organisationen, prominenten Persönlichkeiten und einigen politischen Parteien befürwortet.

Auch auf wirtschaftlichem Gebiet gibt es mittlerweile interessante Reformvorschläge von einzelnen Bürgern oder Nichtregierungsorganisationen (NGOs), um unsere Lebensbedingungen zu verbessern. Nur wenige Reformansätze gehen aber auch auf die Nöte der ärmeren Länder ein, die unseren heutigen Wohlstand durch ihre Rohstoffe und Dienstleistungen erst möglich machen. Wenige hinterfragen zudem das neoliberale Wirtschaftssystem mit seinem zugrundeliegenden Wachstums-, Zinseszins- und Spekulationssystem sowie Konkurrenzideal.

Die Reformer, die etwas weiter gehen, möchten die größer werdende Schere zwischen Reich und Arm durch Umverteilung zurückdrehen. Auf den ersten Blick scheint dies dringend notwendig. Aber es bedarf hier etwas mehr Weitblick. Was würde denn passieren, wenn es 90% der Bevölkerung durch einen staatlichen Geldregen unvorbereitet besser ginge? Natürlich können und sollen alle menschlichen Notstände schnell beseitigt werden. Aber was ist mit unserer materialistischen und egoistischen Konsumsucht? Würde nicht schlagartig noch mehr konsumiert werden? Mehr Autos gekauft und gefahren werden? Noch mehr viel zu große Einfamilienhäuser unsere Landschaft verbauen? Noch mehr um die Welt geflogen werden? Noch viel schneller würden wir mit unser aller Boot „Erde" durch die ökologische Katastrophe untergehen. Viele Wissenschaftler rechnen bei einer Fortführung unseres jetzigen Wachstums mit einer globalen ökologischen Katastrophe innerhalb der nächsten 50 – 100 Jahre. Mit noch mehr Konsumsteigerung könnte dies schon in 30 – 50 Jahren der Fall sein.

Umverteilung muss sein. Aber in einer Art, dass neben den sofortigen Nothilfen erst einmal die Rettungsmaßnahmen für unsere Erde eingeleitet werden. Von diesen Rettungsmaßnahmen für Mensch und Erde liest man aber wenig in den meisten gutgemeinten Reformvorschlägen.

Grundsätzlich bestehen für mich diese Rettungsmaßnahmen aus zwei Grundpfeilern:

1. Das Boot, unsere Erde, muss wieder repariert und seetüchtig für viele weitere Generationen gemacht werden!
2. Die Bootsmannschaft, wir als Menschheit, muss befähigt werden, die Reparaturarbeiten durchzuführen, um die schwerer werdende Seereise auch meistern zu können!

In anderen Worten:

1. Unsere endliche Natur (Bodenfruchtbarkeit, Wasserhaushalt, Wälder, Rohstoffe, Klima usw.) muss nachhaltig geschützt und wieder in Ordnung gebracht werden!
2 Eine Kulturerneuerung muss eingeleitet werden, die unsere jetzige Kultur vom individuellen Überlebenskampf, Egoismus, Profit und von der Konsumsucht überleitet in eine verantwortungsbewusste, mitmenschliche und nachhaltige Gesellschaftskultur. Die menschlichen Kapazitäten sind unerschöpflich!

Mobilmachung kennen wir in der Regel für einen Krieg. Für Völkermorde wurden in der Geschichte immer wieder gewaltige physische, gesellschaftliche und finanzielle Leistungen aktiviert. – Jetzt brauchen wir auch eine Mobilmachung, aber für Mensch und Umwelt, d.h. für Frieden.

Es braucht eine dienende Wirtschaft und Menschen mit einem wachsenden Kulturverständnis. Eine ganz neue Arbeitskultur, Landwirtschaftskultur, Umweltkultur, Bildungskultur und Konsumkultur, also Lebenskultur, muss dringend entwickelt werden.

Ein Wandel vom äußeren Konsum- und damit vom Rohstoff-, Energie- und Naturverbrauch, hin zu einer bedarfsorientierten Sozial- und Kulturentwicklung muss eingeleitet werden. Solch eine nachhaltige Wirtschaft könnte einen großen sozialen und kulturellen Wohlstand erzeugen.

Natürlich werden die Finanzakteure mit ihren Helfern in Politik und Massenmedien alles daran setzen, dies zu verhindern, da aus diesen Bereichen keine überzogenen Profite gezogen werden können, wie bei einer reinen Konsumgesellschaft.

Hier wird ersichtlich, wie sehr es auf eine bewusste Bevölkerung ankommt. Vielleicht kennen Sie den Spruch: „Stell dir vor, es ist Krieg und keiner geht hin." Zur Umgestaltung der Wirtschaftsverhältnisse könnte man auch sagen: „Stell dir vor, die Finanzmärkte wollen mehr Konsumwachstum, aber die Bevölkerung verweigert sich und gibt ihr Geld lieber für soziale, kulturelle und ökologische Leistungen aus."

Wer positive Veränderungen an sich und seiner Umgebung schon initiiert hat, weiß was Entwicklungsfreude bedeutet.

FREIHEIT – GLEICHHEIT – BRÜDERLICHKEIT

Welches dieser drei Ideale der Französischen Revolution gehört zum Wirtschaftsleben?

Es ist nicht die Freiheit, denn die Freiheit gehört zum Geistesleben. Jeder sollte frei sein im Denken, in der Bildungswahl, der Religionswahl und im Kulturleben und dadurch seine Fähigkeiten kreativ entwickeln können.

Es ist auch nicht die Gleichheit, denn gleichberechtigt sollten wir alle im sozialen Miteinander sein und die Staaten sollten mit ihrem Rechtssystem dafür sorgen, dass jeder Mensch gleichen Schutz vor Übergriffen und gleiche Entwicklungsmöglichkeiten hat; egal ob jemand schwarz, weiß, Frau, Mann, arm oder reich ist.

Zum Wirtschaftsleben gehört das Ideal der BRÜDERLICHKEIT!

Im Wirtschaftsleben sollte es um die Befriedigung der Bedürfnisse der Mitmenschen gehen, also brüderlich oder besser gesagt, geschwisterlich füreinander zu sorgen ist das Ideal. Dass die Bedürfnisse heute auch im Seelen- und Kulturbereich der Mitmenschen zu verstehen und zu befriedigen sind, sollte uns ein immer größeres Anliegen sein.

Das allgemeine Unverständnis der drei Ideale FREIHEIT (in Bildung, Kultur, Religion), GLEICHHEIT (im Recht, geschützt durch den Staat) und BRÜDERLICHKEIT (im Wirtschaftsleben) hat uns mit dem Aufkommen der industriellen Weltwirtschaft, gepaart mit dem wachsenden Nationalismus der einzelnen Staaten, die größten Probleme gebracht. Den eigentlichen Grund für die Weltkriege sowie die heutigen Krisen und Katastrophen können wir diesem Unverstand zuschreiben. Im Laufe des Buches werden wir diesem Verständnis näher kommen.

Arbeitsteilung bewusst erfassen

„Wachstum schafft Arbeitsplätze!" Mit diesem undifferenzierten Versprechen versuchen die Politiker, egal ob von Rechts, Links oder der Mitte kommend, das Volk an sich zu binden. Im Schatten dieses bejubelten Slogans verbergen sich aber meistens die letzten Zuckungen unseres bald zusammenbrechenden Wirtschaftssystems. Warum z.B. mit noch mehr Einkaufszentren, Zweitwohnungen, Straßen usw. die letzten kleinen Geschäfte bedrohen und die verbleibende Landschaft zubauen? Werden diese Arbeitsplätze wirklich etwas Positives schaffen? Es geht in Wirklichkeit nicht um die Menschen, sondern um kurzfristigen Profit. Wir untergraben damit zunehmend unsere ökologischen, kulturellen und demokratischen Fundamente.

Hingegen kann die Entwicklung von sozialen, kulturellen und ökologischen Projekten Arbeitsplätze schaffen, die heilend auf Mensch und Natur zurückwirken.

In all unseren heutigen rationalisierten Wirtschaftsprozessen haben wir es zunehmend mit einer Arbeitsteilung zu tun, wodurch große Zeiteinsparungen möglich wurden. Inwieweit stehen wir aber mit Bewusstsein in dieser Arbeitsteilung?

Wir arbeiten in unserer arbeitsteiligen Welt heute fast ausschließlich für unsere Mitmenschen. Der Bäcker bäckt Brot für seine Mitmenschen, der Busfahrer bringt seine Mitmenschen an die gewünschten Ziele, der Fabrikarbeiter, egal wo in der Welt, ist einer von vielen, um für uns eine neue Maschine zu bedienen oder zu bauen, der Spediteur organisiert die Warenbewegungen für uns, Therapeuten und Ärzte helfen bei unseren Gesundheitsproblemen, Musiker und Schriftsteller können uns neue Welten eröffnen usw.

Nur, wie steht es mit unserer Arbeitsmotivation? Was ist unser Motor für unsere Arbeit? Arbeiten wir auch innerlich für unsere Mitmenschen? Oder arbeiten wir nur für Geld und Status? Oft kann man feststellen, dass die praktisch und sozial arbeitenden Menschen viel mehr noch ihre Arbeitsmotivation durch die Mitmenschen finden, als diejenigen, die nur noch wirtschaftlich abstrakt, ohne direkten Kontakt mit ihren Mitmenschen arbeiten.

Natürlich brauchen wir Geld zum Leben, aber nutzen wir es bewusst und mit Dankbarkeit den Menschen gegenüber, die unsere vielfältigen Wünsche befriedigen?

Ein zunehmend erhöhtes Bewusstsein ist heute nötig, um wahrhaft „brüderlich" (geschwisterlich) im globalen Wirtschaftsleben zu stehen. Mit einem erweiterten Bewusstsein gegenüber unseren Versorgern und Dienstleistern in aller Welt würden wir auch fairere Preise bezahlen und nicht nur billig auf Kosten dieser Menschen leben wollen. Dieser Gedanke ist nicht nur moralisch zu verstehen, sondern auch aus einem gesunden Wirtschaftsverständnis heraus.

Selbstständige ebenso wie Angestellte sollten sich diese Fragen nach der Arbeitsmotivation stellen. Aus Erfahrung bestehen für mich auch tiefe Unterschiede zwischen diesen beiden Arbeitsformen. Als Selbstständiger habe ich oft noch ganz andere Möglichkeiten, mich kreativ in die Arbeitswelt zu stellen. Ich kann noch viel mehr entscheiden wo, wie und für wen ich meine Arbeitskraft einsetze. Die bürokratischen Einschränkungen nehmen aber leider auch bei vielen selbstständigen Berufen zu. So haben z.B. die Vorschriften, der Dokumentationszwang und die Kontrollen bei den Ärzten dermaßen zugenommen, dass man von freiberuflicher Existenz dort nicht mehr sprechen kann.

Als Angestellter bin ich in meinen Handlungen viel mehr eingeengt. Die Aktionäre, der Chef, die Gewerkschaft, die Stundenabrechnung, das Gehalt, die Arbeitsregeln usw. verhindern oft das volle Engagement. Es ist da viel schwieriger, sich als Mensch kreativ zu entfalten, sich voll ins Leben zu stellen. Man rechnet bei der Arbeit vielmehr in Zeiteinheiten als resultatbezogen. Dabei ist es eigentlich realitätsfremd, eine Stunde eines Menschen zu kaufen. Von einem Tischler z.B. möchte ich einen schönen Tisch zu einem vereinbarten Preis kaufen und nicht nur irgendwelche Stunden. Die zunehmende Bürokratisierung unserer Arbeitsprozesse verschlimmert den Realitätsverlust immer mehr.

Warum sind z.B. die noch freien Selbstständigen viel weniger krank? Dies liegt nicht nur daran, dass sich ein Selbstständiger, trotz Krankheit, zur Arbeit aufrafft und dagegen ein Angestellter bisweilen leichtfertiger „krank macht". Nein, es liegt auch daran, dass ein noch freier Selbstständiger sich viel bewusster und kreativer mit der Welt verbinden kann und dadurch mehr Kraft aus dem vollen Leben schöpfen kann.

In unserer heutigen zentralisierten Welt gibt es nicht mehr viele selbstständige Unternehmer. Noch vor 150 Jahren hatten wir vorwiegend selbstständige Unternehmer: Bauern, Handwerker, Händler, Ärzte usw. Sie arbeiteten unternehmerisch kreativ für ihren Lebensunterhalt und ihre Mitmenschen. Diese selbstständigen Gesellschaftskräfte sind leider dem heutigen zentralisierten und finanzgesteuerten Angestelltensystem geopfert worden.

Wirklich menschliche Arbeitskreativität können wir zurückgewinnen, wenn wir, neben einer allgemeinen Kulturentwicklung, wieder die freie Selbstständigkeit, bzw. das „Mitunternehmersein" im Berufsleben der Menschen fördern! Das bürokratisierte und kontrollierte Angestelltensein sollte im weitesten Sinne überwunden werden. (Siehe auch Kapitel: „Umgestaltung unserer Produktions- und Dienstleistungsunternehmen".)

Polarität zwischen Produzierenden und Dienstleistern

Das Verständnis von realen Wirtschaftszusammenhängen ist heute, besonders unter den Wirtschaftsfachleuten sehr schwach ausgebildet. Wer kennt z.B. die Polarität zwischen den Produzierenden und den Dienstleistern? Dabei kann gerade durch dieses Verständnis ein realistischer Einblick in unsere nebulösen und ruinösen Wirtschaftsverhältnisse gewonnen werden.

Was ist denn der Unterschied zwischen den produzierenden Landwirten, Handwerkern, Maschinisten usw. und den dienstleistenden Ärzten, Lehrern, Verwaltern, Sozialarbeitern usw.? Vordergründig wissen wir dies natürlich: Die Produzenten versorgen unsere materiellen Bedürfnisse und die Dienstleister versorgen unsere ideellen Bedürfnisse im weitesten Sinne.

Aber wie fügen sich diese beiden verschiedenen Arbeitsgebiete in die ökonomische Wertschöpfungskette ein?

Bei den Produzenten scheint dies einfach nachvollziehbar zu sein: Durch deren Arbeit werden Materialien in verschiedenen Stufen gewonnen und verarbeitet, bis wir sie verbrauchen können. Wir alle bekommen so unsere Lebensmittel, Häuser, Autos usw.

Bei den Dienstleistern wird dies schon schwieriger. Was leistet denn z.B. ein Produktionsberater? Er stellt selbst ja nichts her. Aber er hilft, wenn er gut ist, die Produktion zu rationalisieren. Er hilft den Produzenten Arbeitszeit, Material usw. einzusparen.

Und was leistet eine Ärztin oder Therapeutin? Wenn sie gut ist, reduziert sie die Krankentage, auch die der Produzenten. Sie erspart also Krankenausfälle.

Buchhalter, Reinigungsfachkräfte, Wareneinkäufer usw. können den produzierenden Arbeitern helfen, ihre Arbeit leichter zu machen. Sie ersparen den Produzenten die Arbeit.

Durch diese „arbeitseinsparenden" Tätigkeiten der Dienstleister konnte sich im Laufe der Zeit der Anteil der arbeitenden Produzenten immer weiter reduzieren. Dennoch werden wir alle immer von den für unsere äußeren Bedürfnisse produzierenden Arbeitern abhängig sein.

Schwieriger wird es, je weiter man sich von den direkt produzierenden Arbeitern wegbewegt. Wie verhält es sich z.B. mit Lehrern, Sozialarbeitern, Künstlern, Priestern usw.? Auch diese sollten alle, mindestens indirekt, die Arbeit der Produzierenden erleichtern oder einsparen. Die Lehrer übernehmen die Bildung der Kinder, so dass es auch in Zukunft intelligente Arbeiter, aber auch intelligente Dienstleister gibt, die wiederum den Arbeitern die Zeit ersparen. Das Gleiche gilt für die Pflegekräfte, die z.B. den Arbeitern die Altenbetreuung abnehmen. Die Künstler heben, wenn sie gut sind, das allgemeine Kulturniveau und helfen dadurch allen, motivierter oder besser arbeiten zu können.

Wie sieht es mit unseren Staatsverwaltungen aus? Ersparen sie den Bürgern durch eine gute Organisation die Arbeit? Motivieren sie auch die Mitbürger zur sinnvolleren und besseren Arbeit?

Ist sich dieses größer werdende Heer von Dienstleistern überhaupt noch bewusst, dass sie die Aufgabe haben, direkt oder indirekt die produzierenden Prozesse zu erleichtern, also die Produzenten zu unterstützen? Wissen sie überhaupt noch, wer sie mit Nahrung und allen anderen physischen Gütern versorgt?

Diese logische und fundamentale Erkenntnis fehlt den meisten Menschen allerdings heute. Wie kann es sonst sein, dass wir unsere allerwichtigsten Produzenten, nämlich unsere Landwirte, dermaßen aus dem Bewusstsein verlieren, dass sie zum eigenen Überleben die Böden, die Landschaft und sich selbst immer mehr ausbeuten und kaputt machen, um dann massenhaft ihre Höfe endgültig zu verlassen? Die Gleichgültigkeit den produzierenden Bauern gegenüber kann man jeden Tag im Supermarkt bei dem Drang nach Billignahrung erleben.

Dies sind Situationen, die sich vor unserer Türe abspielen. Noch schlimmer sind die Situationen, die sich bei unseren produzierenden Versorgern in den südlichen Ländern abspielen. Verwüstung und Tod breitet sich dort auch durch unser ignorantes Konsumverhalten rapide aus!

Gleichzeitig werden Dienstleistungszweige ausgebaut, die nichts, aber auch gar nichts mehr mit der Erleichterung unserer Lebensverhältnisse zu tun haben. Was leisten denn z.B. die Finanzdienstleister und Spekulanten? (Mehr darüber im zweiten Teil des Buches.)

Wir haben förmlich „den Boden unter den Füßen verloren" und meinen, dass unsere Dienstleistungen oder unser Geld uns ernähren können. Die zunehmende Bürokratisierung unserer gesamten Lebensverhältnisse verschlimmert diesen Realitätsverlust nur noch.

Jeder Einzelne kann sich fragen, ob er auf der einen Seite auch gute und nützliche Dinge produziert oder auf der anderen Seite, ob er durch seine Dienstleistung oder spirituelle Arbeit die allgemeinen Produktions- und Lebensprozesse stimuliert und erleichtert.

Das soziale Hauptgesetz

Es gibt viele soziale und religiöse Verhaltensregeln. Oft sind diese allerdings moralisierend und nicht unbedingt freilassend.

Der Reformer Rudolf Steiner hat am Anfang des 20. Jahrhunderts, ganz freilassend, das sogenannte „Soziale Hauptgesetz" beschrieben. Es heißt sinngemäß:

Je mehr der Einzelne mit Interesse für seine Mitmenschen sorgt und mit Dankbarkeit seine Bedürfnisse sich von seinen Mitmenschen befriedigen lässt, desto besser geht es einer Gesellschaft!

Und umgekehrt:

Je weniger der Einzelne mit Interesse für seine Mitmenschen sorgt und mit Dankbarkeit seine Bedürfnisse sich von seinen Mitmenschen befriedigen lässt, desto schlechter geht es einer Gesellschaft!

Es gibt da kein Entweder ... Oder. Mit dem „je mehr, desto besser" oder „je weniger, desto schlechter" kann sich jeder frei im Sozialleben selbst beurteilen und, wenn gewollt, sich mit neuem Bewusstsein in der Gesellschaft einbringen.

Aus dem bis jetzt Beschriebenen wird sicherlich auch klar, dass ein Zurückgehen zur Selbstversorgung keine Lösung darstellt, auch wenn dieser Wunsch bei dem heutigen Diktat von Wirtschaft und Politik verständlich ist. Selbstversorgung mit allen Lebensnotwendigkeiten ist heute unmöglich und der Versuch dazu wäre bei den heutigen Herausforderungen zudem sehr unsozial.

Im Geldverdienen sind wir allerdings fast alle noch Selbstversorger. Man arbeitet für das eigene Einkommen und ist sich gar nicht klar darüber, dass durch die globale Arbeitsteilung fast die ganze Menschheit an eigenen Verdienst mitgearbeitet hat. Dass es mir damit evtl. besser geht als den anderen, hat nicht unbedingt nur mit meiner Arbeit zu tun.

Zentralisierung – Dezentralisierung

Die Zentralisierung hat bis zu einem bestimmten Punkt ihre Berechtigung. Die Menschheit ist sich näher gerückt, und es gibt viel Kulturaustausch. Wir haben uns von Selbstversorgern über Dorfwirtschaften und Nationalwirtschaften zu einer Weltwirtschaft entwickelt, die durch rationalisierte Arbeitsprozesse viel Arbeit einspart. Die steigende Ölausbeute und das Anwachsen von Kapitalmitteln haben dies möglich gemacht.

Die Zentralisierung und das damit einhergehende weltweite Wirtschaftswachstum haben ihre Grenzen aber mittlerweile klar überschritten! Die irreparablen Schäden in der Natur und den Sozialstrukturen werden immer größer. Trotzdem geht die Zentralisierung mit der Auflösung gewachsener Gesellschaftsstrukturen wie ein Selbstläufer immer weiter. Multinationale Konzerne wachsen durch „feindliche Übernahmen" von kleineren Unternehmen. Einkaufszentren und Angebote gleichen sich weltweit immer mehr. Die Zentralisierung von Behörden, Schulen, Industrie, Freizeitangeboten, Altenbetreuung, Krankenversorgung usw. schreitet immer weiter voran. Vorstädte und Dörfer verkommen zu Schlaftrabanten. Die „Freihandelsabkommen" werden diesen negativen Trend sogar noch beschleunigen!

Für jedes Zentrum ergibt die Zentralisierung natürlich ökonomisch einen Sinn. Aber wer bezahlt die dazu nötige gewaltige Infrastruktur? Wer bezahlt den nun nötigen riesigen Pendelverkehr? Wer erleidet die soziale Verödung und deren Folgeschäden? Wer trägt die Kosten für den Landschaftsverbrauch und die Umweltschäden?

Auch in der Landwirtschaftspolitik geht es um Zentralisierung und diese lässt die kleinen Bauern sterben. Deren Land geht an immer größere Unternehmen, die das Land vorwiegend industriell und chemisch bearbeiten. Die soziale und ökologische Vielfalt verschwindet.

Die Macht in Politik und Geldwirtschaft zentralisiert sich ebenfalls immer mehr. Wir nehmen teil an dem größten Monopoly-Spiel, bei dem letztendlich nur einer gewinnen kann. Der Mensch und die Natur sind nur noch Objekte für diese sich zentralisierenden Kräfte. Ich schreibe hier ganz bewusst von „zentralisierenden Kräften", nicht von menschlichen Drahtziehern. Natürlich werden all die negativen Veränderungen von egoistischen oder zumindest unbewussten Menschen durchgeführt, aber all diese Menschen können einfach durch andere gleichgesinnte Menschen ausgetauscht werden. Diese negativen „zentralisierenden Kräfte" werden von uns allen durch unser unreflektiertes Denken und Handeln genährt. Unsere Tendenz z.B. „billig" und ohne Bewusstsein den Produzenten gegenüber einzukaufen, „nährt" die zentralisierenden Kräfte immer mehr.

Dezentralisierung ist dringend zur Gegensteuerung nötig! Wohnen, Arbeit, Soziales, Schule, Versorgung aller Bedürfnisse, Freizeit usw. müssen wieder lokal oder regional zusammengebracht und organisiert werden. Dies reduziert Pendelzeiten, soziale Verödung, Energie-, Rohstoff- und Landschaftsverbrauch. Eine neue Wirtschaftsstruktur kann sich so entwickeln und eine positive Rückkopplung zur Gesellschaftsstruktur haben. Ein Wandel von einer egoistischen Konsumkultur hin zu einer einfacheren, aber natürlicheren und menschlicheren Dienstleistungs- und Kulturgesellschaft wird erst durch Dezentralisierung möglich.

„Was brauchst Du wirklich?"

Es gibt wohl kaum eine menschlichere und zugleich ökonomischere Frage als diese: „Was brauchst Du wirklich?". Einem anderen Menschen diese intime Frage zu stellen, darauf kommt es an.

Wir wissen ja nur zu gut, was wir alles selbst zu brauchen meinen. Oder sollten wir besser sagen „wünschen"? Dieses vorwiegende *Auf-sich-selbst-gerichtet-Sein* und kaum noch die Bedürfnisse der anderen wahrzunehmen, macht nicht nur unsere eigenen Seelen leer, sondern spiegelt sich auch ganz klar in unserer Weltökonomie wieder. Eine Spaltung unter den Menschen wird im Kleinen wie im Globalen immer deutlicher. Der Kampf „Jeder gegen Jeden" wird immer größer. Jeder ist nun mehr und mehr alleine. Alle verlieren an Lebensqualität.

Frage ich nun aber: „Was brauchst Du wirklich?", sind die meisten Menschen, besonders die Männer, sehr irritiert. Wir sind es nicht gewohnt, diese Frage gestellt zu bekommen. Selbst in der eigenen Beziehung oder Familie passiert dies selten. Wenn ich die Frage aber mit einem wirklich menschlichen Interesse wiederhole, dann höre ich immer wieder Erstaunliches: Ich höre nichts von Wünschen nach mehr Nahrung, einem größeren Haus, schöneren Kleidern, einem noch abenteuerlichen Urlaub, einem größeren Auto oder mehr Geld. Nein, ich höre bei dieser intimen Frage keine Wünsche nach äußeren Dingen. Was höre ich dann? Ich höre vom Hunger nach Anerkennung, von der Sehnsucht nach Liebe und Harmonie, vom Wunsch nach Versöhnung mit den Eltern, Kindern, Nachbarn und Kollegen. Dann weiter von der Versöhnung mit sich selbst, dem Wunsch nach innerer Zufriedenheit. Weiter höre ich vom Wunsch nach Gesundheit und gesunder Umgebung und Natur. Und ich höre auch von dem Wunsch nach Kreativität durch eine sinnvolle Arbeit.

Wenn nun doch die inneren Bedürfnisse wichtiger sind als die äußeren, sollten wir dann nicht auch unsere Prioritäten in der Wirtschaftsgestaltung ändern? Ist es nicht interessant, dass bei tieferer Hinterfragung die unendlichen Ressourcen im Sozialen und Ideellen mehr den tieferen Bedürfnissen entsprechen als die bald zu Ende gehenden materiellen Dinge, die aus endlichen Ressourcen hergestellt sind?

In diesem Lichte könnten wir uns einmal unsere Grundbedürfnisse anschauen. Ich schreibe hier klar von *unseren* Grundbedürfnissen und nicht von *meinen* Grundbedürfnissen. Denn wie kann z.B. *mein* Grundbedürfnis nach Frieden und Sicherheit gewährleistet werden, wenn ich mir gleichzeitig *mein* Grundbedürfnis auf üppige und billige Nahrung auf Kosten der Natur und anderer Menschen leiste? Also, Bedürfnisbefriedigung auf Kosten der Natur und anderer Menschen hat letztlich auch immer eine negative und unfriedliche Rückwirkung auf mich.

Diejenigen mit einem religiösen Hintergrund kennen bestimmt „Das Vaterunser". Darin heißt es unter anderem: „*Unser* tägliches Brot gib *uns* heute". In dem Gebet wird alles nur für *„uns"* erbeten. Der Wunsch nach meinen eigenen Grundbedürfnissen sollte also auch immer die Befriedigung der Grundbedürfnisse meiner Mitmenschen einschließen, egal, wo sie auf der Erde leben. Wie weit ist man heute von diesem christlichen Ideal entfernt?

Um die Grundbedürfnisse aller Menschen nachhaltig zu befriedigen, bedarf es einer Neuorientierung in allen Lebensbereichen. Ein Wechsel von unserer heutigen Konsum- und Finanzwirtschaft mit ihren Folgen von Überlebenskampf, Verschwendung, Macht, Ausbeutung und Kriegen hin zu einer bedarfsorientierten und nachhaltigen sozialen, kulturellen und ökologischen Bedarfswirtschaft ist „not-wendig".

Die Energiefrage
„Wir haben keine Energie-, sondern eine Bewusstseinskrise"

Vor 150 Jahren hat der zunehmende Energiebedarf fast den gesamten Waldbestand in Europa vernichtet. Rettung brachten erst der schnell anwachsende Kohlebergbau und dann das Erdöl. Mit diesen fossilen Energieträgern wurden damals die Industrialisierung und damit die moderne Weltwirtschaft erst ermöglicht. Das gesamte Leben auf der Erde hat sich dadurch vollkommen verändert, im Positiven wie im Negativen.

Dieser Kunstgriff in die limitierte Schatzkammer unserer Erde war damals notwendig. Wir haben es aber bis heute verpasst, uns mit Hilfe dieses Kunstgriffes in die Schatzkammer der fossilen Energien eine neue und nachhaltige Zukunft aufzubauen.

Im Gegenteil, wir haben uns energiesüchtig gemacht. Unsere äußeren Bedürfnisse sind ins Unermessliche gestiegen. Nicht nur die fossilen Energiereserven gehen zu Ende, sondern auch die meisten anderen Rohstoffe werden, wenn wir so weiterleben, bis zum Ende dieses Jahrhunderts ausgebeutet sein. Unberechenbare Klimaveränderungen werden zusätzlich bedrohlichere Schäden anrichten.

Wir hören jetzt oft, dass doch Europa mit gutem Beispiel vorangeht und seinen Energiebedarf um ein paar Prozentpunkte gesenkt hat. Wie kann dies erklärt werden, obwohl doch unser Konsum, insbesondere unsere Flugreisen, immer mehr werden? Ganz einfach, wir haben über die letzten Jahre den Großteil der Produktion von Konsum- und Industriegütern nach Asien verlegt. Das gigantische Energiewachstum dort in Asien ist zu einem Großteil auf unseren Konsumhunger hier in Europa zurückzuführen. Auch werden die Flugzeuge für unsere mehr und länger werdenden Reisen in alle Welt, zu einem großen Teil außerhalb Europas, billig betankt.

Offiziell liegt der europäische Energieverbrauch umgerechnet bei etwa 7'500 Litern Öl pro Jahr und Kopf. Wenn wir die „graue Energie" der importierten Konsumgüter und Dienstleistungen mitrechnen, liegen wir bei etwa 11'000 Litern Öl pro Person und Jahr.

Zur „grauen Energie" eines Produktes oder einer Dienstleistung gehört alles, was zu deren Erzeugung und Entsorgung gehört (Rohstoffförderung, Bau und Unterhalt der Transportmittel, Verarbeitungsanlagen und Vermarktungsstrukturen sowie deren Wiederaufbereitung). Die Wissenschaft zur „grauen Energie" ist erst im Entstehen und oft eher konservativ, da z.B. die Arbeitswege der am Produkt arbeitenden Menschen und der zukünftige Energieaufwand zur Renaturierung aller entstandenen Umweltschäden noch nicht mit eingerechnet werden.

Natürlich gibt es nun auch sehr sinnvolle, alternative Energien aus Sonne, Wind, Wasser, Biomasse usw. Auch wird an verschiedenen Stellen an Techniken von „freier Energie" gearbeitet, die einer nichtphysischen Ebene entnommen werden kann. Aber, wenn man meint, diese neuen Energieformen werden alles retten und wir können, wie gehabt, so konsumsüchtig weiterleben, dann ist das sehr naiv. Die Herstellung alternativer Techniken verschlingt auch fossile Energieträger und die Rohstoffe gehen ebenso mit neuen Energieformen bald zu Ende. Dieser naive Glaube ist vergleichbar mit einem notorischen Raucher, der meint, mit Bio-Zigaretten vor Krebs geschützt zu sein.

Wir müssen da schon ehrlicher und pragmatischer mit uns selbst umgehen. Jeder kann, wenn er nur will, sich mit viel weniger und nachhaltiger Energie sein Leben einrichten. Durch die Reduzierung der Konsumgüter kann überall sehr, sehr viel Energie eingespart werden. Diese Einsparung hat immer wieder damit zu tun, wo ich meine Prioritäten setze.

Hier ein paar kurze Gedanken zur Energiefrage:

° Die beste Energiepolitik ist immer die der Energiesparpolitik. Wir hören aus der Wirtschaft und der Politik allerdings nur so wenig von Einsparung, weil man damit nicht so gut Profite machen oder Wählerstimmen fangen kann.

° Wenn man Wohnort, Arbeitsplatz und Sozialleben näher zusammenlegt, spart man sehr viel Zeit und Energie. Es reduziert den umweltschädlichen Verkehr und erhöht die Lebensqualität.

° Jedes Grad Celsius mehr im Haus braucht ca. 7% mehr Energie. Durch Stoßlüften, im Gegensatz zum Dauerlüften, spart man ebenfalls sehr viel Energie.

° Sehr viel Energie kann eingespart werden, wenn man sich angewöhnt, eine breite Temperaturbreite im Haus zuzulassen (z.B. 18-25 °C.) Wenn man an warmen Tagen nicht gleich durch offene Fenster die Wohnung runterkühlt, sondern diese Wärme in den Innenwänden speichert, hat man Wärmereserven für kältere Tage.

° Licht nur dort einschalten wo es auch benutzt wird. Das Verbot der alten Glühlampen hat uns kaltes, ungesundes Licht mit – insgesamt gesehen – nur kleinen Energieeinsparungen gebracht, eine Alibi-Aktion der Stromlobby.

° Das Heizen von Luft und Sanitärwasser mit Strom ist dagegen der allergrößte Energieverschwender (40% des gesamten Stromverbrauches). Diese Verschwendungspraktiken sollten verboten werden.

° Etwas größere thermische Solaranlagen können auch zur Heizungsunterstützung dienen. An vielen Übergangstagen reicht diese Solarwärme aus, das Haus zu heizen.

° Vier kw/h grauer Energie sind nötig, um ein kw/h Strom beim Verbraucher bereitzustellen! (Bau der Stromanlagen, Abwärme bei der Stromerzeugung und Leitungsverluste.)

° Die von der Stromlobby geförderten Wärmepumpen haben einen Wirkungsgrad im Jahresdurchschnitt von nur ca. 1:3. Ein von den Herstellern angegebener Wert von 1:6 stimmt nur für wärmere Tage. Durch die hohe graue Energie beim Strom von 1:4 verbrauchen Wärmepumpen also mehr Energie, als sie gewinnen. Nur bei lokaler Stromerzeugung und Nutzung eines Wärmespeichers unter dem Haus, welcher im Sommer über eine thermische Solaranlage beheizt wird, können Wärmepumpen im positiven Bereich liegen.

° Energieberechnungsmodelle für Häuser sind in der Regel nicht praxisnah. Es wird z.B. nur selten ein Unterschied zwischen energiespendenden Südfenstern und energiefressenden Nordfenstern gemacht. Auch braucht ein Haus mit einem Baum vor der Südfassade viel mehr Energie als wenn dieser vor der Nordfassade stünde.

° Neue Ökohäuser oder Wohnungen haben oft viel größere Wohnflächen pro Kopf als sonst üblich. Wenn man die graue Energie des Baues und den Landschaftsverlust auch berücksichtigt, kann man sich fragen: Was ist daran ökologisch? Auch kann man sich fragen, warum solche fraglichen Luxusbauten oft bis zum letzten Quadratmeter aus einem ökologischen Fonds subventioniert werden. Sollte es nicht viel mehr Berechnungen für den Energieverbrauch (inkl. grauer Energie) und den Landschaftsverbrauch pro Kopf geben? (Im Kapitel „Steuer-(ungs)möglichkeiten" gibt es Vorschläge dazu).

° Schon 10% weniger Wohnfläche pro Person könnte eine ökologische Haussanierung finanzieren. Eine weitere Wohnflächenreduzierung um 5% könnte die volle Umstellung auf Bioernährung finanzieren. Neben der Energieeinsparung im Haus und in der Landwirtschaft würde ganz nebenbei der „Landschaftsfraß" sich durch die freiwerdende Wohnfläche verringern.

° Beim Isolieren sollten unbedingt atmende Materialien verwendet werden. Styropor wirkt wie ein Plastiksack und lässt das Haus schimmeln. Die natürlichen Erdstrahlungen (Radon) können nicht mehr entweichen und steigen oft gefährlich an.

° Für jedes Haus gibt es andere Möglichkeiten, die Situation zu verbessern. Eine fachliche Beratung führt meistens zu ganz neuen Erkenntnissen und Einsparpotentialen.

Hier ein persönliches Beispiel zur Energieeinsparung:

Unser Haus (240 m² Wohnfläche, 700 m ü. Null) wurde 1970 für eine 5-köpfige Familie gebaut. Nachdem nur einige Jahre später die Kinder aus dem Haus waren und dann auch noch der Vater verstarb, lebte die Mutter 25 Jahre allein in dem schlecht isolierten Haus. Der Ölverbrauch lag bei ca. 6 000 Liter pro Jahr. Nach der Übernahme haben wir das Haus nicht nur ökologisch, sondern auch sozial saniert:

Wir haben das Haus in drei schöne Wohnungen unterteilt, so dass es jetzt Platz für sechs Personen und einen Seminarbetrieb hat. Isoliert haben wir das Haus von außen mit einer 25 cm starken Zellulosedämmung (so wirken die alten Wände innen nun als Wärmespeicher). Nach Norden hin wurden einige Fenster entfernt und nach Süden hin wurden die Fenster für die Passivenergie vergrößert. Über ein unterirdisches Rohr wird im Winter die Zuluft vorgewärmt und im Sommer gekühlt. Eine 20 m² große Solaranlage mit 2'400 l Speicher gibt das ganze Jahr heißes Duschwasser und heizt das Haus über die Niedrigtemperatur-Fußbodenheizung. Nur von Mitte November bis Mitte März werden die Speicher bei Bedarf noch etwas durch einen Holzküchenherd nachgeheizt. Die Wohnräume halten wir auf über 20 °C. Der Holzverbrauch liegt im Jahr bei nur 2-3 m³ (Energie = 400 – 600 Liter Öl). Der Gesamtenergieverbrauch liegt also bei unter 10% des ursprünglichen Verbrauches und nutzt jetzt den erneuerbaren Energieträger Holz. Wenn man noch bedenkt, dass dieser geringe Verbrauch nun durch sechs Personen geteilt werden kann, bleibt nur noch ein Bruchteil des alten Verbrauches. Zusätzlich gibt es eine Photovoltaikanlage, die fast das Dreifache des Stromverbrauches erzeugt. Der Rest geht ins allgemeine Stromnetz. Unter dem Strich wird mit dem Haus also mehr Energie erzeugt, als in ihm verbraucht wird (natürlich kommt die graue Energie für den Umbau hinzu).

° Pro Person gibt es in Mitteleuropa die Fläche von ca. 1 500 m² Wald, aus dem ca. 1 m³ Holz pro Jahr zur Verfügung steht. Eine Hälfte davon wird für Papier, Bau usw. verwendet. Die zweite Hälfte kann zum Heizen verwendet werden.

° Es gibt immer mehr Gemeinden, die sich energieneutral machen, indem sie verschiedene alternative Stromerzeuger wie Windkraftwerke, Solaranlagen und Holzhäckselanlagen aufbauen. Finanziert werden die Anlagen oft von den Bürgern selbst. So können nicht einfach Dritte Profite abziehen. Die Fragen nach Energieeinsparungen werden allerdings auch hier oft nicht wichtig genug genommen. In der Schweiz gibt es z.B. Gemeinden, die ihren gesamten Strom so billig mit Wasserkraft erzeugen, dass sie damit auch ihre Häuser direkt heizen. Dies ist nicht nur ein kurzsichtiges, sondern auch ignorantes Verhalten der gesamten Energieproblematik gegenüber.

° Feldpflanzenanbau für Biogasanlagen ist keine Lösung! Der Landverbrauch macht dem Lebensmittelanbau Konkurrenz und die Pachtpreise werden immer höher getrieben. Auch der Humus wird durch Monokultur-Energiepflanzen wie z.B. Mais enorm abgebaut. Der anfallende Dünger aus den Gasanlagen kann dies nicht kompensieren, da ihm die Lebendigkeit und der Kohlenstoff fehlen.

° Die teuren und schädlichen Überland-Stromnetze werden für Spitzenbelastungen und zentrale Stromerzeugung ausgelegt. Durch zeitliche Verteilung der Spitzenlasten und Dezentralisation von Stromerzeugern bräuchten wir keine neuen Stromnetze. Durch höhere Strompreise zu Spitzenzeiten und reduzierten Preisen zu Zeiten des Überangebots (z.B. bei viel Wind und Sonne), würden die Verbraucher den Strom rationeller einsetzen. „Intelligente Zähler" gibt es schon, die einen Teil der Verbraucher, wie Waschmaschinen, Tiefkühltruhen oder gewisse Produktionsmaschinen nur bedienen, wenn der Strom günstig ist. Auch Elektroautos können zu Zeiten eines Überangebots geladen werden und so als kleine Speicherwerke dienen.

° Gase aus Schiefergesteinen sind auch nur fossile Energien und gefährden obendrein massiv Mensch und Natur. Trotz Ablehnung bei den meisten Bürgern treibt die Industrie mit Hilfe der Politiker diese Technik in vielen Ländern immer weiter voran.

° Die teuerste Energie ist die Atomenergie. Die graue Energie für Herstellung, Betrieb und Entsorgung der Anlagen und Brennstäbe sowie die Sozial-, Gesundheits-, Sicherheits- und Ökologiekosten sind für Jahrtausende zu berechnen.

° Flugreisen sind verführerisch und unrealistisch billig geworden. Beim Fliegen werden enorme Mengen an Kerosin verbraucht. Die Abgase in den höheren Luftschichten verstärken die Dunstschicht und tragen damit besonders zum Treibhauseffekt bei. Als im April 2010 wegen eines Vulkanausbruches auf Island der europäische Flugverkehr für eine Woche eingestellt werden musste, registrierte ich bei unserer

Photovoltaikanlage eine nie da gewesene Ertragssteigerung. Während dieser Woche mit blauem Himmel ernteten wir ab dem zweiten Tag jeden Tag 10% mehr Strom als all die Höchstwerte seit Beginn der Anlage im Juni 2008 und danach bis heute! Durch die fehlenden Abgase der Flugzeuge kam also mehr Licht zur Erde. (Dieses Thema wird einfach totgeschwiegen. Berichte und Untersuchungen zu diesem Thema werden im Internet einfach immer wieder von irgendeiner Seite gelöscht.)

° Das heikle Thema „Auto" erwähne ich nun erst gegen Ende dieses Kapitels. Zu lieb haben wir in der Regel unser Auto gewonnen, so dass es uns schwer fällt, darüber objektiv nachzudenken und uns auszutauschen. Eine gewisse Irrationalität liegt hier vor. Wir verbinden das Auto mit Freiheit, erkaufen sie uns aber gerade mit dem Verlust unserer Freiheit. Krach, Gestank, asphaltierte Landschaften und Städte, Staus, Hetze, Energieabhängigkeit usw. erdrücken uns zunehmend. Ohne persönlichen und gesellschaftlichen Mut, dieses Thema ernstlich aufzugreifen, kommen wir auch in den anderen Energie- und Umweltfragen nicht viel weiter.

° Soziale Integration kann sehr viel Energie einsparen. Bei aktiver Familien- und Freundesstruktur können Wohnflächen, Autos, Waschmaschinen und vieles mehr reduziert werden.

° Es gibt nicht nur technische und soziale Energiesparpotentiale. Was kann nicht alles durch geistige Synergien bewegt werden? Ist Ihnen z.B. schon aufgefallen, dass intellektuelles Denken kalt macht und „Begeisterung" warm macht? Der Mensch kann mit seinen inneren „Entwicklungskapazitäten" noch ganz andere „Energien" freisetzen.

° Nur sehr wenige Menschen sind sich unseres allerwichtigsten Energiespeichers bewusst: Des Humus in unserer Erde. Hier werden in gigantischen Mengen, über die Erde verteilt, organische Substanzen durch Erde, Wasser, Luft, Licht und Wärme in einem lebendigen Zustand ständig transformiert. Dieser lebendige Humus gibt die Grundlage für immer neue Pflanzen, die unsere Erde bedecken und uns Nahrung, Rohstoffe, Energie, frische Luft und ein ausgeglichenes Klima geben. Allerdings haben wir schon die Hälfte dieses lebendigen

Energiespeichers in den letzten 70 Jahren durch die industrialisierte Landwirtschaft vernichtet! Die hierdurch freigesetzten Kohlen- und Stickstoffverbindungen belasten zusätzlich enorm unsere Atmosphäre. Dieser Raubbau an unserem Humus ist tausendmal schlimmer, als wie sich die zu Ende gehenden Ölvorräte auswirken. Der Mensch kann ohne Öl leben, aber nicht ohne Pflanzen. Unsere Zukunft hängt von dem Wiederaufbau des lebendigen Humus ab.

Als einen der Auswege aus der Energieproblematik schlage ich vor, dass zur Bewusstmachung eines jeden Produktes, Gebäudes oder einer Dienstleistung der Wert der „grauen Energie" immer mit angegeben werden muss. Ebenso sollten natürlich auch die sozialen und ökologischen Schäden in der Herstellungskette erfasst, bewertet und auf jedem Produkt gekennzeichnet werden. Zur Berechnung können die konventionellen Fabrikationsstandards der beteiligten Länder genommen werden. Jedes Produkt sollte nach seinem „energetischen, ökologischen und sozialen Fußabdruck" besteuert werden. Wer ökologisch schonende und bessere Sozialstandards bei der Herstellung hat, kann diese nachweisen, wie dies heute schon bei Bioprodukten üblich ist und es könnten dadurch niedrigere Steuern angesetzt werden. Auf bedenkliche Weise hergestellte Produkte, z.B. aus Asien, würden so ihren Vorteil gegenüber saubereren lokalen Produkten verlieren. Ganz neue Recycling- und Herstellungsmethoden würden durch solche Steuer zur Entwicklung stimuliert werden.

Die meisten technischen Produkte sollten vom Staat nur noch mit „10 Jahren Garantie" zugelassen werden! Die heutigen kurzlebigen Produkte würden verschwinden. Enorme Rohstoff- und Energieeinsparungen hätte dies zur Folge.

Dass unser Lebensstil und die damit zusammenhängenden CO_2- und Stickstoffbelastungen der Atmosphäre durch zu hohen fossilen Energieverbrauch auch etwas mit der Klimaveränderung zu tun hat, hören wir immer wieder durch wissenschaftliche Forschungsgruppen. (CO_2-Anstieg 1930 = 280 ppm bis heute 400 ppm). Nun kommen aber auch andere Argumente in die Medien und damit in die Diskussionen, die diese Verbindung zur Klimaveränderung in Frage stellen. Viele leugnen sogar die Klimaveränderung. Andere Sagen, das es schon immer Klimaveränderungen gegeben habe. Dagegen wird gehalten, dass die Veränderungen noch nie so rapide waren, außer bei außergewöhnlichen Meteor Einschlägen und Vulkanausbrüchen. Es wird auch behauptet, dass die ganze Klimadiskussion nur eine große Propaganda ist, um neue Techniken fürs Wirtschaftswachstum zu verkaufen und die Bürger noch mehr einzuschränken. Diese Diskussionen verunsichern natürlich viele Menschen bzw. liefern ihnen Argumente, ihr Konsumleben wie gehabt weiterzuführen.

Sollten uns diese gegensätzlichen Meinungen nicht aufrufen, selbst die menschengemachten Veränderungen und die Auswirkungen auf die Natur zu beobachten? Dazu braucht man nicht einmal nach Afrika oder zum Nordpol zu fahren: Trockengelegte Moore und Flussauen, verdichtete Böden mit immer weniger Humus, rapide steigende Versiegelung durch Verkehrswege und Gebäude usw. Das alles soll keine Auswirkungen auf das Klima haben? Z.B. können wir uns fragen: Reifen heute die Pfirsiche hier besser als noch vor 20 Jahren? Sieht man Zugvögel, wie die Störche, nun auch manchmal im Winter hier? Ich beobachte z.B. bei meinen Wanderungen in den Alpen mit viel Sorge, wie die Gletscher abschmelzen. Viele sind in den letzten Jahren ganz verschwunden, andere ziehen sich jedes Jahr bis zu 70 m zurück. Die Baumgrenze stieg innerhalb weniger Jahre von 2100 m auf 2500 m. Beobachten Sie selbst.

Egal, ob der CO_2- Anstieg in der Atmosphäre nun ein Hauptverursacher der rapiden Klimaveränderung ist oder nicht, ein Barometer unseres destruktiven Verhaltens ist er für mich allemal.

Unser Stadt - Land - Verhältnis

Bei meiner Mithilfe, Zukunftsperspektiven für die Städte Leipzig und Rom zu entwickeln, musste ich immer wieder feststellen, wie weit auch fortschrittliche Beamte sich von den natürlichen Realitäten entfernt haben. Es besteht kaum noch ein Bewusstsein und damit eine Verantwortung gegenüber dem Ursprung der vielen Lebensgrundlagen, welche die Natur aus dem Umland zur Verfügung stellt.

Nicht nur die Lebensmittel kommen vom Land, sondern auch die frische Luft, das Wasser, die Energie und die Rohstoffe. Auch die Erholung wird auf dem Land gesucht. Der Druck auf die Landschaft wächst parallel mit dem Bedürfnis nach größeren Wohnungen, nach mehr Autos und damit nach mehr Straßen und Gewerbegebieten.

Und was wird dem Land zurückgegeben? Müll, Abwasser, Abgase, Lärm, durch die Pendler verstopfte Straßen usw. Natürlich werden auch Wirtschaftsgüter, Dienstleistungen, Kultur usw. an das Umland abgegeben. Aber jeder könnte sich einmal fragen, inwieweit diese Leistungen direkt oder indirekt dem Land, bzw. der Natur wieder nutzbringend zugutekommen. Gibt es einen Ausgleich? Helfen die Schulen oder Universitäten, ein verantwortliches „Umlandbewusstsein" zu vermitteln? Inwieweit setzen sich die Behörden oder Medien für diesen Ausgleich ein? Helfen die vielen Kulturaktivtäten, die Menschen für diese Fragen zu sensibilisieren?

Bei dieser Distanz zu den Bedürfnissen der Natur frage ich mich, wieso dann auch noch die Landwirtschaft von der Stadt aus mit aufgeblähten Behördenapparaten und Kontrollorganen regiert wird. Die Hälfte des landwirtschaftlichen Budgets verschwindet in diesen Wasserkopf. Nur die andere Hälfte bekommen die Landwirte zugeteilt, jedoch zu den merkwürdigsten Bedingungen, die ihnen viel bürokratische Arbeit abverlangen und nur zu einem kleinen Teil der Gesundung von Boden und Natur zugutekommen.

Allen, der Natur, den Bauern und den Konsumenten, würde es besser gehen, wenn fast alle dieser Gelder bei den Steuerzahlern bleiben würden und wir dadurch auch ohne weiteres reale Preise für eine ökologisch gesund erzeugte Nahrung zahlen könnten.

Bei meinen Arbeiten mit Behörden musste ich auch immer wieder feststellen, dass nicht nur das Bewusstsein für das Land fast ganz fehlt, sondern auch das gegenseitige Bewusstsein vom einen Menschen zum andern sehr eingeschränkt ist. Man weiß voneinander kaum etwas und gemeinsam erarbeitete Ziele gibt es so gut wie gar nicht. Für die Entwicklung von gemeinsamen Visionen musste ich mühevoll immer wieder die verschiedenen Behörden an einen Tisch bringen. (Wenn die offizielle Arbeitszeit zu Ende ging, ließ allerdings das Interesse bei vielen nach.)

Ein Stadtorganismus leidet heute an vielen sozialen, ökonomischen, logistischen und ökologischen Krankheiten. Wie bei einem kranken Menschen reicht es auch bei einer Stadt nicht, nur auf die inneren Probleme zu schauen. Die inneren Probleme haben immer auch mit dem Verhältnis zur Außenwelt zu tun. Zur Heilung muss diese Wechselwirkung zwischen innen und außen ganz praktisch ins Bewusstsein rücken.

Wie groß ist denn konkret der Außenraum einer Stadt? Im Durchschnitt kommen auf jeden europäischen Bürger ca. 5000 m² (1/2 ha) Land (Wald, Landwirtschaft, Häuser, Straßen usw.). Für eine Region z.B. mit einer halben Million Einwohnern sind dies eine viertel Million ha = 2500 km². Dies entspricht einem Radius von 28 km um einen Stadtkern. Für dieses Gebiet müssten sich, bei richtigem Bewusstsein, die Menschen verantwortlich fühlen. Natürlich kann dies nur als Richtschnur dienen, weil ja andere Städte angrenzen, aber dafür gibt es auch weniger besiedelte Landstriche, die dann mit in die Verantwortung genommen werden können. Jedenfalls bedeutet dieses Hinausgehen mit dem Bewusstsein, dass sich eine neue Beziehung zu dem Umfeld aufbauen kann. Eine Beziehung, die nicht nur vom Nehmen lebt, sondern auch direkt oder indirekt etwas zurückgibt.

Sind nicht die meisten von uns mittlerweile Städter? Auch die auf dem Land lebenden Menschen können sich fragen, inwieweit sie einfach nur das Land, die Natur benutzen und wieweit sie dieser etwas zurückgeben.

Bei der konventionellen Architektur, Stadt- und Landschaftsplanung werden heute in erster Linie wirtschaftliche, das heißt, Konsumgesichtspunkte berücksichtigt. Im Mittelpunkt steht dabei das Auto, für das der größte Teil der Stadtflächen durch Straßen und Parkplätze herhalten muss. Schließlich soll man ja bequem von zu Hause ins Einkaufszentrum, zur zentralisierten Arbeitsstelle oder in den Freizeitpark kommen können. Die sozialen und kulturellen Entwicklungspotentiale des Menschen oder die aufbauende und artenreiche Natur werden bei der Planung selten berücksichtigt.

Dabei gibt es heute Möglichkeiten Orte zu realisieren, in denen der Mensch mit all seinen Kapazitäten sich wieder körperlich, sozial und kulturell gesund entwickeln könnte. Z.B. kann man grüne Orte für mehrere Generationen bauen, in denen mehr Energie erzeugt als verbraucht wird. Dazu müssten wir allerdings unsere Lebensgewohnheiten ändern. Zur Planung solcher Orte bzw. zur Umgestaltung der bestehenden Strukturen müssten die konventionellen Spezialisten aber lernen, sich zu öffnen und mit neuen sozialen, ökologischen, energetischen und kulturellen Spezialisten zusammenarbeiten, um einen Gesamtplan zu entwickeln, der u.a. auch die umgebende Landschaft inklusive der Landwirtschaften mit einbezieht. Damit zukunftsgerichtete Planungen auch Erfolg haben, *muss* die beteiligte Bevölkerung in den Prozess unbedingt mit einbezogen werden. Siehe auch das Kapitel „Regionalentwicklung mit Hilfe von Zukunftswerkstätten".

Für mich besteht bei solchen Planungsprozessen immer das Ziel, einem gesunden „Stadt- bzw. Dorforganismus" näherzukommen. Hierzu gehört eine sich gegenseitig stimulierende Vielfalt mit lokalen, gemeinnutzfördernden Arbeitsplätzen, Schulen, Geschäften usw., mit weltoffenen, sozialen, kulturellen und generationsübergreifenden Begegnungsmöglichkeiten, mit pflegerischen und medizinischen Versorgungsmöglichkeiten, mit energiearmen bzw. energieneutralen Häusern und Infrastrukturen sowie einem starken ökologischen Netz, welches sich vom Landbiobauern bis auf die bepflanzte Dachterrasse in der Stadtmitte hinzieht. Unter dem Strich heißt es, einen Rahmen zu entwickeln, in dem ein „natur- und menschenfreundliches Leben mit kurzen Wegen" möglich ist.

Änderungen werden heute in der Regel erst einmal von unten her initiiert werden müssen. Dazu können wir z.B. mit vielen kleinen Aktionen die Natur wieder in unsere Dörfer und Stadtteile holen. Brachflächen, Vorgärten, Dächer und sogar Fassaden können begrünt und auch für Gemüseanbau genutzt werden. So erfahren zurzeit die Familien- und Schrebergärten wieder eine Neubelebung. Außerdem kommen ständig neue Stadtgarteninitiativen hinzu, die nicht nur für essbare Begrünung sorgen, sondern auch durch soziale Aktivitäten zu einem neuen Lebensgefühl in unseren Städten beitragen. Dies ist sehr wichtig, denn schließlich werden auch in Zukunft die meisten Menschen in den Städten wohnen.

Durch Verzicht auf oder die gemeinsame Nutzung von Autos könnten unsere Orte zusätzlich viel natürlicher gestaltet werden. Jedes Fahrzeug braucht ja nicht nur 3x12 m² Parkplatzfläche (zu Hause, Arbeitsplatz, Einkaufszentrum usw.), sondern hat auch noch einen Anteil von über 200 m² Straßenfläche!

Auch könnten wir konkret helfen, einen Freundeskreis aufzubauen, der eine Verbindung zu einer nachhaltigen Landwirtschaft im Umland pflegt. Dieser Kreis könnte z.B. den Landwirten und Gärtnern die laufenden Bewirtschaftungskosten garantieren und dafür im Gegenzug die gesunden Lebensmittel geschenkt bekommen. Eine neue soziale Stadt-Land-Verantwortungskultur kann so konkret entstehen, in der alle Beteiligten, besonders die Kinder, „neue Welten" miteinander entwickeln. Diese Form der sogenannten „Community Supported Agriculture" oder „Solidarische Landwirtschaft" entsteht nun schon mit immer mehr Höfen. Es lohnt sich, diese ausfindig zu machen, um von ihnen zu lernen und neue aufzubauen.

Landwirtschaft, unser aller Basis, muss neu gestaltet werden

Es gibt immer mehr ökologische und soziale Leuchtpunkte am Horizont unserer landwirtschaftlichen Umgebung. Dies gibt Hoffnung, denn unsere industrialisierte Landwirtschaft schadet Mensch und Natur. Die Schäden sind unübersehbar: Triste Landschaften, Massentierhaltung, Artenverlust, belastetes Grundwasser, chemiebelastete Nahrung, 50% Humusverlust über die letzten 70 Jahre und damit hauptverantwortlich für den CO_2-Anstieg in der Luft, massenhaft sterbende Höfe usw.

Unsere Landwirte sind zu Maschinisten degradiert worden, die gegen die Zeit (und das Land) kämpfen. Immer größere Traktoren, Maschinen, Giftmengen und Arbeitszeiten brauchen sie, um bei der Zentralisierung und damit gegen ihre eigenen Kollegen mithalten zu können.

Auch in anderen Ländern verursachen wir unermessliche Schäden durch Importe industrieller Landwirtschaftsgüter, insbesondere von Tierfutter, für unseren übermäßigen Fleischkonsum und die Milchüberproduktion. Urwälder werden dafür gerodet, Böden ausgelaugt, Kleinbauern vertrieben und die Lebensmittelpreise für die einheimische Bevölkerung hochgetrieben.

Wir Konsumenten mit unserem Hang zu *‚billig und viel'* tragen für die Misere der Bauern und die Vernichtung des Bodens die volle Mitverantwortung. Selbst diejenigen, die gerne etwas mehr für Lebensmittel bezahlen, achten meistens nicht auf die sozialen oder ökologischen Auswirkungen bei ihrem Kaufverhalten. Die Bequemlichkeit ist oft das größte Hindernis für ein verantwortliches Konsumverhalten. Als Beispiel sei hier nur der ständig steigende Umsatz der Nespressokapseln genannt.

Die von den wachstumsgläubigen Politikern forcierten Freihandelsabkommen bringen unsere Bauern noch mehr unter Druck. Billige

Produkte aus Ländern ohne Umwelt- oder Sozialstandards überschwemmen unsere Märkte mehr und mehr. Die Spekulationsmärkte und multinationale Unternehmen wie Nestlé bereichern sich so zunehmend auf Kosten der Natur und der Kleinbauern.

50% Humusverlust im 70 Jahren

Die Nährstoff-, besonders die Stickstoffkreisläufe sind nicht nur innerhalb der einzelnen landwirtschaftlichen Betriebe, sondern auch weltweit durch gigantische internationale Kunstdünger-, Tierfutter- und Lebensmittelverschiebungen sowie die industrialisierte Landwirtschaftspraxis gefährlich aus der Balance geraten.

Ein persönliches Erfahrungsbeispiel: Auf Vorschlag eines Studenten, der bei mir zuvor ein Praktikum machte, wurde ich vor einigen Jahren von der „American Farm School" in Nordgriechenland dazu eingeladen, einen Vortrag über die biologisch-dynamische Landwirtschaft zu halten. (Die American Farm School wurde am Anfang des letzten Jahrhunderts von den Amerikanern gegründet, um Griechenland an die „moderne" Welt anzuschließen und diesen Verbündeten im Balkan zu stärken. Die ersten Traktoren, Kunstdünger, Mähdrescher, Herbizide usw. kamen über den landwirtschaftlichen Demonstrationsbetrieb der Schule in das Land. Mit viel Stolz werden von hier Milch, Eier und Fleisch verkauft. Ca. 1000 Schüler werden hier ständig auf die „moderne" Landwirtschaftspraxis vorbereitet. Der Landwirtschaftswandel in Griechenland ist vorwiegend auf diese Schule zurückzuführen.) Der große Saal war voll mit den Schülern und Landwirtschaftsstudenten aus dem benachbarten Thessaloniki. Ich erzählte und zeigte Dias von artgerechter Tierhaltung mit gehörnten Kühen, freilaufenden Hühnern, Bienenzucht, Kompostierung, wechselnden Fruchtfolgen inkl. Gemüseanbau, Hecken, Biotopen usw. Ferner beschrieb ich, wie Schüler und kranke Menschen in einen gesunden „Hoforganismus" mit einbezogen werden können. Die jungen temperamentvollen Griechen dankten mir mit einem Applaus, wie ich ihn noch nie erfahren hatte. Da bei diesem Vortrag die Lehrer und Professoren der Schule fast vollständig fehlten, bat mich der Direktor der Schule diesen einige Seminare zum ökologischen Landbau zu geben. Einige Wochen später kamen diese „Landwirtschaftsexperten" dann auch, aber sehr widerwillig zum verabredeten Seminar. Nach ein paar versöhnlichen Einführungsworten über Familie, Geschichte und Fußball begann ich mit dem Thema „Hoforganismus" und „Nährstoffkreisläufe" auf praktischer Ebene. Hierzu trugen wir die Streu- und Futtermengen für die Tiere (120 Milchkühe, 100 Rinder, 180 000 Hühner, Hähnchen und Truthähne) der industrialisierten Schullandwirtschaft zusammen. Ich errechnete mit ihnen, dass die importierten Streu- und Futtermengen von Höfen mit einer Fläche von ca. 500 ha stammen müssten. Das gesamte Aufkommen an Mist und Gülle wurde nun aber nur auf dem eigenen Land (50 ha) ausgebracht. Also auf 50 ha wurden verteilt, was eigentlich auf 550 ha gehört. Zusätzlich wurde sogar Kunstdünger dem Boden gegeben. Nach den Berechnungen ging ich mit der Gruppe über den Betrieb, um den Nährstoffkreislauf zu verfolgen. Beim Rundgang fragte ich immer wieder danach, wo die Nährstoffe zu finden seien und bat, die Nase zu Hilfe zu nehmen. Überall roch es nach Ammoniak. Die Mist- und Güllehaltung stank zum Himmel, was auch die weitere Nachbarschaft immer wieder bemängelte. Es wurden riesige Stickstoffmengen an die Atmosphäre abgegeben. Ich fragte nach Grundwasserwerten. Man konnte mir nicht darauf antworten, nur, dass seit vielen Jahren der eigene Brunnen wegen der hohen Nitratbelastung nicht mehr für das Trinkwasser benutzt werden durfte. Also gab es auch nach unten hin Nährstoffverluste und Schäden. Wir besuchten nun einige ihrer Felder, um die Bodenstruktur zu untersuchen. Es war ein heißer Frühlingstag und der Mais und das Getreide waren noch verhältnismäßig klein. Die Böden waren oben wie Beton und beim Graben fanden wir darunter nur Boden mit einer schlechten und verdichteten Struktur, der auch unangenehm roch. Eine Ausgasung der Nährstoffe und eine Mineralisierung des Bodens fanden hier statt. Einigen Teilnehmern musste ich sogar die Hand öffnen und Erde hineinlegen. Ihnen waren ihre akademischen Hände zu schade, um diesen „Dreck" zu berühren. Dass der gleiche Boden auch anders aussehen kann, zeigte ich in einem kleinen Biogarten einer Ehefrau eines auf dem Gelände lebenden Mitarbeiters. Dieser war krümelig, dunkel und wohl nach Humus riechend. Sie gab nur Kompost aus ihren Küchenabfällen und bedeckte die nackte Erde mit etwas Grasschnitt. Mit der distanzierten Expertengruppe machte ich noch Pflanzen- und Tierbeobachtungen, besprach Kompost- und Güllebehandlungen sowie verschiedene Kultivierungsmethoden.

An der Schule kommt zwar das Thema „Bio" immer wieder vor, aber zu stark sind die alten Denkgewohnheiten und die amerikanischen Geldgeber dieser für Griechenland so wichtigen Landwirtschafts*schule*, als dass sich dort etwas grundlegend ändern würde.

Die Industrielandwirtschaft, die auch fast ausschließlich an *unseren* Landwirtschaftsschulen und Universitäten gelehrt wird, ist das eine Extrem. Die Menschen, die einfach nur zurück zur Natur wollen, vertreten das andere Extrem. Nur von der Natur leben, ohne Kultivierung, wäre höchstens für 1% der Bevölkerung noch möglich. Der Rest der Bevölkerung müsste mangels Nahrung verhungern. Auch diejenigen, die eine einfache Verteilung von Getreide- und Gemüsesaaten ohne große Unkraut-, bzw. Beikrautkontrolle zur Lebensmittelproduktion propagieren, wie dies von einigen Permakulturanhängern proklamiert wird, würden bald feststellen müssen, dass dadurch der größte Teil der Bevölkerung verhungern würde. Der Ertrag pro m² ist so einfach zu gering. Eine gesunde und nachhaltige Lebensmittelproduktion für die sogar noch wachsende Bevölkerung, ist nur möglich, wenn die zur Verfügung stehenden Anbauflächen auch optimal genutzt werden. Dazu ist eine Professionalität nötig, die nicht nur etwas von Technik und Chemie versteht, sondern auch die Lebensprozesse in Erde, Pflanze und Tier immer besser verstehen lernt und verinnerlicht. Richtig näher kommt man dem Verständnis des Lebendigen, wenn man auch die gesamte Erde als lebendigen Organismus akzeptieren kann und sogar die kosmischen Einflüsse auf den Erdorganismus mit in Betracht zieht, wie dies bei der biologisch dynamischen Methode der Fall ist.

Die Landwirtschaft bietet die Grundlage für unsere Wirtschaft. Sie darf aber nicht einfach deren profitorientierten Gesetzen untergeordnet werden! Viele Biobetriebe gehen allerdings auch nur den einseitig auf Kommerz ausgerichteten Weg. Spezialisierung und Rationalisierung lassen oft keinen Raum mehr für ökologische oder soziale Entwicklungen. Dies wird genauso in die Sackgasse führen wie die konventionelle Landwirtschaft.

Die Landwirtschaft, unser aller Basis, muss ganz neu in unser Bewusstsein als mitverantwortliche Bürger treten. In der Landwirtschaft haben wir es immer mit „Realitäten" zu tun, an denen wir wieder lernen können, uns zu orientieren. Neues Leben, auch im Sozialen, kann sich von unseren Höfen aus verbreiten.

Dies sollten die zukünftigen Aufgaben unserer Höfe sein:

° Die Bodenfruchtbarkeit mit dem Humus muss wieder aufgebaut werden, damit sie uns auch zukünftig mit gesunder Nahrung versorgen können. Natürlich können sich auch die meisten Biobetriebe in ihren Anbaumetoden noch verbessern. Z.B. ist das pfluglose Arbeiten in den ersten Jahren zwar schwierig zu meistern, aber wenn einmal richtig etabliert, kann es viel Energie, Zeit und Dünger ersparen.

° Der Wasserhaushalt kann durch ein erhöhtes Bodenleben, Hecken, Wasserrückhaltegräben, Biotope usw. wieder in Ordnung gebracht werden und so auch Überschwemmungen reduzieren.

° Das CO_2 kann über Pflanzen und Humusaufbau in der Erde wieder zu einem Lebensspender werden. Durch diese lebendige Kohlenstoffeinlagerung aus der Luft wird Gift zu Gold (Humus) gemacht. Über neue Pyrolyse-Verfahren können zusätzlich Pflanzenmaterialien verkohlt und humusaufbauend dem Boden zugeführt werden (Terra Preta).

° Kühe bringen bei richtiger Haltung mehr Stick- und Kohlenstoffe in den Boden, als dass diese durch sie in die Atmosphäre verschwinden. Dazu müssen sie allerdings ihrer Natur entsprechend vorwiegend Gras und Heu zu fressen bekommen. Soja aus südlichen Ländern und Mais von hier machen Tiere und Boden krank, und gefährliche Stickstoffverbindungen entweichen dadurch in großen Mengen in die Atmosphäre. Wie sagt man so schön: „Jedes Böhnchen ist ein Tönchen!". Den sehr flüchtigen Stickstoff bindet man am besten mit viel Stroh (Kohlenstoff) und in gut geführten Kompostprozessen. Gülletanks können mit einer schwimmenden Holzhäckselschicht (Kohlenstoff) abgedeckt werden, die man alle drei Jahre auswechseln und kompostieren kann. (Schon vor 25 Jahren machte ich damit meine ersten guten Erfahrungen.)

° Durch den Verzicht auf krankmachendes Soja- und Maisfutter sowie auf Pflanzenproduktion für Biogasanlagen werden Anbauflächen für Gemüse und Getreide zur menschlichen Ernährung frei.

° Eine erweiterte Vielfalt von Kulturpflanzen und Nutztierarten auf unseren Höfen wird automatisch auch wieder die natürliche Artenvielfalt in deren Umgebung erhöhen.

° Der Entwicklung von kräftigem und gesundem Saatgut, das nicht auf Chemiegifte angewiesen ist, sollte höchste Aufmerksamkeit geschenkt werden.

° Jeder Hof braucht Bienen! Sie dienen der Verlebendigung des landwirtschaftlichen Organismus' und dessen Umgebung. Honigausbeute ist nicht die Hauptsache. Gezielt können blühende Pflanzen über das ganze Sommerhalbjahr angebaut werden. Mit wachsender menschlicher Fürsorge können die Bienen wieder gesunden.

° Jeder Betrieb wird seinen gesunden „Hoforganismus" mit dem richtigen Verhältnis von Tieren, Futterbau, Weideland, Getreide, Gemüse, Obst, Hecken, Wald, Biotopen usw. wieder entwickeln müssen. Die Höfe werden sich dadurch von Futter- und Düngemittelzukauf befreien.

° Soziale und gesundheitliche Neuorientierung in der Bevölkerung kann sehr gut in Zusammenarbeit mit gesunden „Hoforganismen" stattfinden.

° Schule und Schulungen am Hof bieten eine gesunde Basis für alle Lebensbereiche.

All diese Maßnahmen erhöhen die ökologische und ökonomische Widerstandskraft, auch Resilienz genannt, eines Hoforganismus.

Die vielfältigen Aufgaben können nur noch selten von einer Familie bewerkstelligt werden. Es bedarf ganz neuer Konzepte, wo z.B. mehrere Familien ihre Aufgabe finden oder mehrere Kleinbetriebe assoziativ zusammenarbeiten.

Da wir alle Mitverantwortung für den riesigen Raubbau an unseren Böden und der Landschaft tragen, sollte es eigentlich selbstverständlich sein, dass auch wir Konsumenten den Um- und Neuaufbau unserer landwirtschaftlichen Betriebe mittragen. Dies kann am besten dadurch geschehen, indem man sich konkret mit einem Hof verbindet.

Es gibt verschiedene Formen einen Hof mitzutragen. In der Regel geschieht dies immer noch indirekt über den Kauf von Lebensmitteln in einem Supermarkt. Neue Verkaufsformen, wie die über Hofläden oder die nun wachsenden Abo-Kisten-Bewegung, indem der Kunde wöchentlich, zu einem Festpreis, die Lebensmittel der Saison erhält, bieten einen viel direkteren Kontakt zwischen den Höfen und den Konsumenten. Konkret können wir auch durch gezielte Einsätze beim Unkraut jäten oder Ernten helfen, wir können helfen Hoffeste zu organisieren, zinslose Darlehen geben, ein regelmäßiges Hofinformationsblatt mitgestalten, einen Baueinsatz organisieren oder unsere benötigten Lebensmittel schon Jahre im Voraus bezahlen. Es gibt tausend Möglichkeiten der Hilfe. Wichtig ist es, den überarbeiteten Landwirten die Kommunikation zu erleichtern. So können Gruppen und Vereine zur Förderung eines gesunden Hoforganismus entstehen. Wenn sich die Besitzverhältnisse zudem zukünftig auch „gemeinnütziger" gestalten, werden auch die Förderer sich leichter und selbstloser zum Hof stellen können.

Es entstehen nun auch zunehmend Verantwortungsgemeinschaften, die das sogenannte „Community Supported Agriculture" oder „Solidarische Landwirtschaft"-System miteinander entwickeln. Im Kern geht es dabei um einen Verantwortungsvertrag zwischen der am Hof arbeitenden Gemeinschaft und der um den Hof stehenden mittragenden Konsumgemeinschaft. Die innere Hofgemeinschaft erstellt ein Budget über die Jahreskosten des Betriebes und seiner Mitarbeiter, um den Hof gesund zu entwickeln und daraus das Bestmögliche zu produzieren. Die äußere Konsumgemeinschaft versucht diese Prozesse zu verstehen und gemeinsam den benötigten Geldbetrag der inneren Hofgemeinschaft durch monatliche Zahlungen zu garantieren. Die äußere Konsumgemeinschaft bekommt dafür auch die vielfältigen Lebensmittel des Hofes wöchentlich „geschenkt". So können beide Seiten eine große Sicherheit füreinander entwickeln. Ein ganz praktisches Lernen von ökologischen, sozialen und ökonomischen Zusammenhängen entsteht so für alle Beteiligten.

Bei den regelmäßigen Hoffesten mit Besichtigungen kommt es automatisch zu einem regen Austausch aller beteiligten. Richtige Kulturereignisse sind diese Feste für Gross und Klein! Häufig schlage ich auch die Einführung eines regelmäßigen „Samstag-Brunch" (Frühstück/Mittagessen-Buffet) vor. Beteiligte können so ihre Freunde auf „ihren" Hof mitbringen. Diese Veranstaltungen helfen den Hof nicht nur ökonomisch, sondern auch sozial breiter aufzustellen.

Schon vor 30 Jahren hatten wir sehr erfolgreich ein solches System in unserer sozial-biologisch-dynamischen Dorfgemeinschaft (Camphill-Community Gange/Oaklands) in England aufgebaut. Wir hatten für jeden unserer 200 Dorfbewohner exakt genauso viel Land, wie jedem Engländer im Durchschnitt zur Verfügung steht. Mit vier verantwortlichen Landwirtsfamilien, drei Lehrlingen und ein paar Praktikanten konnten wir die ganze Dorfgemeinschaft reichlich mit Getreide (Brot), Gemüse, Obst, Eiern, Milch, Käse, Kräutern und Feuerholz das ganze Jahr über aus unserem gesunden „Hoforganismus" versorgen. Da wir keinerlei Futter- oder Düngemittel einfuhren und die Fruchtbarkeit des Bodens trotzdem aufbauen wollten, mussten wir genau auf die Balance zwischen dem Lebensmittelanbau und dem fruchtbarkeitsgarantierenden Tierbestand achten. Dieser artgerecht gehaltene Tierbestand (Kühe, Rinder, Schafe, Schweine, Hühner und Gänse) ermöglichte zudem eine Fleischnahrung von ein- bis zweimal wöchentlich.

Wir brauchten keine Theorien, ob null- oder siebenmal die Woche Fleischverzehr richtig sei. Das praktische Leben selbst zeigte uns: ein-, zweimal die Woche ist Fleischverzehr ohne Schaden für die Umwelt möglich. Natürlich gab es bei uns auch Vegetarier oder Veganer. Andere konnten dafür etwas mehr Fleisch- oder Milchprodukte essen. Viele Menschen brauchen noch tierische Produkte, um „die Füße auf der Erde" zu behalten.

An die umliegenden Märkte hatten wir zusätzlich Gemüse, Kräuter und Obst verkauft. Dafür konnten wir unsere speziellen Bedürfnisse an Gewürzen, Ölen, Nüssen usw. durch den Biogroßhandel befriedigen.

Nach meiner Erfahrung profitieren besonders die Kinder durch solche sozial offenen Konsumenten-Produktionsgemeinschaften. Das Leben selbst ist hier der beste Lehrmeister. Viele Kinder zogen ihre Eltern immer wieder an unseren Hof. Auch meine vier Kinder liebten das Leben am Hof. Mit der Pubertät distanzierten sie sich zwar etwas, aber dieses Fundament wirkt nachhaltig. Zwei meiner Kinder studierten biologische Landwirtschaft in Witzenhausen bei Kassel und sind heute in einem biologisch-dynamischen Betrieb bzw. in der Landschaftspflege tätig.

Wie viele Menschen könnten sich z.B. für einen 50 ha (500'000 m^2) Hof mitverantwortlich fühlen? Da für jeden Bürger in Mitteleuropa 2'000 – 2'500 m^2 landwirtschaftliche Fläche für die Ernährung zur Verfügung stehen, sollten es idealerweise mindestens 200 Menschen (ca. 50 Familien) sein, die einen 50 ha Hof mittragen (ca. eine Familie pro ha.). Ob meine 2000 – 2500 m^2 Land „konventionell", „bio" oder „biologisch- dynamisch" bearbeitet werden, entscheide ich also über meine Art der Anteilnahme und Lebensmittelwahl.

Viel mehr Kultur-Bio-Läden in den Städten könnten als ideale Vermittler entwickelt werden. Händler sollten eigentlich grundsätzlich als „Mittler" zwischen Produzenten und Konsumenten eine dienende Funktion einnehmen. Die Idee der „dienenden Mittlerrolle des Händlers" müssten wir allerdings noch den meisten Supermarktketten näherbringen. Zu oft spielen diese die Produzenten gegeneinander aus, nur um ihren Profit zu steigern.

Ganz neue lokale Währungen könnten sehr fruchtbar in Verbindung mit gesunden „Hoforganismen" gestartet werden und diese fördern. Im *zweiten Teil* dieses Buches entwickele ich ein Geldsystem, in dem der Leser eine gesunde landwirtschaftliche Produktion als Basis für ein solches Geld erkennen kann.

Die vielen kleinen Versuche, sich durch „Permakultur", „Transition Town" oder andere „Stadtgarten-Bewegungen" zu ernähren, sind sehr wichtige Lernprojekte in unserer Gesellschaft. Allerdings kann nur ein kleiner Teil der benötigten Lebensmittel so erzeugt werden. Der größte Teil unserer Nahrung, besonders das Getreide, wird weiterhin von landwirtschaftlichen Betrieben angebaut werden müssen. Da wird eine sehr harte Arbeit geleistet, die auch, wie schon gesagt, eine lebendige, ständig forschende Professionalität voraussetzt.

Schülern sollte man zunehmend Hof- und Gartenpraktika ermöglichen! In unserer elektronikverseuchten Welt ist dies besonders wichtig, damit sie einen Anschluss an die „reale" Welt bekommen. Für die Gärtner und Landwirte ist die Organisation dieser Aufenthalte mit sehr viel Arbeit verbunden und gehört unbedingt bezahlt.

Auch wirkt sich die Integration von behinderten Menschen und besonders psychisch destabilisierten Menschen in Landwirtschaftsgemeinschaften sehr positiv aus. Einige Wochen oder Monate Mitarbeit auf dem Hof gibt diesen Menschen wieder „Boden unter den Füßen" und die oft jahrelang verabreichten teuren Pharmazeutika können vielfach ganz abgesetzt werden. Zur „Heilung" unserer Gesellschaft können gesunde Hoforganismen eine immer größere Rolle spielen. Finanziell muss solche Extra-Arbeit für die Hofgemeinschaft allerdings vergütet werden. Die Kosten für diese stabilisierenden Aufgaben betragen nur einen Bruchteil der sonst oft fragwürdigen Behandlungen in Psychiatrien.

Es gibt nun einige gemeinnützige Vereine und Stiftungen, die zukunftstragende Hofgemeinschaften unterstützen, in dem sie z.b. Höfe in ihre Trägerschaft übernehmen und schrittweise entschulden. So unterliegen diese Höfe nicht weiter dem Zugriff egoistischer Erben, denen es nur ums Geld geht. Ganz neue Wirtschafts- und Sozialformen können sich an diesen Höfen entwickeln.

Meine Frau Isabelle und ich haben einen landwirtschaftlichen Fonds „Erde und Kultur" innerhalb der Stiftung Edith Maryon in Basel gegründet. Geldgeber können hierdurch zukunftsweisende Hofprojekte und besonders die pädagogische Arbeit mit Schulklassen unterstützen. Für Schulklassen auf unserem Gemeinschaftsbetrieb Hof Maiezyt in Habkern im Berner Oberland vermitteln wir konkret eine Unterstützung für die pädagogische Landarbeit. (Im Anhang dieses Buches finden Sie auf den Seiten 289/290 das Reglement und die Bankverbindung des Fonds „Erde und Kultur").

Die „Bio-Stiftung Schweiz" hat einen „Bodenfruchtbarkeitsfonds" eingerichtet über den Private und Unternehmer Gelder gezielt an Landwirte für den Aufbau der Bodenfruchtbarkeit geben können. In der ersten Phase werden über 30 bio- und biodynamische Landwirte in Deutschland, Österreich und der Schweiz fachlich beraten und finanziell für ihre zukunftssichernden Arbeiten unterstützt.

Der Staat sollte ebenfalls seine Verantwortung für eine zukunftsfähige Landwirtschaft übernehmen. Dafür sollten die Landwirtschaftsschulen und Universitäten die Gesundheit von Boden, Pflanze, Tier und Mensch in den Mittelpunkt stellen und Schluss machen mit der lobbygesteuerten Industrielandwirtschaftspolitik, welche die Ausrottung der kleinen und mittleren Landwirtschaftsbetriebe zur Folge hat. Freie Handelsabkommen, die Mensch und Natur schädigen, tragen ebenfalls zur Vernichtung unserer Bauern bei. Es müssten importierte Futtermittel und die Agrochemie kräftig besteuert werden. Ebenso sollten die importierten Lebensmittel, basierend auf deren verursachten ökologischen und sozialen Schaden mit Steuern belegt werden. (Siehe Näheres auch unter „Steuer"(ungs)-möglichkeiten). Landwirte könnten so realwirtschaftlich und ökologisch arbeiten. Nur wer weiterhin mit Chemie und ungesunden Methoden arbeiten will, müsste verpflichtet werden, ein Label für „ungesunde Landwirtschaft" auf den Produkten anzubringen. Wie heute auf den Zigarettenschachteln sollten diese Labels auch auf die fatalen Schäden an Mensch und Natur der ungesund produzierten Lebensmittel hinweisen.

Weiterhin schlage ich eine Humus- und Ökobilanzsteuer vor, welche die ökologische Gesamtsituation verbessern kann. Alle fünf Jahre kann man für jeden Hof neu eine Humus- und Ökobilanz erstellen. Es müssten die Humuswerte aller Landstücke, die Hecken, Biotope, die Waldstücke, die Wildecken usw. in Quantität und Qualität bilanziert werden. Die Gesamtergebnisse würden alle fünf Jahre wieder verglichen, und der Unterschied besteuert werden. Wer seinen Hof ökologisch verbessert hat, bekommt Beträge aus Steuern ausbezahlt. Wer seinen Hof ökologisch verschlechtert hat, muss Steuern bezahlen. Wichtig ist, dass diese Bewertungskriterien nicht nur von Biologen, sondern auch von erfahrenen ökologischen Landwirten erstellt werden. Schließlich geht es ja um die gemeinsame Nachhaltigkeit für Mensch und Natur. Besonders in der biologisch-dynamischen Landwirtschaftsbewegung ist in dem Bereich Boden- und Landschaftsentwicklung wissenschaftlich schon einiges an Vorarbeit geleistet worden.

Weiter oben wurde vorgeschlagen, dass grundsätzlich Subventionen für die Landwirtschaft wegfallen sollten. Die Verwaltung der Gelder und die schikanösen bürokratischen Kontrollen der Bauern kosten Unsummen. Die Bürger sollten diese Steuergelder lieber behalten und könnten so auch die „realen Preise" für den landwirtschaftlichen Service bezahlen. Für gezielte Umweltmaßnahmen und Landwirtschaft in Bergregionen soll man natürlich weiterhin Unterstützung gewähren. Diese Gelder sollten allerdings von Kennern einer gesunden ökologischen Landwirtschaft verwaltet werden.

Ein großes Problem für die praktizierenden und hofsuchenden Landwirte sind auch die ständig steigenden Landpreise. Zu viel wird mit Land spekuliert bzw. durch Erben egoistisch meistbietend verkauft oder verpachtet. Auch wird für die mehrwerdenden Biogasanlagen immer mehr humuszehrender Mais angebaut, was das Land knapper und noch teurer werden lässt. Unter „Die lieben Erben" und „Steuer(-ungs)maßnahmen" mache ich Vorschläge, wie wir aus diesem unökonomischen und humusverzehrenden Teufelskreis herauskommen können.

Kulturentwicklung ist die Voraussetzung für eine gesunde Wirtschaft

So wie wir auf der einen Seite eine nachhaltige Landwirtschaft als Lebens- und Rohstoffgrundlage brauchen, so ist es auf der anderen Seite unabdingbar, dass wir ständig unsere menschlichen Fähigkeiten, also Kultur entwickeln. Die Wirtschaft hat der menschlichen Entwicklung zu dienen und nicht der Mensch einer sich immer mehr aufblasenden Finanzmacht.

Ohne Kultur gleitet jede Wirtschaft in den reinen Materialismus, in die Barbarei ab und zerstört am Ende sich selbst und damit alles Leben. Darum sollte es im ureigensten Interesse der Wirtschaft liegen breit eine kreative Kultur zu fördern.

Bildung, Musik, Schauspiel, Poesie, Literatur, Religion usw. kosten zwar viel Geld, sie sind aber die Nahrung für kreative Menschen, die unsere Wirtschaft dringend braucht, um aus ihrem selbstzerstörerischen Krieg der Konkurrenzkämpfe, der Zentralisierung und der Spekulationsexzesse herauszuwachsen. Nicht mehr materielle Quantität, sondern mehr kulturelle Qualität braucht ein zukunftsfähiges Wirtschaftsleben.

Natur hat „an sich" keinen ökonomischen Wert. Ebenso haben Ideen (Geist) und Fähigkeiten „an sich" keinen ökonomischen Wert. Erst, wenn ich durch meine Arbeit die Ideenwelt (Geist) mit den physischen Dingen (Natur) zusammenbringe, kann eine ökonomische Wertschöpfung entstehen. Eine reale Wertschöpfung kann also nur zwischen diesen beiden Polen „Natur und Geist" stattfinden.

Zwischen diesen beiden Polen „Natur und Geist" haben wir heute eine noch nie da gewesene aufgeblasene Ökonomie mit gigantischen Warenströmen. Die beiden Grundlagen „Natur und Geist (menschliche Kreativität)" werden dabei aber immer mehr wegrationalisiert. Zunehmend werden die natürlichen Lebensprozesse durch Chemie und die menschliche Kreativität durch rein rationelle Computer ersetzt.

Wer kümmert sich aber um die Entwicklung der Natur einerseits und die geistigen Entwicklungsmöglichkeiten des Menschen andererseits? Unseren öffentlichen Vertretern muss hier ein vernichtendes Urteil ausgesprochen werden. Sie machen das Gegenteil von dem was nun geboten ist. Sie wollen weiter das todbringende Wirtschaftswachstum. Bei Krisen wird die Wirtschaft sogar noch auf Kosten der Steuerzahler unterstützt und dafür streicht man kurzerhand die Mittel im Kultur- und Bildungsbereich (Geist) sowie im Naturschutzbereich.

Dabei müsste gerade jetzt eine Kulturbelebung zur Rettung von Natur und Menschheit einsetzen. Jedes Kind könnte z.B. in der Schule wieder das Gärtnern, Musizieren, Handwerken, Kunst und Sozialentwicklung lernen. Aber genau diese Fächer werden durch unsere Politiker ständig weiter aus den Stundenplänen gestrichen.

Bis der Staat aber die Vormundschaft über die Bildung und Kultur abgibt, bleibt uns nichts anderes übrig, als Bildung und Kultur selbst in die Hände zu nehmen.

Um von den manipulierenden und süchtig machenden Medien wegzukommen, können wir uns z.B. gegenseitig zum Lesen guter Bücher anregen. Als Mitbringsel bei einem Besuch würde, statt einer Flasche Wein, ein stimulierendes Buch die Freundschaft viel nachhaltiger fördern.

Bei der Kulturentwicklung sollte es immer wieder um „Kreativität" und nicht um Kultur-„Konsum" gehen. Jeder kann für sich selbst unendlich viel Entwicklungsarbeit leisten. Aber auch untereinander können wir uns enorm weiterbilden und kultivieren. In unserem Gemeinschaftsprojekt Hof Maieyzt organisieren wir z.B. Lesekreise, Gesprächsrunden, Vorträge und Seminare zu ökologischen, sozialen, ökonomischen, spirituellen und künstlerischen Themen. Jeder kann etwas beitragen, aber auch sehr viel mitnehmen. Besonders wichtig ist uns, dass ganz neue Brücken zwischen Kultur und Landwirtschaft geschlagen werden. Viel tiefere und damit fruchtbarere Freundschaften entwickeln sich durch gemeinsame Kulturaktivitäten.

Jedes Dorf und jedes Stadtquartier könnte, wenn wir nur wollten, eine Volkshochschule, einen Chor, ein Orchester, eine Umweltgruppe usw. etablieren.

Wie das Kultur- und Bildungswesen auch im großen Stil für eine Kulturbelebung finanziert werden könnte, erfahren wir im zweiten Teil des Buches unter: *Vom Schuld-Geldsystem zum Schenk-Geldsystem.*

Die Rentenfrage

Von der ursprünglichen Idee eines solidarischen Rentensystems, in welchem die Arbeitenden über die Rentenkassen direkt für die Rentner aufkommen, ist nur noch wenig übriggeblieben. Einerseits liegt es an dem demographischen Wandel, durch den es der laufend abnehmenden arbeitenden Bevölkerungsschicht immer schwieriger wird, für die größer und immer älter werdende Rentnerschicht aufzukommen. Andererseits liegt es an dem immer mehr schwindenden „Solidaritätsgedanken". Es wird nicht mehr für die heute bedürftigen Rentner einbezahlt, sondern für das „eigene" Rentenkonto. All die über die letzten Jahrzehnte entstandenen zusätzlichen Rentenkassen basieren nun nicht mehr auf dem Solidaritätsprinzip, sondern auf einem persönlichen „Sparprinzip".

Dabei ist es eigentlich unmöglich Geld für die Zukunft zu sparen. Allein schon der Begriff „Sparen" ist hier ganz fehl am Platz. Es handelt sich nämlich beim sogenannten „Sparen" um ein „Verleihen". Wir „verleihen" unser Geld an die Rentenkassen, Banken und Versicherungen, und die wiederrum „arbeiten" mit unserem Geld. Was wird denn mit unserem Geld „erarbeitet"? Es wird hiermit in der Regel an den Finanzmärkten riskant spekuliert, damit sich das Geld „vermehrt" und sich für uns die Renten erhöhen. Die sich immer weiter aufblasende Finanzwelt saugt nun die Realwirtschaft – nicht nur bei uns, sondern oft in armen Drittländern – mit Hilfe unserer Ersparnisse immer mehr aus und untergräbt damit die Lebensgrundlage von uns allen. Fragen Sie selbst bei ihren Instituten einmal nach, wie und wo ihr Geld investiert wird. Fragen Sie, ob mit Ihrem Geld etwas Positives für die Menschheit und die Natur gemacht wird, damit wir im Alter sicherer leben können. Wenn Sie diesen Fragen nachgehen, werden Sie feststellen, dass unsere Renten zu einem großen Teil durch Natur- und Menschenausbeutung in armen Ländern finanziert werden. (Im zweiten Teil des Buches erfahren wir noch näher, was beim Spekulieren passiert und warum dies letztlich zu Zusammenbrüchen führen *muss*.)

Was passiert aber mit Ihrem „ersparten" Rentenanspruch, wenn das jetzige Wirtschaftssystem zusammenbricht und Ihr Geld in irgendwelchen Investmentruinen in Asien steckt? Wer versorgt Sie mit einem dann gültigen Geld? Wer versorgt Sie dann mit Lebensmitteln, Energie, Pflege und vielem mehr?

Wäre es nicht viel sinnvoller, jetzt das Geld aus den spekulierenden Banken, Rentenkassen und Versicherungen abzuziehen? Wäre es zur Zukunftssicherung nicht viel sinnvoller, das Geld in gesunde wirtschaftliche, soziale, ökologische und kulturelle Projekte zu investieren, damit auch in Zukunft Körper, Seele und Geist der Menschen genährt, stimuliert und begeistert werden könnten? Wäre es nicht besser, Häuser zu isolieren und mit Solaranlagen zu versehen, damit wir morgen kein Öl und keinen Atomstrom mehr brauchen? Wäre es nicht besser, junge Menschen bei der Ausbildung in Leben fördernden Berufen zu unterstützen, damit wir morgen praktische und soziale Hilfe von ihnen bekommen können? Wäre es nicht besser, einer naheliegenden Landwirtschaft bei deren Entschuldung und ökologischen Umstellung zu helfen, damit wir morgen sicher und gesund ernährt werden können?

Falls man selbst noch nicht direkt Menschen oder Organisationen kennt, die sinnvoll das Geld investieren können, kann man sich auch an ethisch motivierte Rentenkassen (z.B. CoOpera in der Schweiz oder Hannoversche Kassen in Deutschland) oder alternativen Banken (siehe zweiter Teil des Buches) wenden, die nach sozialen und ökologischen Grundsätzen arbeiten.

Grundsätzlich können wir wieder begreifen, dass im realen Leben nicht das Geld, sondern die arbeitende Bevölkerungsschicht die Kinder, Kranken und Rentner versorgt. Das Geld kann dabei als „Möglichmacher" helfen, reale Beziehungen und Projekte „in Fluss" zu bringen.

Erbschaften in die richtigen Hände geben

Da wird ein Bauernhof, eine Firma oder ein Mietshaus über Generationen von vielen Menschen mit ihren Fähigkeiten zum Wohle aller aufgebaut, oft sogar mit staatlicher Unterstützung; und dann kommen die lieben „Erben" und sagen: „Das interessiert mich nicht weiter, ich werde es meistbietend verkaufen (und mir ein schönes Leben machen)". Die neuen Betreiber des Hofes, der Firma oder des Hauses werden nun diesen Kaufpreis in die zukünftigen Preise ihrer Erzeugnisse – zum Schaden aller – mit einbauen müssen.

Auch beim „Erben" steht im heutigen System das Geld, bzw. der Profit höher, als die realen Lebensbedingungen der vielen betroffenen Menschen.

Hier ein erlebtes Beispiel:

Südengland: David machte mit uns seinen letzten Farmrundgang. Seine Bildung und sein gepflegter Umgang mit Menschen machten es leicht, ihm mit Anteilnahme zuzuhören. Trotz seiner freundlichen Selbstkontrolle konnte er doch nicht ganz die Traurigkeit in seinem Ton verbergen. In wenigen Tagen sollte der Hof an den neuen Besitzer übergeben werden. Nach 50 Jahren exzellenter biologisch-dynamischer Bewirtschaftung musste dieser 100 ha große Hof verkauft werden. David war im Rentenalter und seine Kinder wollten den Hof nicht weiter bewirtschaften und ihren Erbteil lieber zu Geld machen. Der Versuch der biologisch- dynamischen Bewegung in England, diesen Bauernhof zu einem fairen Preis zu übernehmen, scheiterte, weil die Kinder ein etwas besseres Angebot von einem konventionellen Unternehmer bevorzugten. Trotz der höchsten Ideale Davids, überwogen doch die Bindung bzw. die Abhängigkeit von seinen Kindern und damit die Abhängigkeit vom „alten Bluts-Strom". Ein großes Vorzeigeobjekt für die biologisch-dynamische Bewegung in England kam so an sein trauriges Ende.

Der Besitz von Boden und Produktionsmitteln, der es uns einfach ermöglicht, diesen meistbietend zu verkaufen oder damit zu spekulieren, widerspricht im tieferen Sinne einer gesunden auf die Wirklichkeit bezogenen Wirtschaftsform.

Natürlich sollten die Kinder, die einen Betrieb nicht weiterführen können oder wollen, eine ihren Neigungen entsprechende Ausbildung bezahlt bekommen, so dass sie sich ein neues Leben aufbauen können. Aber dürfen sie egoistisch die Lebensbedingungen anderer Menschen oder eines „landwirtschaftlichen Organismus" einfach in Frage stellen?

Idealerweise müssten ein Hof, eine Firma oder ein Mietshaus in eine unverkäufliche, also spekulationsfreie Rechtsform übergehen. Der Staat, eine Stiftung oder andere Rechtsträger können dazu Rahmenbedingungen schaffen. Für Bauland z.B. können „Baurechte" (Erbbaurechte) für definierte verantwortungsbewusste Nutzungen auf Zeit vergeben werden. So gibt man dem Boden wieder seinen „rechtlichen" Platz. Unter „www.GemeingutBoden.ch" stellen sich einige Stiftungen mit vielen Beispielen vor.

Selbst Wirtschaftsunternehmen können aus dem Spekulationskarussell ausgesondert werden und z.B. einer Stiftung oder stiftungsähnlichen Formen, wie die Neuguss Verwaltungsgesellschaft mbH, Berlin (inkl. Alfred Rexroth Stiftung), übergeben werden. Die Neuguss-Gesellschaft verfolgt das Ziel der langfristigen Erhaltung und Entwicklung von Familienbetrieben unter ökologisch-sozialen Gesichtspunkten jenseits von Spekulations-überlegungen. Dabei begleitet sie Unternehmer/innen bei der Umsetzung ähnlicher Rechtsformen und fördert die assoziative Vernetzung (Assoziation) der beteiligten Betriebe. Ein in einer derartigen Assoziation wirkender regionaler Expertenkreis sollte sich bei einem Betreiberwechsel um eine bestmögliche Folgesituation bemühen.

Im Kapitel „Der Handel mit Boden, Kapital und Arbeit zerstört unser Leben", im zweiten Teil des Buches, erfahren wir noch mehr darüber, warum wir dringend neue Rechtsformen von der Art der Assoziation benötigen.

Viele meiner Aktivitäten haben mit neuen Formen der gemeinnützigen Land- und Immobiliennutzung zu tun. Die von mir mit aufgebauten Dorfgemeinschaften in England und Thüringen wurden in gemeinnützige Trägerschaften überführt. Auch bei unserem neuen Projekt ‚Hof Maiezyt' im Berner Oberland vollziehen wir nun schrittweise den Übertragungsprozess in eine gemeinnützige Trägerschaft, in die Bio-Stiftung Schweiz.

Hier ein weiteres positives Beispiel einer sehr bekannten Höfe-Gemeinschaft: Herr Remer zeigte uns begeistert die Ameisen in dem neuen Mischwald. Früher gab es hier nur Fichten, die kaum einen Unterbewuchs zuließen. Nun fängt, nach 40 Jahren, der Wald an, auch rentabel zu sein. Es werden weitere Forschungsarbeiten über Durchwurzelung, Pilzstrukturen, Wasserhaushalt, Wild, aber auch die Arbeit mit verschiedenen Schulen vorgestellt und besprochen. Nach diesem Waldrundgang geht es wieder in unseren Tagungsraum. Wir sind eine Gruppe von fünfzehn Gesellschaftsmitgliedern der „gemeinnützigen Landbauforschungsgesellschaft", die der rechtliche „Besitzer" der drei Bauckhöfe in Norddeutschland ist. – Die Familie Bauck hatte sich 1969 entschieden, ihre beiden Höfe aus dem „Blutstrom" zu lösen und in diese neutrale Struktur zu übergeben. Viele Menschen konnten sich so mit diesen Höfen verbinden und die Betriebe erweitern. Heute werden ca. 500 ha Land biodynamisch bewirtschaftet und ca. 300 Menschen, unter anderem einige Bauck-Familienmitglieder, finden ihre Lebensgrundlage in den verschiedensten Bereichen von Ackerbau, Viehzucht, Gärtnerei, Waldbau, Forschung, Lebensmittelveredlung, Therapiearbeit, Schülerbegleitung usw. – An unserer Sitzung nehmen ebenfalls die Landwirte der drei Höfe und einige andere Mitarbeiter der Bauckhöfe teil. Geschäftsberichte und neue Bauvorhaben werden vorgestellt, diskutiert und Finanzierungsmöglichkeiten vorgeschlagen. Einige Entscheidungen werden getroffen. – Auf den Bauckhöfen herrschen zwar keine paradiesischen Verhältnisse, aber durch die „Landbefreiung aus dem Blutstrom" konnte hier ein reales Übungsfeld zur Gestaltung von neuen Gesellschafts- und Naturzusammenhängen entstehen.

„Land- und Kapitalbefreiung" aus dem Blutstrom oder dem Spekulationsdruck findet nun an immer mehr Orten statt. Es gibt verschiedene Rechtsformen, um diesen Schritt zu vollziehen. Dazu gehören z.B. gemeinnützige Vereine, Stiftungen, Fonds oder Genossenschaften. (Siehe z.B. die Projekte der Stiftung Edith Maryon in Basel. Der Fonds „Erde und Kultur" innerhalb dieser Stiftung fördert auch ganz neue Verantwortungsbeziehungen zwischen Konsumenten und Landwirten.)

Durch gemeinnützige Eigentumsformen kann sich wieder „Leben" in einer absterbenden Umgebung breitmachen.

Hier noch ein paar Gedanken aus meinen langjährigen Erfahrungen zu zukunftsstiftenden Schenkungen an Stiftungen, Vereine oder Genossenschaften: Es ist sehr hilfreich die Intensionen des Schenkenden schriftlich festzuhalten. Bei der Schenkung eines Hauses z.B. kann man verfügen, dass dieses zu einer 25% günstigeren Miete als marktüblich einer bedürftigen Familie mit Kindern in der nahegelegenen Waldorfschule gegeben wird. (Bei Wegfall dieser Voraussetzung sollte die Miete allerdings wieder marktüblich steigen. Sonst kann es passieren, dass zum Schluss nur noch eine oder zwei Personen das Haus weiterbewohnen, weil es ja so billig ist und es bedürftigen Familien nicht mehr zur Verfügung steht). Weiter könnte man verfügen, dass die Mieteinnahmen, nach Abzug der laufenden Unterhaltskosten, inklusive Rücklagen für Erneuerungen und Verwaltung (ca. 5%), der nahegelegenen Waldorfschule wietergereicht werden sollen.

Grundsätzlich schlage ich aber vor, dass die Gewinnmöglichkeiten aus Immobilien in drei Richtungen zu verwenden sind: 1/3 Mietminderungen für sozial Bedürftige oder kulturelle Initiativen, 1/3 für kulturelle oder ökologische Projekte und 1/3 in neue Immobilien, die diese Vergabemöglichkeiten für die Zukunft immer weiter erhöhen.

Umgestaltung der Produktions- und Dienstleistungsunternehmen

Unter dem Druck des heutigen Konkurrenz- und Wachstumssystems mit den Profiterwartungen der Aktionäre usw. sowie den Betriebshierarchien entstehen in Unternehmen, Behörden und Organisationen immer mehr Stress, unsoziale Verhältnisse bis hin zu Mobbing und Krankheiten. Auch werden die Produkte und Dienstleistungen oft mit Schaden für Mensch und Umwelt hervorgebracht.

Die Bewegung der sogenannten „Gemeinwohl-Ökonomie" von Christian Felber hat in den letzten Jahren viel Bewusstseinsarbeit geleistet um die Verhältnisse zu verbessern. Immer mehr Firmen bewerten sich nun mit Hilfe dieser Bewegung nach einem sozialen und ökologischen Kriterienkatalog. Hierbei geht es um die internen und externen ökologischen und sozialen Auswirkungen der Aktivitäten eines Unternehmens. Mit dieser Auswertung können die Unternehmen auch an die Öffentlichkeit gehen und sich ggf. als zukunftsweisend darstellen.

Da ist ein guter Anfang gemacht worden! Dennoch können wir nach meiner Erfahrung noch viel weiter gehen und fundamentale Fragen stellen sowie Anregungen geben und entwickeln.

Die Frage z.B.: „Wird die Dienstleistung oder das Produkt auch wirklich gebraucht und nachhaltig hergestellt?" wird selten gestellt.

Auch die Betriebsstrukturen sind zu hinterfragen: Leistet man wirklich etwas Aufbauendes für Mensch und Natur? Werden die Mitarbeiter in ihrer Kreativität und Sozialkompetenz wirklich gefördert? Haben die Mitarbeiter wirklich genügend Mitspracherecht? Sind die Entscheidungsstrukturen nach Kompetenz und Verantwortlichkeiten richtig berücksichtigt? Ist der Betrieb wirtschaftlich, sozial und ökologisch ausreichend mit der Region vernetzt? Was passiert mit den Profiten des Unternehmens? Viele weitere Fragen schließen sich hier an.

Für zukünftige gesunde Betriebskulturen, in die die Mitarbeiter wieder ihr Herzblut einbringen können, braucht es nach meiner Erfahrung folgende Voraussetzungen:

° Dienstleistungen und Produkte, die wirklich der Entwicklung der Menschen und der Natur dienen.

° Eine Personalstruktur, die auf Kompetenz sowie Verantwortungsbereitschaft und nicht auf Macht oder Vetternwirtschaft aufgebaut ist. Der Maschinist versteht von Maschinen mehr und der Therapeut mehr von Patienten als eine organisationsbegabte Direktion.

° Eine anonyme Machtausübung und Profitabsaugung von außen muss unterbunden oder erschwert werden. Man kann es auch „die Überwindung der modernen Sklavenhaltung" nennen.

° Unternehmen sollten schrittweise aus den Händen rein profitabsaugender Besitzer genommen werden und in gemeinnützige Trägerschaften überführt werden. Die Nutzungsrechte gehen dann an fähige Menschen gegen einen Pachtzins über. (Siehe auch Kapitel „Ein neues Steuer(ungs)system".)

° Profite des Unternehmens werden unter Mitsprache der Mitarbeiter in menschen- und naturförderliche Bereiche gesteckt.

° Entscheidungen personeller und struktureller Natur werden mit den betroffenen Mitarbeitern gründlich vorbereitet.

° Die benötigten Rohstoffe, Waren und Dienstleistungen eines Unternehmens, einer Organisation oder Behörde sollten möglichst nachhaltig hergestellt und aus der Region sein.

° Evaluationen von Personal und Arbeitsabläufen sollten nicht nur von „oben nach unten", sondern auch von „unten nach oben" regelmäßig stattfinden. Besser noch sollten diese „miteinander" stattfinden.

° Sozial- und Ökobilanzen sollten regelmäßig mit den Mitarbeitern aller Ebenen erarbeitet werden.

° Ein Bewusstseinswandel vom nur ausführenden Angestellten zum Mitarbeiter und bis hin zum „Mitunternehmer" sollte immer das Ziel sein.

Um die Mitarbeiter eines Unternehmens, einer Organisation oder Behörde zu Mitunternehmern zu motivieren, sollte man an einem gemeinsamen Leitbild arbeiten. So könnten immer mehr „unserer" Unternehmen entstehen! In das Leitbild gehören folgende Grundelemente:

a) Gemeinwohldienende *Ziele*

b) Die ständige *Fähigkeitsentwicklung*, um diesen Zielen auch gerecht zu werden

c) Die *Leistungsverpflichtung* der beteiligten Menschen

d) Die *Formgebung* nach außen und innen, damit jeder z.B. seinen zu verantwortenden Platz findet und jeder „Halt" in einer Struktur findet

e) Das verantwortliche *Haushalten* mit menschlichen, materiellen und finanziellen Ressourcen

f) Das *Zuhören* nach innen und außen zum Wahrnehmen, ob ich/wir noch die notwendigen Leistungen erbringe/n

g) Das *Wahrnehmen des gesamten Organismus'* zum Erspüren, wo evtl. eine heilende Zuwendung nötig ist.

Alle diese Prozesse gehören in das Leitbild, welches in regelmäßigen Abständen wieder mit den Kollegen bearbeitet werden sollte. Wer diese Grundprinzipien verantwortlich mitträgt wird damit zum Mitunternehmer. Die Arbeitsmotivation wird aus dem praktizierten Leitbild gewonnen. Arbeit des Geldes wegen gehört dann zunehmend der Vergangenheit an. Ein modernes Unternehmen, egal ob eine Schule, ein Bauernhof oder Produktionsbetrieb, wird diese Bewusstseinsprozesse durchmachen müssen.

Neue Lebens- und Arbeitsformen fallen nicht einfach vom Himmel. Hier habe ich nur die wichtigsten Eckpunkte genannt. An vielen weiteren Fragen muss gearbeitet werden. (Mehr dazu in meinem nächsten Buch über Gemeinschaftsbildung).

Wenn Unternehmen dem „Gemeinwohl" und nicht weiter der Profitmaximierung dienen, können ganz neue Werte in der Wirtschaftswelt entstehen. Qualität für Mensch und Natur statt Wachstum für die Finanzindustrie ist möglich.

Für die Zukunft wäre es auch sinnvoll, alle Produkte und Dienstleistungen nach ihrem sozialen, energetischen und ökologischen „Fußabdruck" zu bewerten und zu kennzeichnen. Eine allgemeine Bewusstseinserweiterung und damit auch ein anderes Kaufverhalten würden die Folge sein.

Gegen Ende des Buches empfehle ich noch ein neues „Steuersystem", durch welches Produkte und Dienstleistungen nach ihren „ökologischen und sozialen Fußabdrücken" besteuert werden.

An den Fragen eines „zukunftsweisenden Unternehmertums" arbeiten wir als Gruppe von Unternehmern und Beratern seit einiger Zeit. Vielleicht entsteht daraus einmal ein Buch mit Empfehlungen für Menschen die zukunftsfähige Unternehmungen gestalten wollen. Dass so eine Arbeit nötig ist sehe ich alleine schon an der Tatsache, dass ich ständig für mehrere Projekte mit ideellem Anspruch Pioniere und Mitunternehmer suche, sich aber kaum Menschen dafür melden. Meine Seminare „Wie gründe oder erhalte ich eine zukunftsfähige Gemeinschaft oder Unternehmung?" sollen helfen Menschen dafür zu begeistern. Diese Seminare finden in unserem Gemeinschaftsprojekt Hof Maiezyt, www.hofmaiezyt.ch, aber auch bei anderen Unternehmen und Gemeinschaften statt, die mich dazu einladen.

Assoziatives Wirtschaften

Wie kommen wir zu einigermaßen objektiven Urteilen über das Wirtschaftsleben, die allen Beteiligten gerecht werden?

Trauen wir unseren Politikern objektive Urteile zu? Trauen wir den Produktionsvertretern objektive Urteile zu? Trauen wir unseren Bankmanagern oder Wirtschaftstheoretikern an den Universitäten ein objektives Urteil zu?

Warum lassen wir nicht einfach Vertreter aus den verschiedenen Lebensbereichen, die ganz praktisch in der Realwirtschaft stehen, in Assoziationen zusammenkommen? Wer steht denn praktisch in der Realwirtschaft?

° Wir alle stehen als Verbraucher ganz praktisch in der Realwirtschaft. Es braucht also eine kräftige und selbstbewusste Gruppe der „Verbraucher" in den Assoziationen.

° Produzenten stehen praktisch in der Realwirtschaft. Hierzu gehören nicht nur die Direktoren sondern auch die Arbeitenden. Es braucht also eine Gruppe aus verschiedenen Ebenen der „Produzenten" in den Assoziationen.

° Der „Dienstleistungssektor" spielt heute eine immer wichtigere Rolle. Darum braucht es auch Vertreter aus dieser Gruppe in den Assoziationen.

° Im „Handel" hat man sehr gute Kenntnisse über die verschiedensten Rohstoff- und Warenbewegungen sowie deren Preise. Also gehören auch Vertreter dieser Gruppe in die Assoziationen. (Händler sollten sich idealerweise als Dienstleister zur Vermittlung zwischen Produzenten und Konsumenten verstehen.)

° Des Weiteren sollten Vertreter der Rohstoffgewinnung, Landwirtschaft und Kultur in den Assoziationen mitwirken, um sicherzustellen, dass diese „Quellen aus Erde und Kultur" langfristig auch zur Wirtschaftssicherung geschützt und entwickelt werden.

Nur diese praktisch im Leben stehenden Vertreter können *gemeinsam* in den Assoziationen zu weitgehend objektiven und lebensnahen Urteilen über das Wirtschaftsleben kommen. Sie gewinnen aus dem realen Wirtschaftsleben selbst ihre Urteile.

Assoziationen sollte es auf lokaler, regionaler, nationaler und internationaler Ebene geben. Auf allen Ebenen können die Assoziationen praktisch zu weitgehend objektiven Wirtschaftsanalysen kommen und durch diese die Warenströme, die Menge der Arbeitskräfte in den sich wandelnden Produktionsbereichen, die Preisempfehlungen und vieles mehr korrigieren.

Eine praktische „assoziative Bedarfswirtschaft" könnte sich so entwickeln, die Menschen und Natur dienen würde. Die heutige „freie Finanzwirtschaft" ruiniert dagegen immer mehr die Realwirtschaft, Menschen und Natur. (Wenn man Geld-Kapital, das eigentlich nur ein „Recht" ist, dem „freien Markt" überlässt, entstehen die größten Verzerrungen. Davon aber mehr im zweiten Teil des Buches.)

Das assoziative Wirtschaften ist für mich keine Theorie. Überall dort, wo heute schon assoziativ zusammengearbeitet wird, zeigen sich die Früchte dieser Zusammenarbeit. Die wirkungsvollsten Beispiele sind für mich immer wieder diejenigen, wo sich die Bereiche Landwirtschaft, Konsumenten, Handwerk, Handel und Kultur assoziativ zusammenschließen. Über viele Jahre durfte ich solche Projekte mitgestalten.

Ordnung schaffen

Ein verantwortungsbewusster und vorausschauender Unternehmer investiert ständig in den Erhalt und die Weiterentwicklung der Produktionsmittel (Gebäude, Maschinen usw.), um auch morgen noch produzieren zu können. Auch kümmert er sich um das Wohlergehen und die Weiterbildung der Mitarbeiter und ihrer Familien, denn den Herausforderungen von morgen kann er nur mit einer professionellen und hoch motivierten Mannschaft entgegentreten.

Solcher Vorausblick scheint sich allerdings mehr und mehr zu verflüchtigen, je größer die Firmen, Strukturen oder Länder werden. Fast nicht existent scheint die vorausblickende Verantwortung auf globaler Ebene zu sein. Abgesehen von politischen Lippenbekenntnissen und einiger Einzelinitiativen sowie aktiver NGOs, scheint es kein ein wirkliches Engagement zum Erhalt der Erdennatur, unser aller Lebensgrundlage, einerseits und andererseits zur Kulturentwicklung für jeden Erdenbürger zu geben.

Alles wird der Gier nach kurzfristigem Profit untergeordnet. Selbst unsere Politik- und Rechtssysteme dienen zunehmend diesem alles fressenden, neoliberalen Wirtschaftssystem, anstatt konsequent die menschliche und natürliche Entwicklung zu verteidigen und voranzubringen.

Auch das Kultur- und Bildungswesen untersteht mehr und mehr der Bevormundung von Wirtschaft und Staat. Von FREIHEIT kann da immer weniger gesprochen werden. Besonders unsere Kinder degenerieren in den Schulen in ihren praktischen, künstlerischen und sozialen Fähigkeiten.

Die Entflechtung von Staat (mit dem Rechtssystem), Kultur (mit dem Bildungssystem) und Wirtschaft ist dringender denn je notwendig, um wirklich FREIHEIT, GLEICHHEIT und BRÜDERLICHKEIT zu schaffen.

° FREIHEIT schrittweise verwirklichen: Die Kultur und das Bildungswesen, also die Fähigkeitsentwicklung der Menschen, sollten von der Bevormundung von Staat und Wirtschaft befreit werden. Frei gewählte Gremien sowie die Schüler, Eltern, Studenten, Ausbilder und die Kulturtreibenden selbst können am besten frei entscheiden, was, wie, wann und wo Kultur und Bildung für die Entwicklung von Mensch und Natur gefördert wird. Es könnten z.B. Bildungsgutscheine für eine freie Schulwahl und Weiterbildung ausgegeben werden. Eine Befreiung der Kultur und des Bildungswesens müsste einsetzen, um Mensch und Natur überhaupt eine Entwicklungsmöglichkeit wiederzugeben. Viele Menschen könnten als Lernende und Lehrende in den Kulturbereich wechseln. Jegliche gesunde soziale und wirtschaftliche Entwicklung hängt von der Aufwertung unserer kulturellen Aktivitäten und der menschlichen Fähigkeitsentwicklung ab. Auch wenn die Kulturentwicklung große finanzielle Hilfen braucht, sollte sie nie zum wirtschaftlichen oder politischen Objekt werden.

Für die freie Kultur- und Gesellschaftsentwicklung ist es auch notwendig die Medien von Wirtschaft und Staat zu „befreien". Freie unabhängige Berichterstattungen braucht es!

Auch Naturschutz und die Landwirtschaft, soweit es um deren Naturprozesse geht, würde ich dem Kulturbereich zuordnen. Erde und Kultur (im Französischen und Englischen heißt es ja auch agri-cultur/-e) müssen sich wieder ohne Druck von Wirtschaft und Staat entwickeln können. Natur und Kultur sind die lebendigen Grundlagen unser aller Existenz.

° GLEICHHEIT schrittweise verwirklichen: Die demokratisch gewählten Regierungen mit den Rechtssystemen sollten sich schrittweise aus dem Kultur- und Bildungswesen zurückziehen, damit dieses sich entwickeln kann. Ebenso gilt dies für den Rückzug aus dem Wirtschaftsleben, damit dieses sich brüderlich entwickeln kann. Nur so können die Staaten mit den Rechtssystemen sich ganz unabhängig für die

GLEICHHEIT der Menschen einsetzen, und wo nötig, im Sinne der Menschenrechte schützend einschreiten.

„Geld" ist eine Rechtsübereinkunft, ein Recht auf Ware und Dienstleistungen, und hat keinen Wert an sich. Es gehört ganz unter die Aufsicht eines entschlackten Staates mit Hilfe der zu entprivatisierenden Nationalbanken. Hierzu sollte neben der Judikative, der Legislative und der Exekutive eine vierte unabhängige Staatsgewalt, die „Monetative" (Kontrollorgan über das Geld) neu geschaffen werden. Diese Monetative hätte, die Aufgabe, die Geldschöpfung, Geldmenge und Geldströme so zu regulieren, dass das Geld wieder „Diener" unserer Realwirtschaft und damit einer positiven Gesellschaftsentwicklung wird. Den Privatbanken muss die ungerechte Schöpfung und die Spekulation mit Giralgeld untersagt werden. (Im zweiten Teil des Buches wird noch näher auf die „Geldkontrolle" eingegangen.)

Boden, Arbeit und Kapital brauchen rechtlichen Schutz damit sie nicht weiter als Spekulationsobjekte missbraucht werden. Sie sind Wirtschaftgrundlagen, aber ebensowenig Waren wie das Geld. Neue Rechtstrukturen sind dazu nötig. (Siehe Kapitel „Der alles tötende Wucher".)

Der Staat sollte den Medien eine Rechtssicherheit geben, so dass sie frei von der Wirtschaft und der Politik werden. Nur so kann ein objektiver und emanzipierter Informationsfluss und Austausch drüber stattfinden. Ohne freie Medien ist keine Demokratie möglich!

Die politischen Parteien sollten sich auf diese Kernaufgaben des „rechtsichernden" Staates konzentrieren und nicht weiter als Helfer der Finanzmärkte dienen oder ins Bildungswesen hineinpfuschen.

° BRÜDERLICHKEIT schrittweise verwirklichen: Das Wirtschaftsleben sollte eine brüderlich / schwesterlich dienende Rolle übernehmen. Assoziationen der verschieden Beteiligten zwischen Produktion und Konsumation könnten dafür sorgen. Wichtig ist, dass die Wirtschaft sich aus Bildungs- und Rechtsbereich (Politik) heraushält.

Durch die fortschreitende Arbeitsteilung sind unermessliche Reichtümer und Möglichkeiten hervorgebracht worden. Die Sozial-, Kultur- und

Bildungsentwicklung über Generationen sowie die Geschenke aus der Natur haben für diesen Reichtum gesorgt. Die Profite dieser Entwicklung sollten wieder diesen Fundamenten, nämlich Mensch und Natur, zu deren Erhaltung und weiteren Kultivierung zugeführt werden. Das heutige Abziehen der Profite in die unproduktiven und lebensfeindlichen Spekulationsmärkte muss deshalb schnellstens gestoppt werden.

Auf allen Ebenen sollten Wirtschaftsräte oder Assoziationen aus Produzenten, Händlern, Konsumenten und Dienstleistern gebildet werden, die miteinander aus einem praktischen Verständnis heraus einer brüderlichen (geschwisterlichen) Wirtschaft Richtung und Impulse geben. Zusammen werden diese Gremien auch die angemessenen Richtpreise vorschlagen, die allen Beteiligten ein würdevolles Leben ermöglichen. Da der Wirtschaftsbereich für die Produktion und die Konsumbefriedigung aller beteiligten Menschen zuständig ist, wird er selbst, aus rein wirtschaftlicher Sicht, dafür sorgen, dass der Bildungs- und Kulturbereich sowie der Naturschutz großzügig versorgt werden und dass die gesamte anfallende Arbeit auf möglichst viele Schultern verteilt wird. Die Arbeitslosen können dann nicht einfach weiter egoistisch an den Staat weitergereicht werden.

Wir sehen, dass es zur Heilung unseres westlichen Systems einiges zu ordnen gibt. So wie auch bei den Systemformen Kommunismus, Diktatur und Islam.

Zum Verständnis der Problematik von globalen Zusammenhängen in Bezug zu den kaum verstandenen Idealen FREIHEIT (Kultur, Bildung, Religion), GLEICHHEIT (Staat, Rechtswesen) und BRÜDERLICHKEIT (Wirtschaft) sei hier noch auf die verschiedenen Einseitigkeiten bei den verschiedenen weltlichen Machtsystemen aufmerksam gemacht:

Im westlichen Kapitalismus herrscht die Wirtschaft über alles. Kultur und Bildung können sich nicht „frei" entwickeln und der Staat kann sich nicht für die „Gleichheit" aller Bürger einsetzen.

Im Kommunismus und in Diktaturen herrscht der Staat über alles. Kultur und Bildung können sich nicht „frei" entwickeln und ein „brüderliches" Wirtschaften ist bei diesem Diktat nicht möglich.

Bei den islamischen Staaten herrscht die jeweilige Religionskultur über alles. Das Rechtswesen kann sich nicht für die „Gleichheit" aller Bürger einsetzen und auch ein „brüderliches" Wirtschaften ist bei diesem Diktat nicht möglich.

Wir haben es also bei jedem der verschiedenen Macht-Systeme mit Einseitigkeiten zu tun. Zudem schaut jedes einseitige System die anderen einseitigen Systeme aus seinem einseitigen Blickwinkel an. Die einseitigen Wahrnehmungen vervielfältigen sich also noch. Dies ist gefährlich!

Europa hat sich leider dem westlichen Kapitalismus verschrieben. Dabei hätte gerade Mitteleuropa kulturhistorisch gesehen die besten Voraussetzungen die Ideale von FREIHEIT, GLEICHHEIT und BRÜDERLICHKEIT zu verstehen und zu deren Verwirklichung eine dreigegliederte Struktur zu entwickeln. Mitteleuropa könnte so glaubwürdig als Mittler zwischen den einseitigen Positionen der verschiedenen Machtblöcke tätig werden.

Mit dieser dreigegliederten Organisation kann jeder Einzelne heute einfach schon praktisch beginnen tätig zu werden: Jeder Einzelne kann zur freien Bildung und Kulturentwicklung beitragen, sich um nachbarschaftliche und kollegiale Gleichberechtigung bemühen und zu fairen und brüderlichen Dienstleistungen und Preisen beitragen. Die zukünftige gesellschaftliche Ordnung hängt von diesen persönlichen Beiträgen und der breiteren Bewusstmachung dieser Grundprinzipien ab.

In Gemeinschaften können sich diese drei Ideale noch weiter entwickeln. In den von mir mit gegründeten Gemeinschaften haben wir intensiv an diesen drei Prinzipien gearbeitet und konnten dadurch einen starken sozialen Organismus entwickeln. Für die drei Bereiche FREIHEIT, GLEICHHEIT und BRÜDERLICHKEIT hatten wir je einen Kulturrat, einen Rechtsrat (der auch für die zwischenmenschlichen Beziehungen zuständig war) und einen Wirtschaftsrat gegründet. Diese Räte hatten sich regelmäßig mit den gleichnamigen Räten anderer

Gemeinschaften getroffen, um den jeweils zu verantwortenden Bereich weiter zu entwickeln. Einmal im Jahr gab es Zusammenkünfte an denen sich alle drei Räte zusammen trafen.

Regionalentwicklung mit Hilfe von Zukunftswerkstätten

Für eine nachhaltige Regionalentwicklung sollten möglichst viele Bürger, Unternehmen, Kulturschaffende, Organisationen und Behörden miteinander in einen Dialog treten. Aus heutiger Sicht haben sich sogenannte „Zukunftswerkstätten" unter fachkundiger Leitung sehr bewährt.

Mit Fragen wie: „Wie soll unsere Region morgen aussehen?" und „Was soll uns die Region, auch für die nächsten Generationen, an Lebensqualitäten bieten?" könnten sich alle angesprochen fühlen. Zur Einführung sind stimulierende Beiträge von positiven Beispielen aus anderen Regionen sehr hilfreich. Dann sollten von allen Beteiligten die Zukunftswünsche zusammengetragen und für alle dokumentiert werden.

Anschließend werden Arbeitsgruppen zum Brainstorming für erste Vorschläge gebildet. Diese Themen sollten aufgenommen werden: sinnvolle Arbeit, gesundes Leben und Wohnen, natürliche Landschaft, Energie, Bildung, Gesundheit, Landwirtschaft, Kultur, Mehrgenerationen usw. Mehrmals werden diese Gruppen neu zusammengesetzt, sodass jeder Einzelne den Gesamtzusammenhang aus verschiedenen Perspektiven wahrnehmen kann. Alles wird dokumentiert und anschließend für alle wieder vorgestellt.

Zuletzt werden noch Fachgruppen zu verschiedensten Themen gebildet, die das jeweilige Thema bis zur nächsten Zukunftswerkstatt vertiefen und neu vorstellen werden.

Diese Zukunftswerkstätten können wirkliche Kulturereignisse mit gesundem Essen und kleinen Kulturbeiträgen sein und könnten an einigen Abenden oder besser noch an Wochenenden durchgeführt werden und in regelmäßigen Abständen sich aufbauend wiederholen.

Der gesamte Vorgang sollte immer wieder möglichst anschaulich auch für die anderen Bürger in einem Heft zusammengestellt werden.

Bei richtiger Führung dieser Prozesse kommen erst kleine und dann immer größere Gespräche in der Bevölkerung zustande. Letztendlich kann es bei vielen Menschen eine richtige „Aufbruchsstimmung" geben. Von den ewigen Skeptikern sollte man sich nicht unterkriegen lassen. Die Welt wurde schließlich immer nur durch praktische Idealisten nach vorne bewegt.

Dezentrale Entwicklungshilfe zur Heilung der globalen Probleme

Afrika. Wir fahren durch steppenartiges Gelände. Früher, als der Boden noch fruchtbar war, wurde hier Baumwolle für den internationalen Markt angebaut. Jetzt gibt es nur noch etwas vertrocknetes Gras, kahle Büsche und vereinzelt gerupft wirkende Bäume, darunter ein paar Ziegen, gehütet von zwei mageren Kindern, die ebenfalls Schatten unter den letzten Blättern suchen. Überall gibt es tiefe Furchen in der Landschaft, sogenannte Gillis. Die seltenen, aber heftigen Regenfälle haben diese Furchen hinterlassen. Der harte Boden konnte das Wasser nicht aufnehmen und so floss es schnell das seichte Gelände hinab und grub sich, zum Teil viele Meter tief, in die Landschaft. Die Menschen an den normalerweise trockenen Flussbetten weiter unten riskieren nun jedes Jahr durch kurze größere Flutwellen ihr Hab und Gut, manchmal sogar ihr Leben ... Zwei Kilometer weiter kommen wir im heißen aufwirbelnden Staub zu ein paar niedrigen Hütten aus Lehm und Wellblech. Die meisten Hütten scheinen verlassen zu sein. Daneben liegt ein alter Schrott-LKW ohne Räder, unter dem einige Hühner Schatten suchen. Nach einer Weile schauen ein paar sonnengegerbte Frauen aus zwei Hütten. Wo sind die anderen Menschen geblieben? Im Slum der Großstadt? Auf dem Weg durch die Wüste oder auf einem überfüllten Boot im Mittelmeer Richtung Europa? ...

Unsere Entwicklungspolitik für arme Länder trägt auch eine Mitverantwortung an Umweltzerstörung, ausgelaugten Böden, Wasserknappheit, Hunger, unterdrückenden Systemen und wirtschaftlicher Ausbeutung. Es wurde immer wieder versucht, westliche Denk- und Arbeitspraktiken wie Chemielandwirtschaft, Zentralisierung und Finanzwirtschaft in andere Kulturen zu transportieren, in denen das Gegenteil angebracht wäre, nämlich: ökologische Landwirtschaft, Dezentralisierung und assoziatives Wirtschaften.

Gewonnen haben (vorerst) wir Reichen. Billige, nachwachsende Rohstoffe und Bodenschätze bringen uns das Vielfache an Gewinn gegenüber unserem Einsatz dieser Art von Entwicklungshilfe.

Da jedes Geschäft zwei Seiten hat und die Auswirkungen aufeinander nur zeitlich begrenzt sind, erfahren nun auch wir immer mehr die Auswirkungen unserer ausbeutenden Beziehungen mit den armen Ländern: Emigrationsdruck von armen und entwurzelten Menschen, steigende Terrorgefahr und dadurch zunehmende Kontrolle aller persönlichen Bereiche, Klimaveränderungen, neue Krankheiten usw.

Was heißt nun aber ökologische Landwirtschaft, Dezentralisierung und assoziatives Wirtschaften in der Entwicklungshilfe? In erster Linie heißt dies „Hilfe zur Selbsthilfe in einer überschaubaren Region oder einem Dorf mit Augenmaß zur Entwicklung von Mensch und Natur". Jeglicher Eigennutz ist für uns erst einmal fehl am Platz. Nur langfristig können wir vielleicht profitieren durch einen geringeren Druck auf die globalen ökologischen, sozialen und ökonomischen Verhältnisse.

Es heißt lokal zu helfen, um die Fruchtbarkeit wieder herzustellen, um Pflanzen, Tieren und Menschen wieder einen Lebensraum zu schaffen. Der Boden sollte wieder fähig dazu werden, Wasser zu speichern, ohne dass er vorher weggeschwemmt oder weggeweht wird. Auf Agrochemie, genmanipulierte Pflanzen und Großmaschinen wird dabei verzichtet. Eine Vielzahl von Kulturen und Tierarten hilft gesunde „landwirtschaftliche Organismen" zu schaffen. Eine einfache Weiterverarbeitung der verschiedenen Naturprodukte wird die meisten Grundbedürfnisse befriedigen. An viele gesunde Traditionen sollte wieder angeknüpft werden. Wenn nötig, kann auch eine eigene lokale Währung eingeführt werden. So findet die Landbevölkerung Arbeit, Nahrung und ein neues Selbstbewusstsein. Überschüssige Produkte können an die nächste Stadt verkauft werden, um im Gegenzug andere Bedürfnisse zu befriedigen. Viele Menschen aus den überbevölkerten Städten könnten so aufs Land zurückfinden. So entsteht eine gewisse Unabhängigkeit von den profitorientierten „oberen Schichten". Die lokal gemachten

Erfahrungen können in einfachen „freien Landschulen" an andere Regionen weitergegeben werden. Gott sei Dank wächst das Verständnis dafür, dass solche lokalen Prozesse unterstützt werden.

Auch in den Städten könnten lokale, kleine Wirtschafts-, Sozial- und Kulturprojekte unterstützt werden. Wenn möglich, sollten diese „Stadtprojekte" mit „Landprojekten" assoziieren.

Ein westliches Land, welches sein Entwicklungsbudget für solche zukunftsweisenden Projekte um ein Vielfaches aufstockt, braucht kaum noch Angst vor äußeren Angriffen zu haben. Die eigene Armee wird überflüssig und noch mehr Menschen und Gelder könnten für zukünftige Entwicklungen zur Verfügung gestellt werden.

Zu unserer Schande verweigern wir aber heute den meisten Flüchtlingen bei uns die Möglichkeit zu arbeiten und etwas zu lernen. Depressivität und Aggressivität, bis hin zur Kriminalität sind oft die Folge. Dabei sollten wir gerade diesen Menschen helfen zukunftssichernde Arbeitsmethoden in der Landwirtschaft, Handwerk, Gesundheit, Energieversorgung usw. hier zu erlernen. Mit diesen Fähigkeiten könnten wir sie dann bei der Rückkehr in ihre zerstörte Heimat begleiten, um ihnen beim Neuaufbau einer zukunftstragenden Infrastruktur mit unserer fachlichen, wie finanziellen Unterstützung zu helfen.

... Wir fuhren weiter durch diese kaputte, ausgetrocknete Gegend. Dann kamen wir einer grünen Insel inmitten der zur Wüste gewordenen Landschaft immer näher. Nach vielen Jahren besuche ich nun meinen, nur von Bildern und Schriften bekannten Lehrer im „Double-Digging": Robert Mazibuko. Mit seinen 86 Jahren zeigt er uns voller Stolz und Energie sein üppiges Gartengelände, welches seinen Clan und sein kleines Dorf ernährt. Sein Paradies ist voller Papayas, Obstbäume und darunter vielerlei Gemüse. Die Üppigkeit an Farbe, Geruch und Quantität ist kaum zu beschreiben. Mazibuko erzählt, dass er praktisch nicht bewässert, außer kleinsten Mengen zur Anzucht. Er entwickelte die Technik des „Double-Digging" vor vielen Jahren. Diese Technik hatte ich am Emerson College, England mit viel Schweiß bei meiner Ausbildung zum biologisch-dynamischen Entwicklungshelfer erlernt. Bei dieser Technik wird der Boden eines Beetes ca. 90 cm tief ausgehoben, der Oberboden auf die eine Seite, der Unterboden auf die andere Seite gelegt. Dann wird die Sohle mit allen möglichen groben Holzmaterialien wie alten Baumstämmen, alten Brettern, Holzkisten und dergleichen gefüllt. Dann kommt eine Schicht Unterboden, und darauf werden wieder grobe organische Reste wie Äste, Pappen und dergleichen gelagert. Auch etwas Mutterboden kommt zur Bakterienimpfung hinzu. Dann kommen wieder Unterboden und weitere organische Materialien darüber, selbst alte Baumwollwäsche kann dazu gegeben werden. Dies wiederholt sich mehrmals, bis dann ein Teil Mutterboden aufgelegt wird, und wenn möglich wird dazwischen etwas Tier-Dung oder Kompost gemischt. Zuletzt wird der restliche Oberboden darauf gelegt. Diese neuen Beete ragen ca. 60-90 cm aus dem umliegenden Boden hervor und werden möglichst bis zum nächsten Regen abgedeckt. Wenn man diese Beete parallel zu dem abfallenden Gelände und zum Beispiel mit einem Abstand von drei Metern anlegt, kann bei Regen auch das abfließende Wasser zwischen den Beeten in diese sickern und gespeichert werden. Sie wirken wie ein riesiger Schwamm, der das Wasser bis zu einem Jahr speichern kann. An die Ränder dieser Hochbeete werden Obstbäume zur Verschattung gepflanzt. Auf die Beete werden im ersten Jahr Leguminosen, wie Bohnen zur Stickstoffanreicherung und später vielerlei Gemüse gepflanzt. Jedes Jahr wird ein neues Beet angelegt. Nach ca. 15 Jahren kann man die Prozedur wiederholen ... Es entsteht eine Arbeits- und Lebensgrundlage für eine wachsende Anzahl von Menschen ...

Robert Mazibuko hat auch zigtausende von Bäumen angezogen und verpflanzt. Er gründete das Africa-Tree-Center und hat über Jahrzehnte in ganz Afrika seine organischen Techniken verbreitet.

2. Teil: Geld verstehen und damit gestalten lernen

Im ersten Teil des Buches haben wir uns mit realen Wirtschaftszusammenhängen befasst und damit, welche Denk- und Handlungsmuster diesen zugrunde liegen. Aus diesem praktischen Grundverständnis ergeben sich viele Verbesserungsmöglichkeiten unserer ökonomischen Zusammenhänge und damit unserer Lebensverhältnisse.

Nun, im zweiten Teil geht es darum, die Finanzwelt und unser Verhältnis dazu näher zu verstehen. Auch hier hängt es von unseren tieferen „Einsichten" und unserem Handlungswillen ab, ob wir zur Heilung unserer Lebensverhältnisse über das Geld etwas beitragen können.

Wenn man wirklich erkennt, in welchen Bereichen ein falscher Umgang mit Finanzen unser gesamtes Realwirtschaftsleben bedroht, dann wird man auch die hier, aus der Sache heraus gemachten Heilungsvorschläge leichter aufnehmen können. Ich versuche, die Welt des Geldes auf eine vielleicht ungewohnte, aber doch verständliche Art dem Leser näher zu bringen. Ein Finanzexperte wird sich allerdings nicht leicht tun mit den folgenden Kapiteln. Einerseits, weil ich ein einfaches bildliches Vokabular benutze und andererseits, weil ich diese Welt nicht, wie sonst üblich, aus der Perspektive der Profitmaximierung beschreibe.

Geld ist dem Wasser ähnlich. Eigentlich und entsprechend seiner Natur sollte es immer in Bewegung sein. Damit bleibt es selbst lebendig und vermag die Welt um es herum zu beleben. Wie Wasser kann es sich auflösen (verdunsten), um an anderen Stellen wieder herabzuregnen (zu kondensieren). Wird es jedoch in seiner Bewegung eingeengt, in falsche Kanäle geleitet oder aufgehalten – das Wasser wie das Geld –, fängt es an anaerob zu werden und beginnt zu stinken. Es entstehen tödliche

Methangase. Beim Geld sind das die so genannten Finanzblasen. In diesem Zustand kann es weder zu seiner eigenen Lebendigkeit noch zu der der Welt um es herum beitragen. Es steht dem Leben also nicht mehr zur Verfügung, welches dann zu verdorren droht.

Zu Recht wird heute über die ausufernde Profitsucht vieler Manager kritisiert. Sie genehmigen sich einen saftigen Anteil von den gigantischen Profiten, die sie für die spekulierenden Aktionäre aus der Realwirtschaft pressen und abziehen. Dazu werden Arbeitsplätze und Sozialstandards reduziert, konkurrierende Firmen vernichtet, Produktionen an Orte ohne Umwelt- und Sozialstandards verlegt, Politiker manipuliert usw.

Aber auch der einfache Bürger versucht ständig, durch „Billigeinkäufe" einerseits und andererseits durch möglichst hohen Verdienst bei möglichst wenig Arbeit zu „profitieren". Es wird auf die eigene Geldbörse geschaut und weniger auf die Menschen, die meine Bedürfnisse befriedigen oder auf die Menschen, für die ich arbeite. Auch in alternativen Kreisen dreht es sich oft um „billig" und um möglichst „wenig Arbeit". Wir vergessen sogar oft, dass ein gesunder Mensch im Arbeitsalter nicht nur für sich, sondern zusätzlich für weitere zwei Personen arbeiten sollte. Wer kommt sonst für die Kinder, Jugendlichen, Alten und Kranken auf?

Wer bezahlt darüber hinaus noch für die Kindergärten, Schulen, Universitäten, Kultureinrichtungen, Kirchen, Naturschutz-maßnahmen usw.? All diese Entwicklungsorte brauchen praktische, finanzielle und soziale Unterstützung von uns. Diese Unterstützung ist nur möglich, wenn wir über unsere direkte Lebensbefriedigung hinaus noch zusätzlich etwas erwirtschaften, also einen Profit machen, ihn aber weitergeben für eine allgemeine Kulturentwicklung.

Aber leider ist die ganze Realwirtschaft und mit ihr die Umwelt, das Kultur- und Sozialleben vor lauter Profitsucht am Verdursten. Unser jetziges Geld- und Wirtschaftssystem fördert diesen „Ausverkauf" massiv. Ausgesprochen bedenklich ist z.B., dass sich in der profitsuchenden „Spekulationswirtschaft" mittlerweile über 60-mal mehr Geld bewegt als in der Realwirtschaft, Tendenz stark steigend.

Es braucht ganz neue Ansätze, um mit der Geldproduktion und der Geldzirkulation umzugehen. Dabei sollte immer die Entwicklung von Mensch und Natur das Ziel sein.

Gott sei Dank gibt es immer mehr Menschen, die als Einzelne oder in Gruppen an verschiedenen Reformansätzen arbeiten. Zum Teil sogar mit großem Zulauf. Da gibt es z.B. die Dreigliederungsbewegung, die der anthroposophischen und alternativen Banken, Silvio Gesell-Initiativen zum alternden Geld, die Crowdfunding Initiativen, die Bewegung der Postwachstumsökonomie, die Grundeinkommensinitiativen, die Bewegung des Décroissance (rückläufiges Wachstum), die Bewegung zur direkten Demokratie, die Vollgeldinitiativen (MoMo), EUROPA 2019, Stiftungen für das „Gemeingut Boden", Kultur- und Umweltstiftungen, Fonds und Vereine, alternative Rentenkassen, viele Komplementär- und Alternativwährungen sowie zahlreiche Tauschringe, die Gemeinwohlökonomie, usw.

Alle bringen viel Idealismus für den Aufbau einer besseren Gesellschaft mit. Es wäre aber wichtig, wenn diese Initiativen mehr zusammenarbeiten und voneinander lernen würden. Es wird sich viel zu wenig zusammenfassend über die zugrundeliegenden Systemkrankheiten wie Geldschöpfung, Profit- und Wachstums-zwang, Zinssystem, Spekulation mit Arbeit, Boden und Kapital gekümmert. Zu einfach macht man es sich, wenn man meint: „Diese ist die wichtigste Maßnahme, um die Verhältnisse zu verbessern". Eine einzelne Maßnahme, wie z.B. die Idee des Grundeinkommens kann sich sogar schädlich auswirken, wenn sie nicht auch andere tiefere Aspekte mit einbezieht. Auch wird zu einseitig immer wieder die Schuld für die degradierenden Verhältnisse bei den Politikern und Wirtschaftsstrategen gesucht. Der persönliche Anteil an der Misere wird oft einfach ausgeblendet.

Im Folgenden möchte ich mit Ihnen wieder untertauchen in unseren Ozean der Wirtschaft: Diesmal mit dem Blick auf das Geld. Wir werden viele trübe, oft sogar schwarz vergiftete Gebiete finden. Zur Entwicklung eines Reinigungskonzeptes müssen wir auch die Ursachen dieser lebensfeindlichen Giftquellen orten, um sie stoppen zu können. Dazu brauchen wir Mut, etwas Konzentration und ein Stück Selbstkritik. Wir werden aber auch lichte, pflanzenbewachsene Gebiete finden, durch die wir die trüben Wässer (Gelder) zur Reinigung leiten können.

Falls eine Passage einmal nicht gleich verständlich wirkt, lesen Sie einfach weiter. Das Puzzlestück wird später, beim Weiterlesen verständlicher werden und sich zum vollständigen Bild einfügen lassen. Außerdem ist es bei meiner Vorgehensweise nicht notwendig, jedes Detail zu verstehen, um den Gesamtzusammenhang einigermaßen zu erfassen.

Wer regiert das Geld?

„Geld regiert die Welt", meinen die meisten Menschen, fügen sich brav dieser Anschauung und lassen sich tatsächlich vom Geld regieren. – Aber, wer regiert das Geld?

Geld ist etwas Abstraktes, man kann es nicht essen. Es braucht Bewusstsein, um damit umgehen zu können. Tiere oder Kleinkinder können höchstens damit spielen. Der größte Teil des Geldes besteht aber nicht einmal physisch, sondern nur in Form von elektronischen Zahlen.

Geld bekommt nur durch unsere allgemeine Anerkennung seinen Rechtsstatus, seinen Wert. Geld hat „an sich" keinen Wert. Mit Geld kann man eigentlich nur werthaltige Dinge oder Leistungen in Bewegung setzen. Da, wo Geld zum „Wert an sich" oder gar zur Ware gemacht wird, läuft etwas falsch. Unsere heutigen Probleme haben mit dem Nichtverstehen und der falschen Handhabe des Geldes zu tun.

Die Verantwortung für das Geld liegt einzig und allein bei uns Menschen. – Geld ist ein großer „Möglichmacher", im Negativen wie im Positiven. Jede Geldbewegung hat einen sozialen und ökologischen Effekt auf unsere Welt und damit auf alle Menschen und die gesamte Natur. Darum reichen nicht einfach nur ein gutmütiger Umgang mit dem Geld oder ein intellektuelles Verständnis. Realitätssinn, globaler Verantwortungssinn und ein bewusster Umgang mit den dahinterliegenden „Kräften" gehören ebenso dazu.

Geld ist ein Mysterium. Ein Mysterium ist etwas Geistiges, etwas was nicht leicht zu erfassen oder zu verstehen ist, es hat mit unseren inneren Beweggründen, unseren Willensimpulsen zu tun. Wir haben eine versteckte Angst vor dem Geld, ähnlich unserer Angst, den Tod verstehen zu wollen. Wenn wir ehrlich sind, haben wir ebenso Angst davor, eine tiefe Liebe verstehen zu wollen. Diese Mysterien Tod, Liebe und Geld scheinen miteinander verflochten zu sein. Todeskräfte genauso wie Liebeskräfte können über das Geld aktiviert werden.

Was ist mein persönliches Verhältnis zu den „Kräften" des Geldes? Wie sagt man so schön: „Den Charakter eines Menschen, erkennt man am besten an der Art, wie er mit dem Geld umgeht." Und man sagt auch, wenn jemand unkontrolliert zu viel kauft: „Den hat die ‚Kaufwut' gepackt".

Auf die Größe und Qualität unseres Bewusstseins, unseres Geistes kommt es an, damit wir Geld richtig verstehen und damit umgehen können. Und hier, bei der Qualität unseres Bewusstseins liegt, das Tor für alle möglichen positiven wie negativen Einflüsse auf das Geld.

Der heutige allgemeine unbewusste Umgang mit dem Geld öffnet dieses Tor sehr weit für die fragwürdigsten Versuchungen, auch „Mammon" genannt. Nur der bewusste Mensch kann als Wächter an diesem (Bewusstseins-)Tor stehen.

Den Finanzmarktstrategen und Politikern mit ihrem verbreiteten Macht- und Profitstreben scheint allerdings dieses verantwortliche Bewusstsein über das Geld zu fehlen. Ihnen allein weiter die Ordnung über das Geld zu überlassen, führt zunehmend zu Ungerechtigkeiten, Naturzerstörung, Krisen, Kriegen, Zusammenbrüchen, also in die tödliche Sackgasse.

Da aber auch an der Basis im alltäglichen Leben die Menschen als Bewusstseinswächter über das Geld fehlen, können die Versuchungsmächte (Mammon) auf breiter Front die Menschheits- und Erdentwicklung angreifen.

Verschwörungstheoretiker versuchen immer wieder, die Angriffe auf die Entwicklung der Menschheit nur auf eine kleine Gruppe mächtiger Drahtzieher hinter den Kulissen zu reduzieren. Ich meine aber, dass diese Angriffe auf Mensch und Natur von uns allen durch den unkontrollierten und egoistischen Umgang mit dem Geld ausgelöst werden.

Natürlich versuchen sich die besonders Skrupellosen an die Spitze zu setzen. Sie schrecken auch nicht vor großen Manipulationen und Bestechungen, ja manchmal sogar Morden und Kriegen zurück, wenn es um ihren Machterhalt geht. Aber gefüttert werden sie durch unsere vielen kleinen Unaufmerksamkeiten und egoistischen Handlungen: Wir schimpfen über die spekulierenden und profitorientierten Finanzmärkte, aber tragen zinsbringend unser Geld zu ihnen. Wir schimpfen über die Ausbeutung der armen Menschen und der Natur, aber kaufen zu den niedrigsten Preisen Produkte, deren Herstellung dieses verursacht. Wir schimpfen über die Reichen, versuchen aber selbst durch Lottospielen, also ohne Arbeit, Millionär zu werden. Wir unterstützen weiter die Öl- und Stromkonzerne, anstatt mit kleineren Wohnungen und anderen Transportwegen nicht nur weniger Energie zu verbrauchen, sondern auch alternative Energieformen mit dem Eingesparten zu finanzieren. Wir kaufen lieber teure Markenprodukte, die billig in Asien hergestellt werden, als eine lokale ökologische Wirtschaft zu fördern usw.

Es nützt an dieser Stelle nichts, auf die Armen zu verweisen. Diese haben nicht das Geld und oft auch nicht das Bewusstsein, um etwas verändern zu können. Ich kann und muss lernen, mir selbst die kritischen Fragen zu stellen. Auch geht es mir hier nicht darum, pauschal über die „Reichen" herzuziehen. Ich kenne Menschen, die ihren Reichtum durch redliche Arbeit und gesellschaftsfördernde Ideen aufgebaut haben und zudem ihren Reichtum für die Gesellschaft einsetzen.

Früher sagte man: „Das Schlimmste für den Teufel (hier Mammon) ist es, wenn er erkannt wird". – Wir brauchen da nicht weit zu suchen ...

Natürlich haben wir es mit einem sehr kranken System zu tun, aber wir sollten auf der weiteren Suche nach Ursachen und Lösungen nie vergessen, dass wir auch selbst durch das egoistische neoliberale Wachstumssystem tief infiziert sind.

Wie entsteht das Geld?

Geld als „Möglichmacher" bekommt eigentlich nur einen Wert in dem Moment, wo wir es in Aktion setzen. Was heißt das? Solange mein Geld untätig unter meinem Kopfkissen wartet, bringt es nichts in Bewegung, ähnlich wie ein Pferd, das im Stall bleibt und keine Arbeit vollbringt (und nur Futter verbraucht). Erst wenn wir es in Bewegung setzen, kommen wir dem Verständnis des Geldes näher. Umso höher die „Umlaufgeschwindigkeit" (Fachausdruck in der Finanzwelt), desto wertvoller ist das Geld. Stellen Sie sich vor, dass ein 20er-Schein im Monat nur einmal für einen Warenkauf benutzt wird. Und stellen sie sich nun vor, dass der 20er-Schein 30-mal im Monat weitergegeben wird, von Kauf zu Kauf, dann verliehen wird und wieder von Kauf zu Kauf geht und dann verschenkt wird, um dann wieder beim Kauf zu landen usw. Was kann so ein Schein nicht alles bewegen, im Positiven wie im Negativen. Geld ist also auch „Bewegung"! Je mehr im „Fluss", desto wertvoller.

Als Geld, oder „Möglichmacher durch Bewegung", können wir auch Erbsen, Gold, Silber, Schuldscheine, Gutscheine und vieles mehr benutzen. Hauptsache wir erkennen es gegenseitig an und bringen Dinge oder Leistungen damit in Bewegung.

Wie entsteht aber nun unser heutiges Geld? Nur ca. 10% unseres Geldes entsteht durch die National- und Zentralbanken (Staatsbanken, die aber zum Teil auch private Mitbesitzer haben, wie in den USA und in der Schweiz). Diese bringen das Geld über die Geschäftsbanken (Privatbanken) in Umlauf. Die Geschäftsbanken haben die Möglichkeit, sich zum offiziellen Leitzins so viel Geld von der Nationalbank zu leihen, wie es ihnen möglich ist, solange sie ein gewisses Eigenkapital haben, das bei manchen Banken nur 2% ihrer Bilanzsumme ausmacht.

Wo entstehen nun aber die anderen ca. 90% der zirkulierenden Gelder? Obwohl sich das heutige Leben fast nur noch ums Geld dreht, können nur die wenigsten Menschen auf diese Frage eine Antwort geben. Selbst die meisten unserer politischen Volksvertreter wissen fast nichts über den Ursprung des Geldes.

Es sind die Privat- bzw. Geschäftsbanken (alle Banken außer den Nationalbanken), die ca. 90% der verbleibenden Gelder entstehen lassen. Wie ist dies möglich, da doch nur die Nationalbanken Geld prägen und drucken dürfen? Diese neuen Gelder sind virtuelle Zahlungsmittel (Giralgelder oder Buchgelder) und entstehen ganz einfach durch ein paar Tastendrucke am Computer. Wie geschieht dies? Bei jeder Vergabe eines Kredites wird auf das Konto des Kreditnehmers der Kreditbetrag ganz neu gutgeschrieben.

In den Bankbüchern gibt es nun auf der einen Seite ein Guthaben des Kreditnehmers und auf der anderen Seite eine Forderung der Bank. Mit dem auf dem Konto gutgeschriebenen Betrag tätigt der Kreditnehmer nun seine Überweisungen. So entsteht mit jedem Kredit neues Geld aus dem „Nichts", welches in die Zirkulation kommt. Wird ein Kredit zurückbezahlt, verschwindet dieses Geld wieder aus den Büchern und damit aus der Zirkulation in das „Nichts".

Die Nationalbanken versuchen, über die Steuerung des Leitzinses die Kreditvergaben für die Wirtschaft zu stimulieren oder zu reduzieren. Ein niedriger Leitzins (wie z.Zt. gegen 0 %), soll die Kreditaufnahmen, also die Geldschöpfung erhöhen und damit mehr Geld in den Wirtschaftskreislauf schicken. Ein hoher Leitzins soll das Gegenteil bewirken. Dieser Steuerungsprozess der Nationalbanken funktioniert zwar für die Geldschöpfung sehr gut, aber leider landet nur ein kleiner Teil dieses neuen Geldes in der Realwirtschaft. Der größte Teil verschwindet in den rein spekulativen Finanzmärkten. Wie dies geschieht und was das für verheerende Auswirkungen für uns alle hat, werden wir im weiteren Verlauf der Abhandlung erfahren.

Da die Banken nicht nur eine Rückzahlung wollen, sondern auch Zinsen für die Kredite verlangen, muss der Schuldner diese zusätzlich irgendwie in der Wirtschaft verdienen. Diese Zinsen können gerade bei längerfristigen Krediten noch einmal den gleichen Betrag ausmachen. Auch hier verschwindet wieder ein Großteil der Zinsgewinne in den spekulativen Finanzmärkten und steht der Realwirtschaft nicht mehr zur Verfügung. Wo kommen nun diese abwandernden „Zinsgelder" her? Sie müssen irgendwo im Wirtschaftskreislauf wieder über neue Kredite entstehen.

Die Notwendigkeit, die erforderlichen Zinsen für die ständig steigenden Kredite aufzubringen, hat, neben den steigenden Profiterwartungen, gesamtwirtschaftlich wiederum einen erhöhten Produktionsdruck zur Folge. Der vielzitierte „Zwang zum Wirtschaftswachstum" hat hier zu einem großen Teil seine Ursache.

In unserem heutigen Geldsystem können wir sowohl mit dem „Bargeld" der Nationalbanken, als auch mit dem aus dem „Nichts" geschaffenen „Giral- oder Buchgeld" der Geschäftsbanken am Markt reale Waren und Dienstleistungen bezahlen. Da der größte Teil aller Zahlungen bargeldlos läuft, braucht die Bank auch nur verhältnismäßig wenig Bargeld vorrätig halten.

Aber es gibt einen gravierenden Unterschied zwischen dem „Bargeld und dem „Giral- oder Buchgeld". Wo liegt dieser?

Das „Bargeld" ist nach unseren Verfassungen das einzig „gesetzliche Zahlungsmittel". Das „Giral- oder Buchgeld" ist dagegen aber nur ein „Versprechen" der Banken, dieses gegen Bargeld eintauschen zu können! „Giral- oder Buchgeld" ist in diesem Sinne nichts anderes, als dass wir uns privat gegenseitig „ Schuldscheine" mit dem Versprechen einer Rückzahlung ausstellen und sie untereinander als Zahlungsmittel zirkulieren lassen.

Dieser parallele Geldschöpfungsvorgang der Privatbanken läuft zwar ganz legal, aber am Bewusstsein fast aller Bürger und der meisten Verantwortungsträger vorbei.

Je nach Kreditwürdigkeit des Kunden berechnen die Privatbanken z.Zt. 0,5% – 10% Zinsen pro Jahr. Der krisengeschüttelte Staat Griechenland z.B. bezahlt für seine Kredite 5% - 7% pro Jahr an die Banken und rutscht, neben seiner Misswirtschaft, dadurch immer tiefer in die Krise. Von seiner europäischen Nationalbank kann das Land aber kein Geld direkt für 0,0 % leihen.

Die Kreditnehmer, egal ob Private, Unternehmen oder Staaten, müssen ihre Einnahmen um mindestens den verlangten Zinssatz erhöhen, wenn sie sich nicht noch höher verschulden wollen. Vielen, besonders den Staaten ist dies aber nicht mehr möglich, weil es zu immer höheren Schulden und damit ebenfalls zu steigender Geldschöpfung beiträgt.

Aber auch die Geschäftsbanken selbst, reiche Unternehmen und reiche Private nehmen große Kredite auf und lassen dadurch neues Geld entstehen. Bei einem schon vorhandenen Besitz können diese zu sehr günstigen Zinsbedingungen einen (Real-)Kredit für den spekulativen Erwerb von Immobilien, Land, Unternehmen, Aktien usw. aufnehmen. Mit diesen „Spekulationsobjekten" können sie dann ein Vielfaches dessen erzielen, was sie an niedrigen Zinsen bezahlen müssen. Bezahlt werden diese Profite über höhere Land-, Pacht- und Konsumpreise durch die Endverbraucher. Hier findet ein gefährliches Hochschaukeln der Geldproduktion für die fiktive Spekulationswelt durch die immer reicher werdenden Spekulanten statt.

Hingegen hat ein junger Mensch mit neuen Ideen, viel Kraft und Enthusiasmus, aber ohne Besitz, kaum die Möglichkeit einen günstigen (Personal-)Kredit für eine Geschäftsgründung, also für die Realwirtschaft zu bekommen. So ein fähiger Mensch wird also die zu zahlenden hohen Zinsen mit in seine Preise hinein kalkulieren müssen. Hohe Zinsen bei „Personal-" Krediten machen also Dienstleistungen und Waren teurer. Dabei würden gerade günstige „Personal"-Kredite die Produktionen oder Dienstleistungen durch die nun aktivierten menschlichen Fähigkeiten günstiger machen.

Es ist nicht einfach, aber wichtig, den Unterschied zwischen „Real- und Personalkredit" zu verstehen. Darum hier noch einmal mit anderen Worten zum besseren Verständnis:

Ein „Real-" Kredit wird abgesichert mit Land oder Immobilien. Die Zinsen sind wegen der sogenannten „realen" Sicherheit niedrig und bringen den schon Besitzenden eine günstige Möglichkeit sich weitere Besitztümer anzueignen. Es ist ihnen so möglich, dass sie sich ohne eine wirklich wertschöpfende Arbeit weiter bereichern. Land und Immobilien bekommen neben ihrem Nutzwert nun auch einen Absicherungswert, was deren Nachfrage und damit ihren Preis in die Höhe treibt. Die Nichtbesitzenden müssen dadurch immer höhere Pachten und Mieten bezahlen. Das Leben wird also teurer durch niedrigverzinste „Real"-Kredite. Höhere Zinsen bei „Real"-Krediten würde die Nachfragen nach Land und Immobilien senken und damit die Pacht- und Mietpreise senken. Das Leben würde also durch höher verzinste „Real"-Kredite günstiger werden.

Ein „Personal"-Kredit wird, wenn überhaupt, auf Grund der „persönlichen" Fähigkeiten vergeben. Für die Banken ist das mit einem gewissen Risiko verbunden. Darum nehmen sie höhere Zinsen dafür. Diese hohen Zinsen machen die Produkte teurer. Hier sollten Wege gefunden werden, wie der Zinssatz gesenkt werden kann, um damit die

„Fähigkeitswirtschaft" zu stärken. Das Leben würde also durch tief verzinste „Personal-"Kredite günstiger werden.

Im Kapitel „Steuer(-ungs)maßnahmen" sehen wir später noch wie wir Personalkredite günstiger und Realkredite durch Steuern teurer und damit unrentabel machen können, um das Leben günstiger zu machen und der heutigen Perversion der Kreditvergaben für Spekulationsobjekte entgegen zu wirken.

Obwohl offiziell die Nationalbanken, bzw. die europäische Zentralbank mit ihrer gegenwärtigen Niedrigzinspolitik versuchen, neues Geld über günstige Kredite in die Realwirtschaft zu leiten, verschwinden diese neuen Gelder aus den oben genannten Gründen vorwiegend in die Finanzmärkte mit ihren Spekulationen zur Profitmaximierung, natürlich auf Kosten der Realwirtschaft. Dieses Aussaugen der Realwirtschaft verursacht wiederum ständig neue Kreditnotwendigkeiten. Die Geldschöpfung nimmt damit immer schneller zu und übersteigt mittlerweile um ein Vielfaches den Anstieg der Realwirtschaft. Das Geld wandert damit immer mehr von arbeitenden Menschen in der Realwirtschaft zu den rein profitorientierten Spekulanten. Ein Zusammenbruch unseres heutigen Geldsystems ist daher nur eine Frage der Zeit.

Wie Geld auch ohne vernichtende Kredite entstehen und für alle nützlich in den Wirtschaftskreislauf gelangen kann, versuche ich im Kapitel „Vom Schuldgeld-System zum Schenkgeld-System" darzustellen.

Eine Ursache für das größer werdende Geldchaos in der Welt mit all seinen Folgen wurde vor über 70 Jahren wirksam, genauer: in der Nacht vom 13. auf den 14. Juli 1944. Denn in dieser Nacht haben die USA, und das ist bis heute kaum bekannt, die Dokumente der Währungskonferenz von Bretton Woods heimlich umgeschrieben. Als die aus 44 Nationen stammenden Konferenzteilnehmer den Vertrag schließlich unterzeichneten, ahnten sie nicht, dass die USA in dem Dokument das Wort „Gold" jeweils um den Zusatz „oder US-Dollar" erweitert hatten. Auf diese, später von Großbritannien als Betrug bezeichnete Weise, wurde der US-$ zur Weltleitwährung und die USA zur Supermacht. Dieser Betrug ist mehr als tragisch: denn ohne ihn hätten sich die Krisen nicht so entwickeln können, da das zur Krise führende enorme Ungleichgewicht zwischen den USA und der Welt erst durch die Sonderrolle des US-$ ermöglicht wurde.

Im Verlauf der letzten sieben Jahrzehnte prägte der US-$ dann die Welt, wie es nur wenige historische Ereignisse vermochten; Marshall-Plan, Wiederaufbau nach dem Zweiten Weltkrieg, Wirtschaftswunder, Mondfahrtprogramm, Kalter Krieg, Vietnamkrieg, Ölkrise, Irakkrieg, Globalisierung und vieles andere mehr etwa der Klimawandel wären ohne den US-$ als Weltleitwährung anders verlaufen.

Kaum auszumalen, wie sich die Welt entwickelt hätte, wenn sich 1944 eine Weltwirtschaftsordnung nach den Vorschlägen Großbritanniens durchgesetzt hätte. Denn der britische Vorschlag war großartig, visionär und von den Zielen einer gerechten, ausgeglichenen und nachhaltigen Welt geprägt.

Schon die folgenden drei Punkte lassen erahnen, dass wir heute in einer anderen Welt leben würden:

1. Der Welthandel wäre die letzten sieben Jahrzehnte zinsfrei gewesen und damit weniger vom Zwang zu ständigem Wirtschaftswachstum mit allen Konsequenzen für Gesellschaft und Umwelt geprägt.

2. Die Dritte Welt hätte sich entwickeln können, da das Bankenprinzip, durch welches die Guthaben der einen Länder als Kredite für andere Länder hätte dienen können, auf globaler Ebene eingeführt worden wäre,

3. Die Finanzierung größerer Kriege, wie etwa in Vietnam oder im Irak, wäre kaum möglich gewesen.

Heute ist abzusehen, dass uns der US-$ als Weltleitwährung verlassen wird. Immer mehr Länder brechen, trotz schwerster Repressalien, aus diesem System aus (u.a. Irak, Lybien, Russland, Syrien, Iran, China). Nun stellt sich die Frage, was folgen soll.

Die Beantwortung dieser Frage sollten wir aber nicht der Finanzindustrie oder mächtigen Nationen überlassen, denn sie haben (aus Sicht des Monopoly-Spielers) die Tendenz der Zentralisierung bzw. der Machtzentrierung.

Wir, die Zivilbevölkerung, müssen uns einmischen. Denn die zukünftige Finanz- und Wirtschaftsordnung wird entscheiden, ob wir die Probleme der Zukunft lösen können. Die Beantwortung dieser Frage wird einerseits für globale Transaktionen beantwortet werden müssen. Andererseits braucht es ein Gegengewicht zur Zentralisierung durch Dezentralisierung, die die regionalen Wirtschaften durch eine neue Art von Währungen stärkt.

Die drei Geldebenen – Eine Bewusstseinsfrage

Ganz wie eine Pflanze durch die Naturgesetze entsteht, wächst und vergeht, also wieder in die Natur zurückkehrt, so entsteht eine Ware aus der Natur heraus durch Arbeit, sie bewegt sich durch Handel und sie geht nach dem Verbrauch wieder in die Natur über (hoffentlich durch eine naturgerechte Entsorgung).

Auch das Geld unterliegt gewissen Wachstums-, Bewegungs- und Sterbeprozessen.

Nach der ursprünglichen harten Selbstversorgung der Menschen gab es erste Spezialisierungen. Für den dadurch einsetzenden Handel brauchte es ein leicht zu transportierendes Tauschmittel. Die „Idee" Geld entstand in den verschiedensten Formen! Ob Erbsen, Muscheln, Gold, Kupfer oder heute auch Papier, elektronische Zahlen oder alternative Währungen, alle bekommen im Wirtschaftsleben erst durch menschliches Bewusstsein ihren Wert. Geld hat aber „keinen Wert an sich", sondern ist eine „Rechtsübereinkunft" und kann eigentlich nur ein "Möglichmacher" für wirtschaftliche Prozesse sein! Hierbei haben wir es nun nicht mehr einfach mit einer Tauschwirtschaft, sondern mit einer „Geldwirtschaft" zu tun. Wer allerdings die „Rechtsübereinkunft" Geld zur Handelsware macht, handelt real-wirtschaftlich gesehen nicht korrekt.

Durch die organisierte Arbeitsteilung haben sich die Handels und damit die Geld-„Prozesse" immer mehr vermehrt und sich von den Naturgesetzen zunehmend emanzipiert. Nur noch ein kleiner Teil wird wieder für „Kaufprozesse" (Tauschprozesse) benötigt. Der größte Teil des Geldes ist nun frei geworden, ist „Geld-Kapital" geworden für neue Aufgaben und unterliegt noch mehr rein menschlich-geistigen Gesetzen, bzw. dem menschlichen Bewusstsein.

Wofür kann nun dieses emanzipierte Geld-Kapital (auch Industriekapital genannt) benutzt werden? Wenn wir für einen Moment einmal von der negativen Verwendung, der Spekulation absehen und Geld-Kapital der richtigen Person mit den richtigen Ideen anvertrauen (leihen), kann z.b. an den Kauf einer rationelleren Produktionsmaschine oder an die Gründung eines neuen Geschäftes gedacht werden. Diese Produktionsmaschine oder das neue Geschäft steigern nun ihren Wert in Verbindung mit den Fähigkeiten des Unternehmers und der Mitarbeiter, die alle aus dem „Wissenspool" der Menschheit schöpfen. Dieses Zusammenspiel aus menschlichen Fähigkeiten, Geld-Kapital (Leihgeld), Rohstoffen, Maschinen usw. lässt nun ein realwirkendes „Kapital" entstehen. Den Begriff Kapital müssen wir also sehr weit fassen. Hier stellt sich eine entscheidende Frage: Wem gehört dies gemeinsam erarbeitete „Kapital", welches auf unsere Natur und die Erfahrungen der ganzen Menschheit zurückzuführen ist? Darf es nur einer kleinen Gruppe von Menschen gehören, die in der Lage ist mit Geld alles zu kaufen? Oder gehört das Kapital, z.B. ein Unternehmen, der Allgemeinheit? Später mehr dazu. Wem auch immer das Unternehmen (Kapital) gehört, das geliehene Geld-Kapital (Industriekapital) sollte nach einer gewissen Zeit wieder herausgewirtschaftet sein. Geld-Kapital (Industriekapital) ist also eine Arbeitsmöglichkeit zur Rationalisierung der Arbeitsprozesse für eine gewisse Zeit.

Dank der sich immer mehr beschleunigenden Rationalisierungsvorgänge braucht es heute nur noch einen kleinen Prozentsatz an praktisch arbeitenden Menschen für unsere äußeren Bedürfnisse. Nun erzeugen diese schneller und schneller werdenden Rationalisierungsprozesse aber nicht nur immer mehr Waren, sondern auch immer mehr Geld-Kapital, wesentlich mehr als wieder rückinvestiert werden kann. An diesem Punkt entstehen entscheidende Fragen: Was passiert heute mit diesem immer größer werdenden Geld-Kapital, welches nicht mehr richtig im Realwirtschaftsprozess platziert werden kann? Und was müsste idealerweise mit diesem Geld-Kapital passieren?

Wir wissen, dass heute mit diesem überschüssigen Geld-Kapital profitbringend spekuliert wird und sich dadurch die Kapitalmassen in den „Finanzmärkten" ins scheinbar Unendliche vermehren. Warum sich dieses nicht nur vernichtend auf Mensch und Natur auswirkt, sondern auch zum Untergang des Wirtschaftslebens selbst führt, behandle ich noch genauer im Kapitel „Handel mit Boden, Arbeit und Kapital zerstört unser Leben".

Nun, was müsste wirtschaftlich idealerweise mit diesem überschüssigen Geld-Kapital, welches vorher Leihgeld oder Industriekapital war, passieren?

Wir müssen das tendenziell sich aufstauende Geld-Kapital aus dem produzierenden Bereich herausziehen und es wieder an seinen Geburtsort zurückführen. Wir müssen es wieder der „Ideenwelt", dem „Geiste" und der Natur zurückgeben! Das überschüssige Geld-Kapital muss wieder zur Kultur, zur Bildung, zur Forschung, zur Kunst einerseits und andererseits zur Natur für eine Neubelebung zurückgegeben, zurückgeschenkt werden! Es muss zur menschlichen Fähigkeitsentwicklung und zur (wieder) Fruchtbarmachung unserer natürlichen Erde eingesetzt werden.

Schließlich kann sich die Wirtschaft nur entwickeln, wenn die Natur nachhaltig gewonnene Nahrung und Rohstoffe liefert und durch Bildung und Kultur fähig gewordene Menschen da sind, welche diese sinnvoll zu nutzen wissen. In diesen wirtschaftlichen Grundpfeilern Natur und Bildung/Kultur muss das Geld-Kapital wieder zur Neubelebung gegeben, geschenkt werden. Geld-Kapital (vorher Leihgeld) muss sich zum „Schenkgeld" transformieren! Schenkgeld ist eine gesellschaftliche Notwendigkeit!

„Schenkgeld" ist wie eine Saat in den Boden gelegt, die zwar nicht mehr direkt gegessen werden, aber das Vielfache in der Zukunft ganz neu hervorbringen kann. Das Schenkgeld kann nicht nur, menschlich gesehen, die größten Werte hervorbringen, sondern ist auch wirtschaftlich gesehen der größte Zukunftsgarant.

In unserer egoistischen Kultur tun wir uns allerdings sehr schwer mit dem Verschenken. Ein kleiner Teil geht ja heute über den Staat zurück an die Bildung und Kultur, allerdings eher gezwungenermaßen über die

Steuern. Ansonsten wird mit den meisten freien Geldern lieber profitstrebend spekuliert, was sich aber degradierend auf Mensch und Natur auswirkt. Oder bildlich gesprochen: Das Saatgetreide wird lieber zu Schnaps gebrannt, anstatt neues Leben damit zu säen.

Eine nicht zu unterschätzende Kraft kann von jedem Individuum zur Gesundung der Geldprozesse ausgehen! Wir können nicht nur den Staat oder die profitorientierte Wirtschaft zur Neubelebung der Natur und zu mehr Schenkungen an das Bildungswesen animieren, sondern wir könnten diesbezüglich auch selbst sehr aktiv werden. Mit unserem bewussten Willen können wir über unser Geld direkt ordnend in die Wirtschaftsverhältnisse eingreifen.

Auch wenn ich nur wenig Geld habe, kann ich bewusst bestimmen, was ich damit **kaufe**, wem ich mein Geld **leihe** oder wem ich es **schenke**! Wir können lernen diese drei *Ebenen*, bewusst in ihrem *Wirkbereich* zu unterscheiden:

° Beim Ein**kaufen**, z.B. von Lebensmitteln, bestimme ich, ob die ca. 2200 m² landwirtschaftlicher Fläche, die für meine Ernährung bearbeitet werden, mit Chemiegiften weiter zerstört werden oder durch Bioernährung wieder gesunden können. Auch kann ich bei jeder Kaufentscheidung mitbestimmen, ob die Menschen, die meine Bedürfnisse befriedigen, genug für ihren Lebensunterhalt bekommen.

° Beim Ver**leihen** meines Geldes (fälschlicherweise „Sparen" genannt) bestimme ich, ob eine Bank oder Versicherung mit meinem Geld weiter menschenausbeutend spekulieren oder, ob ich privat oder über eine alternative Bank jemandem z.B. bei der Entwicklung einer positiven Geschäftsidee oder ökologischen Renovierung helfe.

° Und ich bestimme, ob ich einen Teil meines Geldes ver**schenke**, z.B. für ein Seminar, für ein Kind in einer freien kreativen Schule oder zum „Freikauf von Agrarland"! So erhebt sich (stirbt) mein Geld in die „Zukunftssäulen: Natur und Geist" hinein. Nach diesem „Erheben" des Geldes in die Kultur (inkl. Bildung und Naturaufbau) findet das Geld wieder den Weg zurück (reinkarniert) in die Kaufgeldsphäre. Z.B. bekommen Schulen Schenkgelder und bezahlen davon Lehrer, die wiederum Brot kaufen.

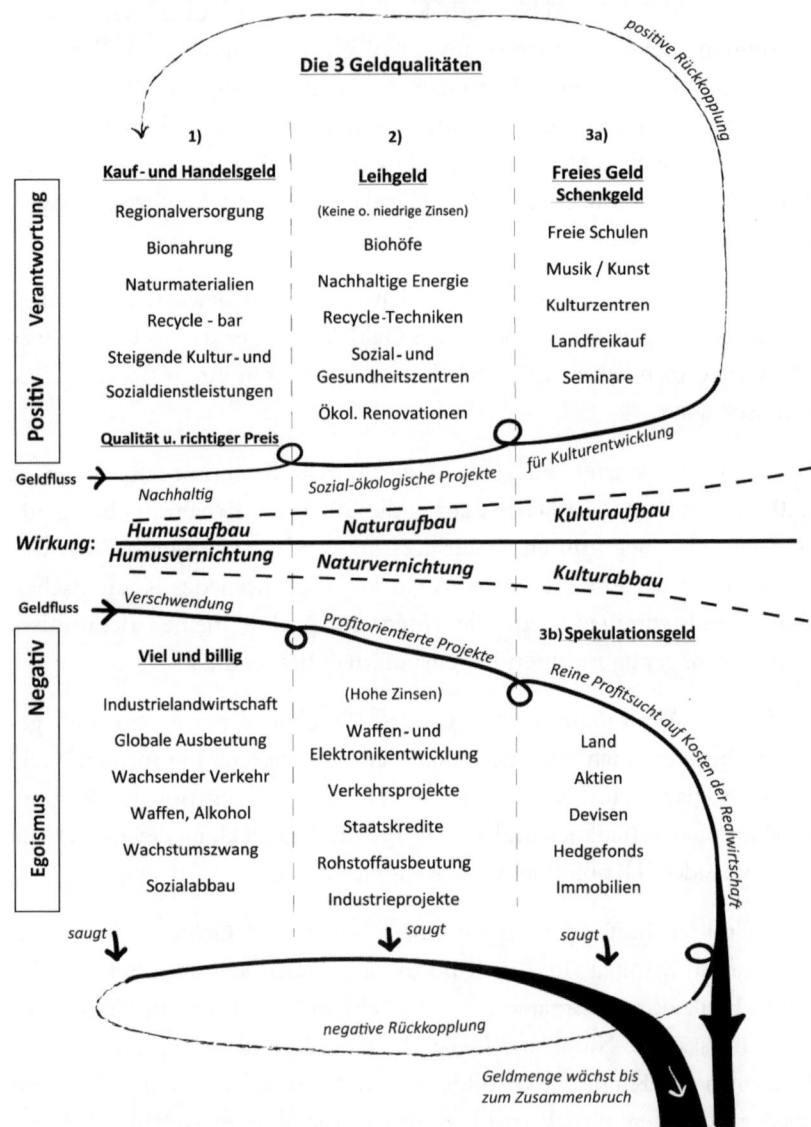

Diese drei aufeinander aufbauenden Ebenen des Geldes: **Kaufgeld,** **Leihgeld** und **Schenkgeld,** sollten mehr und mehr in unser tägliches Bewusstsein rücken, zumal wir ständig damit zu tun haben.

Bei einem ideellen Zusammenschluss von mehreren Menschen kann sogar viel mehr entstehen! Die wirtschaftlichen Gestaltungskräfte können wieder auf den Menschen übergehen. Die Macht der negativen zentralisierenden Profitmaximierungskräfte kann durch diese bewussten menschlich motivierten Geldbewegungen langsam zurücktreten.

Wenn man bei den alternativen Geldsystemen nicht nur die Kaufgeldebene (Tauschebene) im Focus hätte, sondern auch das „Leihgeld" und besonders das „Schenkgeld" entwickeln würde, könnten in deren Umfeld wirklich auch substanzielle Veränderungen eingeleitet werden. Die eigentlichen Wirtschaftsmotoren „Erde und Kultur" könnten so ganz neu belebt werden. Mehr dazu im Kapitel: „Vom Schuldgeldsystem zum Schenkgeldsystem".

Geld = Weltbuchhaltung

Mit Geld kaufen und verkaufen wir Güter und Dienstleistungen und leider auch zunehmend Spekulationsobjekte wie Immobilien, Aktien, Devisen usw. Die Geldbewegungen steigen ins Unermessliche (über 3'000 Billiarden US-$ in 2016). Diese Transaktionen finden heute fast ausschließlich bargeldlos statt. Die Banken erledigen diese Bewegungen für uns und halten in unserer Kontoführung, also Buchführung alles fest. Dies geschieht weltweit. Wir haben also eine große Weltbuchhaltung, die unsere realen und spekulativen Aktivitäten mit Buchungsgeld widerspiegelt. (Die nichtregistrierten Bargeldbewegungen stehen auch in einer unsichtbaren geistigen Buchführung. Physisch haben diese Bewegungen ja auch Auswirkungen).

Aber etwas stimmt da mit unserer Weltbuchhaltung, bzw. unserem Geld, nicht. Es spiegelt nicht mehr die Realitäten wider. Zu viel läuft da aus dem Ruder. Um dem Problem näher zu kommen, mag folgende Geschichte helfen:

Stellen Sie sich einmal ein Produktionsunternehmen vor, in dem der Chef und der Buchalter die Zahlen manipulieren, um sich zu bereichern. (So etwas soll ja häufiger vorkommen.) Bei der jährlichen Bilanzierung des Betriebes erhöhen sie einfach die Werte der Maschinen und Gebäude, anstatt sie der verschleißenden Realität entsprechend abzuschreiben, also einen niedrigeren Wert einzutragen. Auch die alten, im Wert gefallenen Lagerbestände tragen sie einfach mit höheren Werten ein. Das Unternehmen steht nun auf dem Papier um einiges besser da, als es der Realität entspricht. Mit dieser gefälschten Bilanz gehen sie nun zur Bank, um nach einem hohen Kredit für eine Produktionserweiterung zu fragen. Da die Bank sich besser mit Zahlen als mit Realitäten auskennt und natürlich auch ein Geschäft machen will, bekommen sie diesen Kredit ohne Schwierigkeiten. Ein Teil des Geldes wird nun für die Fabrikerweiterung verwendet. Mit dem anderen Teil genehmigen sich der Chef und der Buchhalter eine satte Prämie für das gut dargestellte Bilanzergebnis. Und weil das Geschäft mit den positiven statt den negativen Zahlen für die Abschreibungen so gut läuft, machen sie dieses Spiel mit den zu hohen Bilanzen und den dadurch möglichen Krediten noch ein paar Jahre weiter. Zusätzlich erhöhen sie noch in der Bilanz die Grundstückspreise, da sie ja auch allgemein durch Spekulation in die Höhe gehen. Das Geschäft läuft für sie persönlich wirklich sehr gut! Nun bekommt das Unternehmen aber praktisch immer mehr Schwierigkeiten, weil die meisten Maschinen und Gebäude veraltet sind, das Personal nicht mehr ausgebildet, unterbezahlt und demotiviert ist und die Qualität der Produkte nachlässt. Eine unabhängige Prüfungsgruppe findet nun die große Diskrepanz zwischen dem Realwert und dem Bilanzwert des Unternehmens. Der Unterschied ist ein Vielfaches! Selbst der Wert der Grundstücke hat nicht zu- sondern abgenommen, da sie mit Altlasten verunreinigt sind. Vor Gericht dann geben sich der Unternehmenschef und die Bank unschuldig, da sie ja auf Grund der Zahlen des Buchhalters gehandelt haben. Und der Buchhalter gibt sich ebenfalls unschuldig, da ja sein Computer-„System" versehentlich die Werte immer höher kalkuliert hat, anstatt sie der Realität entsprechend abzuschreiben ... Der Schaden wird zum Schluss von den entlassenen Mitarbeitern, den Gläubigern, der Umwelt und den Steuerzahlern getragen ...

Fällt Ihnen die Parallele zu unserer Weltbuchhaltung, dem Geld, auf? Unser globales, immer mehr werdendes Geld spiegelt, genau wie in dieser Geschichte, nicht die Wirklichkeit wieder! Reale Waren verlieren durch Verbrauch und Alterung ständig ihren Gebrauchswert. Auch Dienstleistungen werden verbraucht. Damit Geld (=Buchhaltung) dem schrumpfenden Waren- und Dienstleistungswert gegenüber korrekt bleibt, müsste es genauso – vielleicht 1 % im Monat – abgeschrieben werden. Geld müsste seinen Wert stets um das genannte 1 % monatlich verlieren. (Der inflationäre Geld-Wertverlust ist bei weitem nicht so hoch). Auf der anderen Seite werden ständig neue Waren erzeugt und neue Dienstleistungen stehen zur Verfügung. Bei einer Wirtschaft ohne Wachstum müsste also auch ca. 1 % an neuem Geld wieder in die

Wirtschaft fließen, damit die Geldmenge (plus Inflationsrate) gleichgehalten wird.

Die Gesamtgeldmenge dürfte sich also bei gleichbleibender Wirtschaftstätigkeit nur um die Inflationsrate vermehren. Die Geldmenge erhöht sich aber durch unser „Zinssystem" und die steigende Geldschöpfung durch Kredite um einiges mehr als dies der Realwirtschaft angemessen wäre. Hier liegt der Betrug! Auch lässt man das sich vermehrende Geld kaum noch in die in die reale Welt zurückfließen. Im Gegenteil, nun wird dieses Geld, das sich ja eigentlich nur Buchungszahlen spiegelt oder als „Möglichmacher" wirkt, sogar noch zur Handelsware gemacht. Es wird mit Geld, also mit Buchungszahlen, gehandelt und spekuliert. Die Illusion vermehrt sich, und dieses aus Illusion entstandene Geld darf obendrein noch reale Dinge kaufen: Nicht nur Yachten und große Villen werden gekauft, sondern ganze Fabriken und riesige Ländereien. Das hiermit verdiente Geld wird wieder zum Geldhandel und zur Spekulation eingesetzt usw. Die Realwirtschaft und damit Mensch und Natur werden immer mehr ausgesaugt.

Innerhalb der letzten Jahre haben sich nun die Summen für die Spekulationsbewegungen gegenüber den Geldbewegungen für die Realwirtschaft um ein Vielfaches vermehrt. Waren bis ca. 1980 die Geldbewegungen für die Realwirtschaft noch höher als die der Spekulationswirtschaft, so betrugen die Geldbewegungen für die Spekulationswirtschaft schon 2012 ca. das 60-fache (!!!) gegenüber der Realwirtschaft. Tendenz stark steigend mit garantiert baldigem Zusammenbruch! Dies ist ein systematisches und gleichzeitig moralisches Problem der spekulierenden Menschen, die ohne Arbeit für die reale Welt, sich auf Kosten dieser bereichern wollen. Dieses Verbrechen geschieht heute ganz legal mit Unterstützung der Politiker aller Parteien. Ich meine, dass allerdings nur wenige von ihnen diesen Teufelskreislauf verstehen, der Rest lässt sich mit Hilfe der Massenmedien für dumm verkaufen und trägt dies einfach mit. Das gleiche gilt für unsere Vertreter der Rechtsorgane, Gewerkschaften, Kirchen, Universitäten usw.

Selbst diejenigen, die diesen Teufelskreislauf verstehen, „füttern" lieber weiter die „Märkte" mit immer größeren Geldsummen aus Angst vor dem Zusammenbruch.

Dies kann uns doch an die weitbekannte Geschichte von St. Georg mit dem Drachen erinnern: Eine Stadt wurde immer wieder von einem ungeheuerlichen Drachen belagert, der täglich eine Jungfrau oder einen Jüngling zum Fressen verlangte, sonst würde er die ganze Stadt vernichten. Die Bürger warfen auf Geheiß des Königs immer wieder das Los und schickten eine ihrer Jungfrauen oder einen ihrer Jünglinge vor die Stadtmauer dem Drachen zum Fraße. Als es kaum noch junge Menschen gab, fiel das Los auf die Königstochter. Der König versuchte (endlich wach geworden, weil es ihn selbst betraf ...) beim Volk nun alles, um seine Tochter von diesem Gang zu befreien. Er bot sogar all seine Besitztümer. Aber das Volk gestattete keine Ausnahme. Die Tochter fügte sich in Würde diesem Gang zum Drachen. Vor der Stadtmauer kam gerade der Ritter Georg angeritten und erfuhr von dem nahen Tod des Mädchens. Er bekreuzigte sich, stieg auf sein Pferd und bezwang mit seiner Lanze den Drachen! In der Stadt ermahnte er dann das Volk, sich zukünftig gegenseitig zu helfen und dem König gebot er, eine Kirche zu bauen und sein Geld an die Armen zu geben ...

Bei vielen Völkern gibt es diese Geschichte in leicht abgeänderten Formen. Sehr viele Bilder sind von diesem Kampf über die Jahrhunderte angefertigt worden. Bei ganz alten Bildern kann man interessanterweise den Drachen als bezwungen und kontrolliert, aber nicht als getötet sehen.

Früher hatten solche Geschichten auch immer einen Einweihungs- und einen volkspädagogischen Hintergrund. Wenn wir diese Geschichte mit unserem Geld (also mit unserem Bewusstsein) in Verbindung bringen, können uns einige Parallelen auffallen: Die Menschen ergeben sich bis zuletzt einfach einer dunklen Macht, wobei der Drachen (Mammon) noch höher steht als der König (Staatszusammenhalt). Auch wartet man blind auf eine übergeordnete Macht, die einen rettet. Erst von dieser Macht lassen sie sich sagen, dass sie sich „gegenseitig helfen" sollen. – Interessant ist auch, dass ursprünglich der Drache (Mammon) nicht getötet, sondern bezwungen und (mit Bewusstsein) kontrolliert wurde.

Heute im 21. Jahrhundert sollte man meinen, dass es ein größeres Bewusstsein gibt. Wie viele Georgs haben wir unter uns?

Später werde ich unter: „Die Banken an die Leine nehmen" und „Ein realitätsbezogenes Geld" beschreiben, mit welchen Maßnahmen wir aus diesem Teufelskreislauf herausfinden könnten.

Der alles tötende „Wucher"

Bis vor einigen hundert Jahren war der „Wucher", das Zinsnehmen, in der christlichen Welt noch verboten. Es gibt z.b. ein altes christliches Bild mit dem Baum der sieben Todsünden (1. Hochmut (Stolz), 2. Geiz (Habgier), 3. Neid (Eifersucht), 4. Zorn (Wut, Rachsucht), 5.Wolllust (Sex), 6. Völlerei (Maßlosigkeit) und 7. Trägheit.) In den Wurzeln steht auf diesem Bild dick der „Wucher" als deren Ursache.

Heute schweigen die Kirchen zu diesem christlichen Gesetz! Sie versuchen oft selbst vom „Wucher" zu profitieren. – Auch in der islamischen Welt ist das Zinsnehmen verboten. Hier macht man zwar bis heute nicht direkt mit Zinsen Gewinne, aber spekuliert wird mit dem Geld genauso wie in der westlichen Welt.

Der Vormarsch des „Wuchers", der Zinsen und Zinseszinsen mit seinem krebsartigen Wachstum verursacht eine immer tiefer werdende Kluft zwischen Arm und Reich. Weiter vorne wurde schon einmal dargestellt, dass bei einem Zinssatz von 5% sich ein Geldbetrag innerhalb von 14 Jahren verdoppelt. Dies betrifft auf der einen Seite den Kreditgeber und auf der anderen Seite den Schuldner. Macht auf der einen Seite jemand 1000,00 Schulden, hat die andere Seite 1000,00 Guthaben. Zwischen den Beiden liegt also eine Differenz von 2000,00. Nach 14 Jahren verdoppelt sich dieser Graben auf 4000,00 nach weiteren 14 Jahren auf 8000,00 usw. Solche Situationen bestehen weltweit zwischen Arm und Reich und vielerorts können keine Abzahlungen bzw. Zinszahlungen mehr aufgebracht werden. Viele Lebensbereiche werden so erdrückt.

Trotz aller drohenden äußeren Zeichen halten aber selbst die meisten Verlierer, die einfachen Bürger, an diesem Zinssystem fest und wollen es sich nicht nehmen lassen oder in Frage stellen. Sie scheinen alle Angst zu haben, dass man ihnen ihre kleinen Zinserträge wegnehmen will. Dabei bezahlen 90% der westlichen Bürger und 95% der Weltbevölkerung direkt oder indirekt viel mehr an Zinsen als sie selbst bekommen. Dies geschieht indirekt, da in jedem Preis eines Gutes die Zinsrückzahlungen oder Zinsprofite der daran beteiligten Produzenten und Händler mit eingewoben sind.

Damit das „wuchernde" Geld nicht auch noch den Rest unserer Lebensverhältnisse zerstört, müsste man ihm schnellstens die Zinsflügel stutzen. Gleich einer Ware muss auch Geld seinen Wert verlieren! Geld muss altern dürfen.

Schon vor 100 Jahren machten Silvio Gesell und Rudolf Steiner ganz unabhängig voneinander auf die zerstörende Kraft der Zinsen aufmerksam und schlugen verschiedene Gegenmaßnahmen vor. Gesell setzte in erster Linie auf gesetzliche Maßnahmen, und Steiner setzte mehr auf einen breiten Bewusstseinswandel. Beide Ansichten haben im Laufe der letzten 100 Jahre Anhänger mobilisiert, die viele Versuche unternahmen, deren Ideen umzusetzen. Daraus sind unter anderem einige Banken entstanden, die versuchen das „Wucher" Problem anzugehen. Mehr davon später unter: „Die Banken an die Leine nehmen".

Handel mit Boden, Arbeit und Kapital zerstört unser Leben

Wir haben oben gesehen, wie durch Wachstumsdruck, Zinsen und Schulden immer mehr Geld entsteht. Der größte Teil dieser sich vermehrenden Geldmenge findet aber wegen der steigenden Profitsucht der Besitzenden nicht mehr den Weg zurück in die Realwirtschaft. Das wenigste Geld fließt zu den eigentlichen Wirtschafts-Motoren: „Natur" mit ihren Rohstoffen und zur „Kultur", welche die Fähigkeiten der Menschen fördert.

Es wird mit Profiten lieber an den „Finanzmärkten" oder auch privat spekuliert. Spekulieren heißt hier, Profite erzielen, ohne eine eigene (real)wertschöpfende Arbeit dafür einzubringen.

Da das Spekulieren nun auch in den mittleren Bevölkerungsschichten verbreitet ist, bitte ich diese Teilnehmer um etwas Courage beim Weiterlesen. Ich versichere diesen Lesern aber schon vorab, dass Sie höchstwahrscheinlich, trotz Ihres Gewinnes, zu den Verlierern dieser großen Spekulationslotterie gehören. (Im höheren Sinne gehören aber eigentlich gerade die ganz Großen zu den Verlierern.)

Wer bezahlt die Profite der Spekulanten? Sie werden von uns allen über unseren alltäglichen Konsum bezahlt! Wieso bezahlen wir über unseren alltäglichen Konsum die Profite der Spekulanten?

Zum einen steigen die Konsumpreise nicht unerheblich durch Zinsrückzahlungen für Kredite und Hypotheken der vielen Unternehmen, die an einem Produkt direkt oder indirekt beteiligt sind.

Zum andern beinhalten die Konsumpreise heute enorme Kosten aus drei sehr fraglichen Bereichen:

1. Aus dem Handel mit Boden, oder auch Immobilien, die auf einem immer teurer werdenden Boden stehen. Die Pächter und Mieter werden dadurch ständig mehr zur Kasse gebeten.

Indirekt finden wir in allen Preisen diese steigenden Mieten, Pachten und Landpreise wieder.

2. Aus dem Handel mit Arbeitskräften, die in Unternehmen ihre Fähigkeiten einbringen. Diese werden durch den freien Aktienhandel ständig ungefragt (!) hin und her gehandelt und ihrer gemeinsam erbrachten Profite beraubt. Indirekt finden wir in allen Preisen die steigenden Profiterwartungen der Aktionäre wieder.

3. Aus dem Handel mit Kapital: Devisen, Hedgefonds usw. Indirekt saugen auch diese Bereiche ständig Profite aus der Realwirtschaft ab, was die Endpreise erhöht. Z.B. sind alle Produkte heute mit der Weltwirtschaft verbunden, was vielerlei Devisenwechsel bedeutet. Hier werden gigantische Profite am Spekulationsmarkt gemacht.

Der Handel und die Spekulation mit den zur Wirtschaft benötigten Grundelementen Boden, Arbeit und Kapital widersprechen aber einer gesunden (Real-)Ökonomie! Warum?

(zu 1.) Die Erde ist allen Menschen von der Natur (Gott) zu unserer Entwicklung in die Verantwortung gegeben worden. Dies ist ein uns gegebenes Menschenrecht und Menschenpflicht. Mit Land kann immer nur ein „Recht" mit Sorgfaltspflicht verbunden sein. Durch Kriege, Macht, Vererbung und heute zunehmend Kauf meinen wir aber, Land „besitzen" zu können. Solange der Landbesitz noch mehr als Niederlassungsrecht und Kultivierungsrecht mit der dazugehörigen Sorgfaltspflicht verstanden wurde, hielt sich der Schaden für die Gesamtökonomie noch in Grenzen. Seitdem aber zunehmend mit Land, also einem „Recht", wie mit einem Wirtschaftsgute, gehandelt und spekuliert wird, hat dies ruinöse Auswirkungen auf die Realwirtschaft und den sozialen Frieden. Die „Recht" Besitzenden bereichern sich hierdurch ohne produktive Arbeit immer mehr auf Kosten der Nichtbesitzenden. In Deutschland haben sich z.B. Landwirtschaftspachtpreise innerhalb von 7 Jahren verdoppelt. Oder bei wie viel Familien müssen Vater und Mutter 100% arbeiten, damit sie noch die überhöhten Mieten auf viel zu teurem

Boden zahlen können? Dies ist die „moderne Landübernahme durch die Stärkeren".

(zu 2.) Durch die lange Kulturentwicklung ist der Mensch – und damit seine Arbeitskraft – mit Fähigkeiten begabt, die für seine weitere Entwicklung zur Verfügung stehen sollten; und auch für die seiner Mitmenschen. Dieses Kulturergebnis bzw. Entwicklungs-potential gehört zur „Freiheit" des Menschen. Die menschlichen Fähigkeiten dürfen kein Handelsgut sein. Wir können die Ergebnisse unserer Arbeit verkaufen, aber niemals den Genius des Menschen. Aus seinem Genius heraus muss er sich „frei" entscheiden können, welchen Beitrag er der Menschheit durch seine Arbeit zurückgibt und mit welchen Mitarbeitern er dies tut. Zu den Mitarbeitern gehört selbstverständlich z.B. auch eine arbeitsorganisierende Direktion. Für eine nur rein profitabsaugende Schicht von Aktionären über der Direktion aber arbeiten die meisten Menschen wohl nicht unbedingt freiwillig. Auch diese Tatsache verteuert unser gesamtes Leben! Dies ist ein „moderner Sklavenhandel".

(zu 3.) Kapital konnte durch die allgemeine Kulturentwicklung und die daraus entstandene Arbeitsteilung entstehen. Dieses Kapital ist ein geistiges Entwicklungsresultat, welches von der ganzen Menschheit über viele Generationen erarbeitet wurde. Daraus ergibt sich, dass Kapital ein „Recht auf Entwicklung" ist, welches für die Weiterentwicklung der Menschheit zur Verfügung stehen sollte. Dieses Kapital nur wenigen nicht real arbeitenden Profiteuren zu überlassen, führt zu einer immer größeren „Entkultivierung" der Menschheit. Zum Beispiel erhöhen die Spekulationen mit Lebensmitteln und Rohstoffen deren Marktpreis um einiges. Dieser falsche Umgang mit Kapital (=„Recht auf Entwicklung") wirkt daher zunehmend zerstörend auf alle ökonomischen und ökologischen Zusammenhänge. Die Menschheit und die Natur werden immer schneller ausgebeutet, bis dies zum Zusammenbruch führt. Der Handel und die Spekulation mit Kapital sind so ein „Raub an der Menschheitskulturentwicklung".

In unseren Konsumentenpreisen verstecken sich nun gebündelt diese abgesaugten Profite aus Zinsen und Handel mit Land, Arbeit und Kapital. Mittlerweile liegt dieser Anteil wohl schon bei über 50% unserer täglichen Lebenskosten. Tendenz steigend.

Wie können wir uns diesen Abzug von 50% in unseren Lebenskosten noch genauer vorstellen oder errechnen? Dies ist nicht leicht zu ermitteln. Im Internet konnte ich zwar einige Hinweise, auch mit der 50%-Angabe finden, aber in der Regel werden die von mir angegebenen Spekulationsgewinne aus Boden, Immobilien und Kapital noch nicht einmal mit einbezogen. Demnach scheint die Profitabsaugung aus den real produzierenden Arbeitsprozessen sogar noch um einiges über 50% zu liegen.

Für die Interessierten versuche ich einmal auf den folgenden zwei Seiten den versteckten Profitabzügen der Spekulanten mit Schätzungen näher zu kommen: Die meisten Rohstoffvorkommen, Verarbeitungsindustrien, Transportunternehmen und Handelsketten sind in den Händen von rein profitsuchenden Spekulanten. Diese bekommen im Schnitt 6% vom Umsatz als Profit in Form von Aktienausschüttungen (z.B. 2013:

Glencore Rohstoffe 4,8%, ABB 5,8%, Siemens 7,8%, VW 6%, Novartis 12%, Bayer 6.4%, Nestlé 11,5%).

Ferner gehe ich bei jedem Unternehmen von mindesten 2,0% profitbezogenen Zinskosten, 2,5% überhöhtem Pacht- und Gebäudeanteil und 2,5% überhöhten Kosten durch Kapitalspekulationen, z.B. bei den Rohstoffen, aus. Dies ergibt für jede Firma mindestens 13% Profitabzüge des Umsatzes für die nicht real arbeitende Spekulationswelt.

Jedes Produkt durchläuft in seiner Entstehung nun eine Reihe von Firmen. Je entwickelter und spezialisierter ein Produkt ist, desto mehr Produktionsstufen und Unternehmen durchläuft es, an denen Profite abgesaugt werden. Das Absaugen von Profiten addiert sich also von Stufe zu Stufe immer weiter.

Ein Beispiel:

Autoherstellungskosten	Rohst.förder.	Rohverarb.	Rohhandel	Einzelteilherst.	Bauteilherst.	Autoherst.	Handel/Verk.
Kosten o. Profitabsaugung	200,-	400,-	800,-	1.600,-	3.200,-	6.400,-	12.800,-
Kosten mit Profitabsaug. Zs.	200,-	440,-	968,-	2.129,60	4.685,12	10.307,26	22.675,96
plus 10% Profitabsaugung	20,-	44,-	96,80	212,96	468,51	1.030,72	2.267,60
Marktpreis	220,-	484,-	1.064,80	2.342,56	5.153,63	11.337,98	24.943,56

Vereinfa. Beispiel: Autoherstellungskosten verdoppelt nach jeder Herstellungsstufe, ohne und mit 10% Profitabsaugung

Erklärung zur Tabelle: Für eine Autoherstellung müssen mindestens sieben Stufen durchlaufen werden: von der Rohstoffförderung, über die Rohstoffverarbeitung (z.B. Erz zu Eisen verhütten), über den Rohstoffhandel und deren Transport, über die Kleinteilherstellung (z.B. Schrauben oder Kabel), über Bauteilherstellung (z.B. Scheibenwischermotor), über die eigentliche Autozusammensetzung (hier kommen erst die Automarken zum Vorschein), bis hin zur Vermarktung über Großhandel und Verkauf. An jeder dieser Stufen muss sich der Preis in der Regel verdoppeln, damit Personal, Maschinen, Gebäude, Entwicklung, Steuern usw. bezahlt werden können. Dies ist Realwirtschaft. Nun wollen aber noch die Spekulanten an jeder Verarbeitungsstufe mitverdienen, ohne eine reale Arbeit zu leisten. Konservativ und zur Vereinfachung nehme ich nun nicht die oben errechneten 13% sondern nur 10% an Profitanteil für jede Verarbeitungsstufe. Die folgende vereinfachte Tabelle zeigt nun wie ein Autopreis von der reinen Rohstoffförderung (200,- Kosten) auf bis über 24.900,- zustande kommt. Ohne die Profitabsaugungen würde bei diesem vereinfachten Beispiel der Endpreis bei nur ca. 12.800,- also bei nur 50% des heute üblichen Preises liegen.

Bei diesen Profitabsaugungen aus der Realwirtschaft braucht man sich nicht zu wundern, warum ein Auto im Durchschnitt immer noch die

Hälfte eines Jahreseinkommens kostet, obwohl die menschlichen Gesamtproduktionsstunden nur noch einen Bruchteil von den Produktionsstunden von vor 50 Jahren ausmachen. (Damals kostete ein Auto etwa ein Jahresgehalt. Auch wurden damals die Profite vorwiegend wieder in die Industrie investiert. Heute verschwindet ein Großteil in die rein fiktiven Spekulationsmärkte.)

Zur gesellschaftlichen Neuorientierung wäre es wichtig, wenn die Frage der versteckten Profite der Spekulanten in unseren Lebenshaltungskosten von verschiedener Seite errechnet und in die breite Diskussion kommen würde. Auch wenn es schwierig ist, exakte Werte zu errechnen, so kann man doch bei der Auseinandersetzung mit dieser Frage nicht umhin kommen zu sehen, dass es nicht nur große Ausbeutungen der armen Menschen in der südlichen Welt gibt, sondern dass sich diese ausbeutenden Verhältnisse auch bei uns immer breiter machen.

Die so aus der Realwirtschaft abgezogenen Profite sammeln sich zunehmend in den Finanzmärkten und suchen weitere Möglichkeiten, die Realwirtschaft auszusaugen. Dieses unkontrollierte krebsartige Wachstum breitet sich immer weiter aus. Die wachsenden Kapitalmassen hängen nun über uns wie ein viel zu groß gewordener Turm, der jederzeit droht zusammenzubrechen.

Reduzieren können wir die Auswirkungen dieses sicher kommenden Zusammenbruches durch viele persönliche Aktivitäten. Dazu gehört besonders das Abziehen unserer Gelder von den konventionellen Banken, Pensionskassen und Versicherungen, damit sie nicht auch noch mit unserem Geld spekulieren und ausbeutende Geschäfte machen.

Außerdem gibt es Möglichkeiten, gesetzliche und steuerliche Rahmenbedingungen zu schaffen, die den Abzug und die Anhäufung von verschiedenerlei Kapital in die fiktive Spekulationswelt verbieten oder zumindest sehr erschweren. Dazu später unter „Steuer(-ungs)möglichkeiten" einige Vorschläge. Natürlich werden die Besitzenden mit Hilfe ihrer Politiker und Massenmedien dies bis zum Zusammenbruch nicht zulassen, bzw. zu verhindern suchen. Aber die Richtung eines Neuaufbaues hängt davon ab, wie viele Menschen schon heute die fatalen Fehler unseres Systems durchschauen und andere Möglichkeiten erarbeiten.

Leider stellen sich nicht nur die großen Spekulanten gegen Spekulationssteuern und dergleichen. Auch die kleinen Nutznießer von Geschäften mit Kapital, Boden, Immobilien und Aktien usw. wollen von Veränderungen nicht viel wissen. Dabei gehören die kleinen Spekulanten in der Regel auch zu den Verlierern im großen Spekulationskasino.

Hier nun eine kleine einfache Beispielrechnung, die Ihnen zeigt, ob man/frau zu den Gewinnern oder Verlierern in unserer zerstörerischen Spekulationswelt gehört:

Berechnen Sie auf der einen Seite Ihre Jahres-Gesamtausgaben für Wohnen, Lebensmittel, Fahrten, Kultur, Versicherungen, Urlaub usw.: Sie kommen hierbei z.B. auf 78'000,00. Nehmen Sie die Hälfte davon, also 39'000.00, dies sind die versteckten Zins-, Pacht- und Spekulationsgewinne der Besitzenden. Und berechnen Sie nun auf der anderen Seite Ihren eigenen Jahresgewinn, den Sie ohne eine produktive Arbeit zu leisten, bekommen: z.B. an netto Zinsgewinnen 400,00, netto Mieteinnahmen 5'000,00, netto Aktiengewinn 1'600,00, netto Immobilienwertsteigerung 6'000,00. Dies ergibt 1'000,00 an nicht real erarbeiteten Gewinnen für Sie. – Stellen Sie Ihrem Gewinn von 13'000,00 nun die oben errechneten 39'000,00 versteckten Verluste in Ihren Lebenshaltungskosten durch Abzüge der Spekulanten-Welt gegenüber. Sie sehen, dass Sie mit 26'000,- Verlust nur zu den kleinen Gaunern gehören, die von den großen Gaunern über den Tisch gezogen werden.

Es lohnt sich also auch für die kleinen Spekulanten, Gesetzesänderungen anzumahnen.

Investmentunternehmen – schlimmer als die Banken

Wir haben gesehen, dass ständig riesige Profite aus der Realwirtschaft durch Handel und Spekulation mit Boden, Arbeit und Kapital abgesaugt werden. Je gewissenloser man mit diesen (leider) legalen Geschäftsmethoden umgeht, desto größer sind die Gewinne. Diese fiktive „Finanzwirtschaft" saugt ohne Skrupel Gelder ab, wo es nur geht.

Unsere Banken, Rentenkassen, Versicherungen und viele der privat Besitzenden können es sich aus Imagegründen nicht unbedingt leisten, an den skrupellosesten Geschäften direkt teilzunehmen. Darum investieren diese Gruppen meistens nicht direkt in die menschenunwürdigsten Geschäfte.

Es gibt Investmentunternehmen, bei denen man mit hohen Renditen sein Geld anlegen kann. Diese Unternehmen treten öffentlich kaum in Erscheinung, bieten ihren Kunden aber ein sehr professionelles und „bombensicheres Geschäft". Sie erledigen die Dreckarbeit für unsere Banken, Rentenkassen und Versicherungen, die ja auch unser Geld und unsere Renten verwalten.

Diese Investmentunternehmen investieren, neben guten Vorzeigeobjekten und logistischen Projekten, überall dort, wo am meisten Profit zu erwarten ist. Es wird auch an Kriegen, Hunger, Landenteignungen, Kinderarbeit, Abholzung von Regenwäldern, Bodenvernichtung durch Agrochemie- und Genunternehmen usw. verdient. Dazu werden Regierungen und Medien manipuliert, Konkurrenten aufgekauft und vernichtet, und es wird mit Macht gedroht. Profit, Wachstum und Macht sind die einzigen Beweggründe dieser Investmentunternehmen. Ethische Beweggründe werden höchstens zur Imagepflege vorgestellt.

Ein Teil der Profite geht an ihre Kunden (also auch an uns) und ein Teil bleibt bei ihnen zum weiteren Investieren und Wachsen. Die Wachstumsrate dieser Unternehmen ist enorm! Die größten dieser Unternehmen haben mittlerweile mehr Besitz angereichert als den größten Regierungshaushalten dieser Welt zur Verfügung steht. Ein Beispiel ist das Unternehmen „Black Rock" aus den USA mit Niederlassungen in der ganzen Welt und einem Anlagen-Vermögen von über 4'000 Milliarden US-$.

Das Wachstum dieser Unternehmen schreitet nun so schnell voran, dass sie zunehmend in der Lage sind, sich auch bei ihren Auftraggebern einzukaufen. In mehr und mehr Versicherungen, Rohstoff-, Transport-, Fertigungs- und Immobilienunternehmen usw. erwerben sie große Aktienanteile. Die Werte ganzer Nationen gehen so immer mehr auf diese Spekulationsgiganten über.

Das hart errungene „Soziale" in der Marktwirtschaft ist schwer angeschlagen, kommt immer weiter unter Druck und wird Stück für Stück aufgegeben. Öffentliche Sozial- und Versorgungsaufgaben, Bildungsangebote und Rechtsschutzaufgaben werden zunehmend diesem Neoliberalismus geopfert.

Besonders besorgniserregend ist, dass diese Investmentgiganten sich zunehmend große Anteile bei den Banken einverleiben. Damit sitzen sie direkt an der Quelle der „Geldproduktion". Ihre Macht über alle Lebensbereiche wird so immer größer.

Den neoliberalen Gesetzen des Stärkeren, des Wachstumszwanges und der Profitmaximierung wird so nach und nach alles Leben geopfert. Dies ist umso tragischer, als dies mit Hilfe der meisten unserer Politiker geschieht. Der Großteil unserer Intellektuellen in Universitäten, Schulen, Gewerkschaften, Kirchen usw. schweigt einfach zu diesem gigantischen Monopoly-Spiel, wo es mittlerweile um die letzten großen Entscheidungsschlachten geht.

Eine praktische und offene Zivilcourage ist nun gefragt. Als Grundlage dazu dient am besten die Förderung einer breiten und lebendigen Aufklärung und Kulturentwicklung.

Profite für die Entwicklung von Mensch und Natur

Wir haben besprochen, wie fatal es für die Realwirtschaft und damit für Mensch und Natur ist, wenn Profite in die fiktiven Märkte wandern und sich dort durch Spekulationen mit Land, Arbeit oder Kapital bis zum ökologischen, sozialen und ökonomischen Kollaps vermehren und zentralisieren können.

Wir sollten durch die heutigen Machenschaften allerdings den „Profit" als solchen nicht verdammen. Ganz im Gegenteil, er ist grundsätzlich etwas sehr Positives. Jeder ehrliche Geschäftsvorgang zwischen zwei Partnern, und sei er noch so klein, kann Profit durch unsere kreative Aktivität auf beiden Seiten erzeugen.

Was heißt ehrlicher Geschäftsvorgang? Wenn beide Seiten ihr Angebot, egal ob in Ware, Dienstleistung oder Geld in gesunder Weise, also möglichst ohne Schädigung Dritter und der Natur hervorbringen, dann ist dies ein gesunder Vorgang.

Und es muss noch etwas Wichtiges beachtet werden: Die Bezahlung sollte mindestens so hoch sein, dass damit das *nächste* Produkt oder die nächste Dienstleistung hervorgebracht werden kann und die daran beteiligten Menschen und deren Angehörige bis dahin würdevoll leben können. Wenn z.B. ein Tischler einen Stuhl anbietet, sollte der Preis folgendes beinhalten: die neue Beschaffung nachwachsender Hölzer und recyclebarer Materialien, Abschreibungen für nachhaltig hergestellte Gebäude und Maschinen, alle Verwaltungskosten, die nächsten gerechten Lohnanteile für die daran beteiligten Menschen, Investitionsanteile für eine notwendige Produktionsentwicklung usw. Erst wenn diese Dinge alle berechnet wurden, lässt sich sagen, was ein fairer Preis für dieses Produkt wäre.

Wozu sind Profite nötig? Die gesamte weitere Entwicklung der Menschheit und unserer Erde hängt von „Profiten" ab. In menschliche und ökologische Entwicklungen müssen wir die Profite stecken!

Andernfalls leben wir von der Substanz. Schauen wir uns doch einmal um: Wie sieht es mit der allgemeinen menschlichen und kulturellen Entwicklung aus? Wie sieht es mit unseren ökologischen Fundamenten aus? Ich denke, wir leben fast überall auf der Erde nur noch von der Substanz. Und wenn es einen anscheinend guten Ort oder Konzern gibt, dann stellt man bei einer Ökobilanz oder Sozialbilanz schnell fest, dass der positive „Schein" meistens auf Kosten der übrigen Welt geschieht.

Dringend müssen wir uns aus dieser Sackgasse herausarbeiten. Die durch Kulturentwicklung, Naturgeschenke und unser aller Arbeit entstandenen Profite sollten wieder heilend an die Quellen unser aller Existenz, die Natur und Kultur zurückgegeben werden. Dies ist nicht nur eine menschliche und ökologische, sondern auch eine wirtschaftliche Notwendigkeit.

Die Banken an die Leine nehmen

Welche Ziele verfolgen die Besitzer der Geschäftsbanken heute? Das Wohlergehen ihrer Kunden? Das Wohlergehen des Staates? Werden unsere Spareinlagen richtig für günstige Kredite benützt, um die Realwirtschaft und damit unsere Arbeitsplätze zu entwickeln und zu schützen?

Wir wissen doch, worum es den Banken und ihren Besitzern wirklich geht: Um Profite und noch einmal Profite. Und diese Profite werden am besten durch riskante und sehr fragwürdige Spekulationsgeschäfte erreicht. Durch diese Spekulationsgeschäfte werden, wie wir schon erfahren haben, der Realwirtschaft und unserer Kultur immer mehr Gelder entzogen. Selbst die Regional- und Raiffeisenbanken „verführen" zunehmend ihre Kunden, bei Spekulationsgeschäften an der Börse mitzumachen.

Oft hört man: „Too big to fail". Viele Banken bewegen mittlerweile mehr Gelder, als das gesamte Bruttosozialprodukt ihres Landes ausmacht. An diese Riesen traut sich einfach niemand heran. Man gibt ihnen lieber noch politische Schützenhilfe für ihre dubiosen Geschäfte.

Trotz fast aller Freiheiten treibt die Jagd nach Profiten immer mehr Banken auch in den Bereich krimineller Aktivitäten: Unterstützung von Steuerhinterziehungen, Kundenwerbung mit falschen Angaben, Zinsabsprachen usw. Strafen in Millionenhöhe und nun schon oft in Milliardenhöhe werden heute ganz selbstverständlich als normal angesehen. Vorbestrafte Bürger oder Unternehmen dürfen meistens nicht mehr für den Staat arbeiten. Unsere Banken dürfen aber anscheinend alles. Wenn sie sich einmal verspekuliert haben, werden sie zusätzlich sogar noch mit unseren Steuergeldern gerettet. In der Schweiz wurden zudem die Großbanken „Credit Suisse" und die „UBS" von der Steuer befreit. Die riesigen Boni der Verantwortlichen in weißen Hemden steigen sogar noch. Die Banken zeigen mittlerweile eine so selbstsichere Arroganz, dass sie meinen, uns total auf der Nase herumtanzen zu können.

Wir, die Kunden, werden nur noch als Handlanger zu deren fragwürdigen Geschäften missbraucht. Da kann auch einer der letzten netten Bankangestellten am Schalter nicht darüber hinwegtäuschen. Auch diese werden bald fast alle wegrationalisiert sein, um Platz für die spekulierenden Kollegen vom Investmentbanking zu machen.

Und wie gehen unsere Politiker mit diesen Machenschaften um?

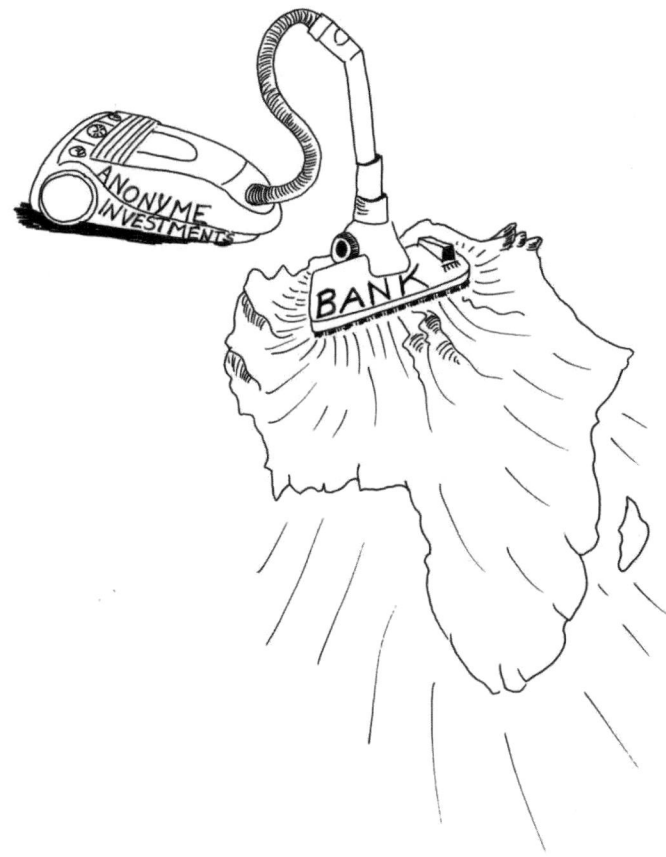

Die eigentlichen Probleme liegen in den verschiedenen Fehlentwicklungen unseres Wirtschaftssystems, welche ich hier noch einmal kurz beschreibe. Denn erst wenn man diese Fehlentwicklungen wirklich versteht, kann man die dann vorgeschlagenen neuen Strukturen richtig wahrnehmen und mithelfen sie aufzubauen.

Wir haben unter „Wie entsteht das Geld?" schon erfahren, dass durch die Nationalbanken die Münz- und Notengelder entstehen. Dies sind ca. 10% der Gelder. Diese Gelder werden in der Regel aber nur über die Geschäftsbanken in Umlauf gebracht.

Dann haben wir erfahren, dass das Geldschöpfungsmonopol der Nationalbanken de facto an die Geschäftsbanken übergegangen ist. Ca. 90% der Gelder entstehen bei diesen Banken durch Kreditvergabe aus dem „Nichts"! Diese neuen Gelder sind virtuelle Zahlungsmittel (Giralgelder oder Buchgelder) und entstehen ganz einfach durch ein paar Tastendrucke am Computer. Bei jeder Vergabe eines Kredites wird auf das Konto des Kreditnehmers der Kreditbetrag gutgeschrieben. Mit diesem Betrag tätigt der Kreditnehmer nun seine Überweisungen. So entsteht durch Kreditvergabe neues Geld aus dem „Nichts", welches in die Zirkulation kommt.

Wenn ein Staat einen Kredit braucht, kann er diesen nicht günstig bei der eigenen Nationalbank bzw. Zentralbank aufnehmen. Und schon gar nicht kann er dieses Geld einfach selber schaffen. Nein, ein Kredit muss teuer am „Markt" bzw. bei den Geschäftsbanken aufgenommen werden. Länder wie Griechenland, Portugal, Italien und selbst die USA sind dadurch (neben der Misswirtschaft der Politiker) ständig an der Grenze der Zahlungsunfähigkeit. Fast alle Länder hängen nun am Tropf der Geschäftsbanken, bzw. der sogenannten „Märkte". Die oberste Macht ist so von unseren Regierungen an die sogenannten „Märkte" abgegeben worden. Die „Märkte" sind zur heiligen Kuh, zum goldenen Kalb, gemacht worden.

Auch hier frage ich wieder, was unsere Verantwortungsträger gegen diesen bedrohlichen Missstand unternehmen.

Da die Banken nicht nur eine Rückzahlung wollen, sondern auch Zinsen verlangen, muss der Schuldner diese zusätzlich irgendwie in der Wirtschaft verdienen. Also, auch wenn der Kredit zurückbezahlt ist und damit wieder im „Nichts" verschwindet, müssen in unserem heutigen

Geldsystem diese „Zinsgelder" ständig irgendwie neu geschaffen werden. Sie entstehen vorwiegend wieder über neue Kredite. (Manchmal wird behauptet, dass die Zinsen ja nur eine Bearbeitungsgebühr und Risikorückstellungen sind, die auch wieder in die Realwirtschaft wandern. Dies ist aber nur zum Teil wahr. Der größte Teil wird als Profite für Spekulationen abgesaugt). Die nötigen Zinsen für die ständig steigenden Kredite aufzubringen, hat gesamtwirtschaftlich wiederum einen erhöhten Produktions- und Geldschöpfungsdruck zur Folge. Der vielzitierte „Zwang zum Wirtschaftswachstum" hat hier, neben der wachsenden Profitsuche, seine Ursache.

Warum nehmen unsere Verantwortlichen diese private, fast unbegrenzte Geldschöpfung der Geschäftsbanken einfach hin?

Ein weiteres kaum bekanntes Problem liegt im Unterschied zwischen dem „Bargeld und dem „Giral- oder Buchgeld" und den damit verbundenen Gefahren.

Das „Bargeld" ist nach unseren Verfassungen das einzig „gesetzliche Zahlungsmittel"! Das „Giral- oder Buchgeld" ist aber nur ein „Versprechen" der Banken, dieses bei Bedarf gegen Bargeld einzutauschen. Was heißt das?

Nehmen wir an, Sie bringen der Bank 1'000,00 in bar, um es auf Ihr Konto zu deponieren. Diese 1'000,00 gehen dabei offiziell in den Besitz der Bank über und Sie bekommen durch die Kontoeintragung dafür ein „Versprechen", dass Ihnen dieser Betrag bei Bedarf zur Verfügung steht. In der Regel verwenden Sie das Geld in Form von „Giral- oder Buchgeld" weiter. Nur einen kleinen Teil holen Sie als „Bargeld" ab. Da auch die anderen Kunden ihre Transaktionen vorwiegend bargeldlos mit dem „Giral- oder Buchgeld" erledigen, ist es nicht nötig, so meinen die Banken, 100% Bargeld zur Sicherung vorrätig zu halten. Die Banken haben zusätzlich das Recht, Ihre und die anderen Spareinlagen weiter zu verleihen. Der Gesetzgeber erlaubt den Geschäftsbanken, dieses nun sogar um ein Vielfaches zu tun. Dass Ihr Geld mindesten zehnmal, vorwiegend in Form von Giralgeld, wieder verliehen wird, ist heute selbstverständlich.

In der Regel scheint dieses System auch zu funktionieren. Aber was passiert, wenn durch einen Vertrauensverlust auch nur 3% der Bankkunden plötzlich ihr Geld bar abholen wollen und weitere 10% ihr Geld auf eine andere Bank oder sogar ins Ausland überweisen wollen? Man nennt dies einen „Bank-Run". Es gibt dann nicht genug Geld, um all die „Versprechen" und Verbindlichkeiten einhalten zu können. Die Bank kollabiert.

Mehrmals sind Banken, ja manchmal ganze Staaten durch Vertrauensverlust und den dadurch folgenden „Bank-Run" in den Ruin gegangen. Argentinien ist z.B. vor einigen Jahren durch Kursänderungen mit dann folgendem Vertrauensverlust auf diese Weise wirtschaftlich zusammengebrochen, wodurch alle Kunden ihre Ersparnisse verloren haben.

Wegen des drohenden Staatsbankrottes von Zypern verlangte die EU 2012 drastische Sparmaßnahmen von diesem Land. Der Spardruck wurde immer mehr an die Bevölkerung weitergegeben. Das Vertrauen in deren Banken schwand und damit begann 2013 dort ein „Bank-Run". Die Kunden versuchten ihr Geld durch Barabhebungen und Überweisungen ins Ausland zu retten. Diese Banken wurden daraufhin einfach sofort für zehn Tage geschlossen, um den Zusammenbruch zu verhindern. Die europäische Zentralbank hat dann mit massiven Bargeldlieferungen und die EU mit großen politischen Zugeständnissen der Bevölkerung gegenüber für eine vorübergehende Beruhigung gesorgt. Zusätzlich durften nur noch kleine Summen ins Ausland überwiesen werden, und viele Kunden mussten auf einen Teil ihrer Werte verzichten. Ohne diese Schritte wäre sonst ein „Flächenbrand" ausgelöst worden, der erst den Euro und damit dann die ganze Weltwirtschaft in den Abgrund gezogen hätte.

Fragen Sie einmal unsere Volksvertreter, inwieweit sie sich dieser Tatsachen bewusst sind, und wenn ja, welche Maßnahmen sie gegen diese immer gefährlicher werdenden Verhältnisse ergreifen wollen. Die Antworten werden sehr, sehr dünn ausfallen.

Dabei gibt es Möglichkeiten, wenn man nur will, den Geschäftsbanken die Macht zur Ausbeutung und das Spiel mit dem Feuer zu nehmen, um die Verhältnisse neu zu ordnen. Wie können wir die Banken an die Leine nehmen?

Als erste eigentlich einfache grundlegende Maßnahme sollte alle Geldschöpfung, auch die der „Giral- oder Buchgelder", nur noch über die Nationalbanken bzw. Zentralbanken stattfinden. Den Geschäftsbanken wäre die Geldschöpfung zukünftig untersagt.

Die „Giral- oder Buchgelder" sollten dadurch den gleichen „vollwertigen" Status erhalten, wie es das Bargeld hat. Es wäre nicht mehr nur ein „Versprechen", es gegen Bargeld eintauschen zu können. Das „Giral- oder Buchgeld" wäre dann für die Bevölkerung genauso sicher wie das Bargeld. Eine fast unkontrollierte und immer gefährlicher werdende Vervielfältigung des Geldes durch die Geschäftsbanken hätte so ein Ende.

Der „Verein für Monetäre Modernisierung", auch „MoMo" genannt, hat mit seiner vorgeschlagenen „Vollgeld-Reform" hierzu schon eine beträchtliche Vorarbeit geleistet. Z.B. wurde ein Entwurf zur Änderung der Schweizer Verfassung ausgearbeitet.

MoMo nennt dies „Vollgeld-Reform", da hierdurch alle Gelder „vollen" Wert durch die kontrollierte Ausgabe der Nationalbank erhalten würden. Die Geldschöpfungsgewinne aus der Giralgeldschöpfung würden zukünftig auch dem Volk gehören. Staatsschulden könnten so, laut MoMo, schnell abgebaut werden. (Unter „Vom Schuldgeld-System zum Schenkgeld-System" werde ich eine noch viel interessantere Idee entwickeln, wie dieses „neue Geld" der Nationalbanken dann benutzt und in Umlauf gebracht werden kann.)

Neben den Staatsgewalten „Legislative", „Judikative" und „Exekutive" sollte eine vierte Staatsgewalt, nämlich die „Monetative" geschaffen werden. Diese unabhängige „Monetative" hätte zur Aufgabe, die Geldschöpfung einer Nationalbank so zu kontrollieren, dass immer genau die benötigte Geldmenge für die Realwirtschaft zur Verfügung steht. Ein politisch motivierter Zugriff in diese Schatztruhe der Geldschöpfung wäre durch diese neue Monetative nicht möglich.

Die Bücher „Vollgeld-Reform" der Zeitschrift ‚*Zeitpunkt, Schweiz*' sowie das Buch „Vollgeld, das Geldsystem der Zukunft" von Thomas Meyer und Roman Huber vom Tectum Verlag sind sehr verständlich geschrieben und helfen, sich in diesen so wichtigen Aspekt hineinzuarbeiten. Einige wenige Stunden Beschäftigung mit dem „Vollgeld" reichen schon als Grundlage, den Banken und Politikern ein paar kritische Fragen zu diesem Thema zu stellen. Es wird ihnen dann nicht mehr möglich sein, das heutige Bankensystem als das einzige „gottgegebene" System zu verteidigen.

In der Schweiz wurden durch eine Volksinitiative über 100'000 Unterschriften für eine Volksabstimmung zum „Vollgeld" gesammelt. Das Volk wird darüber abstimmen. Die Mächtigen werden mit ihren Massenmedien und ihren Helfern in der Politik natürlich alles daran setzen, dass das Privileg der privaten Geldschöpfung beibehalten wird. Sollte es dennoch zu einem „Ja" für das „Vollgeld" kommen, wäre es wie ein Stich ins Wespennest. Alle Banken in der Welt würden dann um ihre weitgehend unbekannt gebliebenen Geldschöpfungen bangen müssen. Wie sagten wir weiter oben schon einmal: „Das Schlimmste für den Teufel ist es, erkannt zu werden!"

Zur Heilung unseres Geldsystems sind aber noch weitere drastisch einschränkende Maßnahmen den Banken gegenüber nötig.

Wir haben uns weiter oben bereits über die bald alles tötenden Auswirkungen des Handels und der Spekulationen mit Boden, Arbeit und Kapital auseinandergesetzt. Zusätzlich spekulieren die Banken auch immer mehr mit Lebensmitteln, Waffen und Rohstoffen. Der Profit ist ihnen wichtiger als das Leben von Millionen von Menschen. Den Banken muss daher im Interesse aller schlichtweg das Spekulieren verboten oder mindestens sehr erschwert werden!

Auch wenn tausende von Spekulanten in den Bereichen Investmentbanking ihre Arbeit verlieren werden, ist dies immer noch besser, als unsere gesamte Realwirtschaft und damit die Lebensgrundlage von einigen Milliarden von Menschen zu ruinieren.

Wir haben weiter oben auch schon den Unterschied zwischen „Realkredit" und „Personalkredit" besprochen. Die „Realkredite" (auf Grundlage von Besitz in Form von Land, Immobilien usw.) werden in der Regel sehr günstig abgegeben, verteuern aber die Realwirtschaft, da Landpreise und Pachten dadurch steigen. Die „Personalkredite" (auf Grundlage von persönlichen Fähigkeiten) werden heute teuer abgegeben, könnten aber bei günstigen Konditionen das Wirtschaftsleben begünstigen, da die Fähigkeiten der Kreditnehmer so besser ins Wirtschaftsleben hineinwirken könnten. Deswegen schlage ich eine „Realkreditsteuer" von z.B. 10% vor. Kredite würden dadurch vorwiegend zu den „fähigen" Menschen laufen und die Realwirtschaft begünstigen.

Was dürfen Banken in Zukunft dann überhaupt noch machen? Banken müssen zu reinen Dienstleistern für Mensch und Umwelt umgestaltet werden.

Es muss zukünftig darum gehen, dass die Banken unsere Gelder sinnvoll verwalten. Ich erinnere noch einmal daran, dass „Geld an sich" keinen Wert hat, aber ein „Möglichmacher" ist. Bis jetzt haben die Banken unser Geld, also unsere „Möglichkeiten", zur Ware gemacht und fast nur gegen Menschen und Natur zur eigenen Profitmaximierung genutzt. Jetzt sollte das Steuer herumgerissen werden, um unser aller Geld als „Möglichmacher" in den Dienst für Menschen und Natur zu stellen. Wie soll dies möglich werden?

Parallel zu den profitsüchtigen Banken hat sich auch Beispielhaftes im Bankensektor entwickelt. Unter der Überschrift „Der alles tötende Wucher" habe ich bereits Silvio Gesell und Rudolf Steiner erwähnt, die vor 100 Jahren ganz unabhängig voneinander auf die zerstörende Kraft der Zinsen aufmerksam machten und verschiedene Gegenmaßnahmen vorschlugen. Gesell setzte in erster Linie auf gesetzliche Maßnahmen und Steiner setzte mehr auf einen breiten Bewusstseinswandel. Beide Ansichten haben im Laufe der letzten Jahrzehnte Anhänger mobilisiert, die viele Versuche unternahmen, deren Ideen umzusetzen.

Die Gesellvertreter haben z.B. 1934 die „WIR Wirtschaftsring Genossenschaft" gegründet. Seit 2000 heißt sie „WIR Bank". Die Verrechnungseinheit „WIR" gibt es nur als Buchgeld und das ist in der

Schweiz ein ganz offizielles Zahlungsmittel neben dem Franken (CHF). Ca. 60'000 kleinere und mittlere Unternehmen haben ein Konto bei dieser WIR-Bank. Ein Bewusstsein füreinander hat sich entwickelt, was die lokale Realwirtschaft sehr stärkt. Profite und Spekulationen sind für diese genossenschaftlich organisierte „WIR Bank" nicht das Ziel. Für Privatkunden gibt es allerdings nur die Möglichkeit eines CHF-Kontos. Da viele Kunden den WIR leider nur als Möglichkeit sehen, ihrem „eigenen" Geschäft mehr Umsatz zu ermöglichen und ihn nicht in erster Linie als Möglichkeit betrachten: „WIR wollen bewusster mit einander wirtschaften", kommt es oft zu WIR-Stockungen. Die Schuld dafür wird dann leider oft dem WIR gegeben.

Die Steinervertreter haben ebenfalls Banken gegründet und gehen anders mit dem Geld um. Als erste sozial-ökologische Bank wurde 1974 in Bochum die GLS-BANK (GLS = Geben-Leihen- Schenken) gegründet und sie ist heute mit einigen Filialen in ganz Deutschland bekannt. Kredite werden nur für positive Kultur-, Sozial- und Umweltprojekte vergeben.

Auch die TRIODOS-BANK gibt es in Deutschland sowie in Belgien, Großbritannien, Holland und Spanien. In der Schweiz gibt es die FREIE GEMEINSCHAFTSBANK. Die HERMES-ÖSTERREICH ist eine bankähnliche Einrichtung.

All diese Banken basieren auf dem Genossenschaftsprinzip und es gibt keine Gewinnausschüttungen. Es wird auch hier nicht spekuliert. Kredite werden nur für Sozial-, Ökologie-, Bildungs- und Kulturprojekte vergeben. Sie unterstützen über eigene Fonds auch zukunftsweisende Projekte.

Diese Pioniere haben in den letzten Jahren durch ihr Vorbild auch zur Gründung von zahlreichen Alternativbanken oder bankähnlichen Organisationen in vielen Ländern der Welt beigetragen.

Es lohnt sich sehr, die regelmäßig erscheinenden Kundenzeitungen dieser Banken zu bestellen. Viele zukunftsweisende Projekte werden dort vorgestellt und beschrieben, wie diese finanziert werden. Man kann da wirklich erfahren, was es heißt, wenn Banken zu Dienstleistern für unser Geld (Möglichmacher) werden.

Unser zerstörerisches Zinssystem (Wuchersystem) konnten diese Banken inmitten der Wucherhaie allerdings noch nicht richtig angehen. Die Kreditvergaben beruhen auch bei diesen Banken leider in der Regel auf den so schädlichen Absicherungen durch Grundbesitz, anstatt auf Vertrauen in die persönlichen „Fähigkeiten" der Kreditnehmer. (den Grund habe ich schon unter „Handel mit Boden, Arbeit und Kapital zerstört unser Leben" besprochen). Dazu bedarf es auch gesetzlicher Rahmenbedingungen, die über die neu zu schaffenden Nationalbanken bzw. Zentralbank und die 4. Staatsgewalt, die „Monetative" umgesetzt werden könnten.

Bei der GLS-Bank hat man über viele Jahre diese vom Gesetzgeber geforderten Sicherheiten umgehen können, indem man viele Menschen für ein Projekt als „Bürgen" mobilisiert hat. Dies entsprach auch viel mehr den realen Verhältnissen, da ein Bauernhof, eine Schule oder ein Geschäft vom Vertrauen vieler Menschen leben. Mit diesen menschlichen Sicherheiten arbeitet die GLS-BANK wegen des vermehrten Arbeitsaufwandes leider immer weniger.

Es gibt aber noch bessere Lösungen als die ethisch motivierten Banken. Als Mitglied des Wirtschaftsrates der englischen Camphill-Dorfgemeinschaften habe ich vor über 25 Jahren mehrmals mit dem Mitbegründer der GLS-BANK, Ernst-Wilhelm Barkhoff, in Seminaren zusammenarbeiten dürfen. Besonders zwei seiner Aussagen hinterließen einen nachhaltigen Eindruck bei mir: „Wir (die GLS-BANK) sind nur die zweite Wahl. Ihr seid die erste Wahl! Leiht Euch gegenseitig das Geld!" und: „Die Banken konnten nur so mächtig werden, weil die Menschen sich untereinander nicht mehr vertrauen!"

Vom „Schuldgeld-System" zum „Schenkgeld-System"

Die Geldströme geraten mehr und mehr außer Kontrolle. Sie verhalten sich wie ungezügelte Pferde. Um die degradierenden Verhältnisse wieder in Ordnung zu bringen, müssen wir die Gelder (Möglichmacher) richtig verstehen und den *realen* „NOT-WENDIG-KEITEN" entsprechend, wieder „fließen" lassen.

Gigantische Geldmengen entstehen durch Schulden vorwiegend bei den Privatbanken, verschwinden meistens in der spekulativen Finanzwelt und bilden dort gefährliche Blasen. Nicht nur unsere Realwirtschaft wird dadurch immer mehr ausgesaugt, sondern auch die beiden Wirtschaftsfundamente: „Natur und Kultur" sind massiv gefährdet.

Die „Idee" Geld ist ursprünglich eine Schöpfung aus dem sich entwickelnden menschlichen Kulturleben! In unserem heutigen System ist Geld aber eine „Schuld" gegenüber den immer reicher werdenden Besitzenden geworden. Dabei, wenn wir überhaupt von einer Schuld sprechen können, dann haben wir höchstens unserer menschlichen „Kultur" und der „Natur" (Gott) gegenüber eine Schuld, da diese beiden Seiten unsere Entwicklung erst möglich gemacht haben.

Eine positive Entwicklung von Mensch und Erde ist nur möglich, wenn wir den Grundlagen „Natur und Kultur" immer mehr unseren kreativen Entwicklungswillen mit Hilfe des Geldes zugutekommen lassen. Zur Rettung von Natur und menschlicher Kultur braucht es nun viele Schenkgelder! (Siehe Zeichnung im Kapitel „Die drei Geldebenen – eine Bewusstseinsfrage")

Diese wirtschaftliche Notwendigkeit des „Verschenkens" ist vergleichbar mit einem gemüsespendenden Garten, der immer wieder unsere liebevolle Arbeit und Kompost braucht, damit wir uns weiter ernähren zu können.

Wie können wir das notwendige „Schenken" an Natur und Kultur fördern?

Auf persönlicher Ebene kann ich durch eine Auseinandersetzung mit dieser Frage immer mehr zu der notwendigen „Einsicht" kommen, Geld zu verschenken: z.B. an Kultureinrichtungen, wie freie Schulen oder an naturaufbauende Initiativen wie gemeinnützige Hofgemeinschaften usw.

Da wir aber wohl vorerst nicht davon ausgehen können, dass die „Masse", die Politik oder die Finanzwelt die Notwendigkeit des Verschenkens verstehen, geschweige denn praktizieren, ist es notwendig, dass wir auch praktische Vorschläge erarbeiten, die unser den Egoismus förderndes „Schuld-Geldsystem" in ein Mensch und Natur aufbauendes „Schenk-Geldsystem" verwandeln.

Wie können denn überhaupt Schenkgelder entstehen?

Im Kapitel „Die Banken an die Leine nehmen" haben wir schon festgestellt, dass auch die Giralgeld-Schöpfung zukünftig nur noch durch die Nationalbanken bzw. die Zentralbank als „Vollgeld" getätigt werden sollte. Dadurch würde das neue Geld in großen Mengen für öffentliche Zwecke zur Verfügung stehen.

Noch mehr Gelder könnten ständig neu geschaffen werden, wenn auch ein Negativzins, bzw. eine Entwertung des Umlaufenden Geldes eingeführt würde (Alterungsgebühr). Mehr davon im nächsten Kapitel.

An welchen Stellen können wir nun dieses neue Geld am wirkungsvollsten in den Wirtschaftskreislauf schicken?

Der Verein MoMo plädiert dafür, dass mit diesen neuen Geldern schnell die Staatsschulden bei den Privatbanken abgebaut werden sollten. Über diese Banken würde, so MoMo, das Geld dann wieder in den Wirtschaftskreislauf gelangen. Persönlich kann ich diesem Vorschlag nur zum kleinen Teil zustimmen. Natürlich müssen wir die immer wieder leichtfertig aufgebauten Schulden tilgen, aber über die Banken würde der Großteil der Gelder wieder in den Spekulationsblasen landen.

Wir sollten mit diesem möglichen „Geldgeschenk" der Vollgeld-Systemänderung noch wichtigere Ziele verfolgen.

Welches sind noch wichtigere Ziele? Erinnern wir uns an den Anfang dieses Buches, was wir uns unter „Ziele" vorgenommen haben:

1. Unsere „endliche" Natur (Bodenfruchtbarkeit, Wasserhaushalt, Wälder, Rohstoffe, Klima usw.) muss nachhaltig wieder in Ordnung gebracht werden und

2. eine Kulturerneuerung muss eingeleitet werden, die unsere jetzige Kultur vom individuellen Überlebenskampf, Egoismus, von Profit- und Konsumsucht überleitet in eine verantwortungsbewusste, mitmenschliche und nachhaltige Gesellschaftskultur. Die menschlichen Kapazitäten sind „unendlich".

Für diese Ziele sollte unser jetziges „Schuld-Geldsystem" in ein zukünftiges „Schenk-Geldsystem" verwandelt werden. Wie funktioniert ein „Schenk-Geldsystem"?

Ganz einfach, indem das neue Geld, welches ja ständig in Umlauf gebracht werden muss, an unsere Kultur-, Bildungs- und Umweltorganisationen „verschenkt" wird! Hier sorgt das Geld für neue Kulturimpulse, freie Bildung für alle Altersstufen und die Verbesserung unserer ökologischen Verhältnisse. Nebenbei werden für diesen Strukturwandel sehr, sehr viele neue kreative Arbeitsplätze geschaffen und jeder könnte für eine Weiterbildung bzw. Umschulung eine lebenssichernde Unterstützung bekommen.

Beim „Schenk-Geldsystem" bleibt das Geld in der „Realwirtschaft". Einerseits über die Löhne und Unterstützungen von den hier tätigen kultur-ökologisch kreativen Menschen und andererseits über die zu realisierenden praktischen Projekte.

Wer würde dann am wirkungsvollsten diese Gelder an die vielen verschiedenen Kultureinrichtungen, Schulen, Ökoverbände usw. „verschenken"?

Unsere Regierungen bestimmt nicht. Ihr politisches Eigeninteresse würde da zu sehr im Wege stehen. Unter dem Kapitel „Ordnung schaffen" hatten wir schon festgestellt, dass sich das Staatswesen mit den Rechtssystemen nur für die GLEICHHEIT (vor dem Gesetz) aller

Menschen einsetzen und notfalls im Sinne der Menschenrechte schützend einschreiten sollte.

Hier haben wir es aber mit der Frage der „Kulturentwicklung" zu tun. Und Entscheidungen zu diesen Fragen können von „frei gewählten Gremien sowie Schülern, Eltern, Studenten Ausbildern und den Kulturtreibenden" selbst am besten FREI entschieden werden. Wie, wann und wo Kultur und Bildung für die Entwicklung von Menschen und Natur finanziert wird, kann in diesen Kreisen am sichersten beurteilt werden.

Diese positive Umbruchmöglichkeit von unserem jetzigen „Schuld-Geldsystem" in ein zukünftiges „Schenk-Geldsystem", bitte ich den Leser nicht einfach als eine utopische neue Wirtschaftstheorie abzutun. Die wirtschaftlichen Tatsachen selbst zeigen die „Not-Wendigkeit" zu diesem Schritt. Die wachsende „Not" verlangt uns eine neue „Wendigkeit" ab.

Unser heutiges egoistisches „Schuld-Geldsystem", welches es einer kleinen Schicht von Nutznießern erlaubt, sich mit Hilfe der „Buchgeld-Schöpfung" und der „fiktiven Spekulationsmärkte" immer mehr auf Kosten der „Realwirtschaft" zu bereichern, stützt sich dagegen auf Wirtschaftstheorien, welche mit der Realität kaum noch etwas zu tun haben.

Damit nach einer Vollgeldreform auch nach Jahren noch genug Geld geschöpft und damit für die Kulturentwicklung „verschenkt" werden kann, ist aber noch ein weiteres fundamentales Problem zu beachten.

Die Menge der heutigen Geldschöpfung hängt von den wachsenden Finanzmärkten und die wiederum von unserem ständig aufrecht zu erhaltendem Wirtschaftswachstum ab! Hier gibt es einen in sich sehr widersprüchlichen Konflikt. Einerseits werden dringend Gelder für die Natur- und Kulturentwicklung benötigt, andererseits schädigt aber gerade der geldproduzierende Wachstumszwang diese Entwicklungen.

Die grünen und sozialen Parteien und Organisationen stehen diesem Problem ziemlich hilflos gegenüber. Es wird zwar viel vom Wandel in Richtung „qualitativen Wachstums" geredet, aber es bleibt wegen der mangelnden Visionen trotzdem beim quantitativen „Wirtschaftswachstum" und damit beim weiteren Aufblasen der spekulativen „Märkte" gegen Mensch und Natur.

Wie wir auch bei einer schrumpfenden Wirtschaft Geld für die dringend notwendige Kultur- und Naturbelebung schöpfen können, erfahren wir im Laufe des nächsten Kapitels.

Ein realitätsbezogenes Geld

Kann es so etwas wie ein realitätsbezogenes Geld überhaupt geben? – Annähernd ja, aber erst einmal müssen wir alte Denkmuster und Praktiken ablegen.

Solange sich, wie heute üblich, Geld (was eigentlich nur ein „Recht" und „Möglichmacher" ist) an den „Finanzmärkten" durch Handel und Spekulation mit Kapital, Boden und Arbeit (Aktien) vermehren und stauen kann, natürlich nicht. Wenn eine Finanzblase zu platzen droht, versuchen die „Anleger" sofort, ihr Geld gegen Werte, wie Land, Immobilien und Gemeingüter, einzutauschen. Dadurch kommt plötzlich zu viel Geld in den „realen Markt", und Preisdestabilisierung sowie eine Inflation drohen zu beginnen.

Solange es noch eine unkontrollierte Geldschöpfung durch die Geschäftsbanken gibt, wird auch die Geldmenge an den „Finanzmärkten" immer unkontrollierbarer anwachsen können. Wie schon erwähnt, bewegt sich mittlerweile in der Spekulationswelt über 60mal so viel Geld wie in der Realwirtschaft. Tendenz steigend. Es ist nur eine Frage der Zeit, wann diese Blase platzen und die Realwirtschaft mit in den Abgrund ziehen wird. Die Bank für internationalen Zahlungsverkehr (BIZ) warnte in Ihrem Jahresbericht vom 21.6.2017 auch wieder einmal vor dieser Gefahr, insbesondere vor dem Platzen einer Immobilienblase.

Wir hatten auch schon von der Umlaufgeschwindigkeit des Geldes geschrieben. Bei Ängsten in der Bevölkerung, das Geld zu verlieren, würde sich das Geld viel schneller bewegen als sonst üblich, was die Inflationstendenz noch beschleunigen würde. Der Ausbruch einer Inflation kann schneller kommen, als sich die meisten Menschen vorstellen können.

Eine notwendige „Vollgeldreform", in der die Nationalbanken bzw. Zentralbank künftig auch die Giral-Gelder kontrolliert schöpfen würden, könnte bei Vertrauensverlust zwar das plötzliche Einströmen von großen Geldmengen in die Realwirtschaft verzögern, aber nicht stoppen.

Wenn wir die letzten „Gemeingüter" retten und die Inflationsgefahr eindämmen wollen, dann müssen wir als Erstes die ständig Geld saugende „Spekulationswirtschaft" austrocknen! Sie verhält sich wie eine eiternde Wunde, die immer wieder platzt. Wenn die Wunde nicht richtig gesäubert wird, wird sie sich tiefer und tiefer ins Fleisch fressen und am Ende den ganzen Organismus zerstören.

Entweder müssen diese spekulativen Aktivitäten ganz verboten werden, oder mit so hohen Steuern belegt werden, dass sich diese gefährlichen Aktivitäten in Grenzen halten. Für Lotto, Pferdewetten oder Kasinospiele werden ja auch hohe Steuern berechnet. Unter „Steuer(ungs)maßnahmen" werden wir noch sehen, wie man die Ausbeuter dieser Welt in ihre Schranken weisen kann. Auch Steuer- und Kapitalflucht können eingedämmt werden.

Ein weiteres großes Problem bei der Schaffung eines realitätsbezogenen Geldes ist unser „Zins und Zinseszinssystem". Wir hatten unter „Der alles tötende Wucher" schon dessen Gefahren erörtert. Hierbei steigt, unter anderem systembedingt, die Geldmenge im Verhältnis zur Realwirtschaft überproportional an, was auch irgendwann zum Zusammenbruch führen muss.

Was können wir gegen diesen „Geldwachstumszwang" und damit auch „Wirtschaftswachstumszwang" unternehmen?

Geld sollte mit einer „Abschreibung" versehen werden, was einem „Negativzins" gleichkommt. Diese „Abschreibung" sollte parallel zur Alterung der realen Waren und Dienstleistungen berechnet werden. Persönlich stelle ich mir eine „Abschreibung" von 1% im Monat vor, welches ungefähr der Wertminderung einer Durchschnittsware entspricht. Kartoffeln, Schuhe, Autos und Häuser „altern" ja auch. Darum muss der Gegenwert zu diesen Dingen, also das Geld, auch „altern" dürfen. Ein alterndes Geld würde dabei vielmehr der Realität entsprechen als das heutige Geld, welches durch Zinsen vermehrt werden kann.

Ein Negativzins oder eine „Abschreibungsgebühr" hätte zur Folge, dass sich das Horten von Geld nicht mehr lohnt. Der heutige systembezogene Sog des Geldes in die Finanzmärkte würde erschwert. Auch die vielen Milliarden an Schwarzgeldern in Bargeldform würden so wieder zum Vorschein kommen. Das Geld würde dadurch ständig in der Zirkulation bleiben bis es als Gutschein für Ware und Dienstleistungen „verbraucht" ist. In der Bewegung der alternativen Währungen spricht man hier auch vom „Umlaufimpuls".

Wie könnte die Alterung, also eine „Abschreibung" des Geldes praktisch gehandhabt werden?

Es gibt verschiedene Wege, diese „Abschreibung" oder „Alterung" des Geldes oder auch „Umlaufimpuls" zu realisieren. Beim Giralgeld ist dies leicht zu handhaben. Die „Abschreibung" würde automatisch monatlich durch Negativzinsen vorgenommen werden.

Beim Bargeld ist dies schon schwieriger. Es könnte z.B. auf dem Geldschein eine Tabelle haben, auf der für jeden Monat der noch gültige Wert angegeben wird. Oder man hat ein „Markensystem", wobei auf den Schein jeden Monat eine gekaufte Wertmarke geklebt wird, um den Wertverlust auszugleichen. In Wörgl, Österreich gab es z.B. schon 1932 während der Weltwirtschaftskrise ein System mit dem alternden Geld nach Silvio Gesell. Jeden Monat musste eine gekaufte Marke auf den Geldschein geklebt werden, um den Wertverlust auszugleichen. Wenn der Schein voll war, konnte er bei der Gemeinde gegen einen neuen Schein eigetauscht werden. Auf diese Weise hatte die Gemeinde durch den Verkauf der Marken immer wieder neues Geld, um Bauprojekte zu realisieren und damit den Menschen Arbeit und Geld zu geben.

Für die heutige Zeit schlage ich folgendes vor: Man könnte beim Einkaufen neben einer normalen Kreditkarte neue elektronische Geld-Chipkarten einführen, die man immer wieder aufladen lassen kann. Die darauf stehenden Beträge würden natürlich monatlich von ihrem Wert auch 1 % durch die „Alterungsgebühr" etwas verlieren. Diese Karten sollten nicht auf Personen bezogen sein, wodurch eine gewisse Anonymität, wie beim heutigen Bargeld, gewahrt wäre.

Wenn man sein Geld selbst zurzeit nicht braucht, könnte man es verleihen. Den Wertverlust durch die Alterungsgebühr könnten sich der Kreditgeber und der Kreditnehmer teilen, oder der Kreditnehmer würde den Verlust ganz tragen, schließlich will er ja mit dem Geld etwas kaufen oder eine Investition machen und gibt das Geld gleich wieder aus. Die zukünftigen Banken könnten hier als Dienstleister am freien Markt zwischen den Kreditsuchenden und den Kreditgebern vermitteln und dafür Gebühren erheben. Auch könnten sie diese Kredite versichern.

Das Horten von alterndem Geld lohnt sich nicht mehr und es würde in der Zirkulation der Realwirtschaft belassen. Da, wo sich durch wirtschaftliche Tätigkeiten zu viel Geld sammelt, wäre es lohnend, langfristige Investitionen z.B. in erneuerbare Energietechniken oder in Baumpflanzungen zu tätigen. Kurzfristige Investitionen in kurzlebige Güter würden sich im Gegensatz zum heutigen Geldsystem nicht mehr richtig lohnen.

Das Verschenken von Geld in kultur- oder naturaufbauende Projekte würde interessanter werden, da ich mein Geld doch lieber verschenke, bevor es seinen Wert verliert.

Die hier genannten Maßnahmen von Spekulationseindämmung, Vollgeldreform, Zinsverbot und Alterungsgebühr mögen dem Leser auf den ersten Blick vielleicht etwas kompliziert erscheinen, aber sie sind die Grundvoraussetzungen für ein „stabiles realitätsbezogenes Geld". Wichtig ist, dass diese Maßnahmen zusammen eingeführt werden. Würden z.B. nicht gleichzeitig Maßnahmen gegen die Spekulation eingeführt werden, könnten die Spekulanten mit den nun noch günstigeren Krediten zusätzlich Unheil anrichten.

Durch diese Maßnahmen würden aber auch zugleich der Volkswirtschaft die real erwirtschafteten Werte in einer kaum vorstellbaren Größe erhalten bleiben. Heute wandern dagegen ständig über 50% der gemeinsam erwirtschafteten Werte in die spekulative Finanzwelt. In Zukunft könnten diese enormen Werte für den dringend notwendigen Kulturwandel und eine Umweltsicherung über das beschriebene „Schenkgeldsystem" zur Verfügung stehen.

Bei näherem Betrachten sind die vorgeschlagenen Maßnahmen weniger kompliziert als unser jetziges System, welches vorwiegend nur von einer kleinen Schicht Nutznießern verstanden und gnadenlos ausgenutzt wird. Die Bevölkerung lässt man heute dabei natürlich im Dunkeln.

Für einen Wandel braucht es aber eine gewisse Anzahl von Menschen, welche die dringenden Erneuerungsnotwendigkeiten verstehen, weiterentwickeln, bekanntmachen und deren Umsetzung an vielen Orten initiieren. Ideale Initiationsorte für ein zukünftiges Schenkgeld-System wären die Waldorfschulen. Dort gibt es in der Regel ein starkes Bewusstsein für die Notwendigkeit einer neuen Natur- und Kulturbelebung. Viele praktische Verbindungen zwischen der Kultur (Schule) und der Natur (Bio- und Demeter-Höfe) gibt es in deren Umkreis schon. Auch sind die Schülereltern in den verschiedensten Wirtschaftsbereichen tätig, um das neue Geld produktiv zirkulieren zu lassen. Die Schulen könnten sich über ein Schenkgeldsystem ein ganzes Stück von der ständigen Geldknappheit befreien.

Um die 5% Verlierer bei einem größeren System-Wandel brauchen wir uns keine Sorgen zu machen, denn diese haben bis an ihr Lebensende sowieso schon ausgesorgt. Außerdem würden auch sie von einer sichereren, sozialeren, kulturelleren und ökologisch stabileren Umgebung profitieren.

Wodurch könnten wir die Stabilität des Geldes noch weiter erhöhen und ihm zusätzlich einen realen Referenzwert schaffen?

Zu Zeiten des Goldstandards waren die Geldbewegungen für die Realwirtschaft noch höher als diejenigen für die spekulative Finanzwirtschaft. Und trotzdem war es durch die unkontrollierte Geldvermehrung der verschiedenen Regierungen auch schon damals für die meisten Länder nicht mehr möglich, einen realen Geldwert dem Gold gegenüber aufrecht zu erhalten. Auch den letzten Goldstandard der „Leitwährung" US-Dollar gaben die USA unter Richard Nixon 1973 auf. Seitdem verliert das Geld von Tag zu Tag noch mehr jeglichen Bezug zur

Realität. Trotzdem schaffen es die Profiteure des heutigen Systems mit ihren Helfern in Politik und Medien, die Bevölkerung in „sicherem" Schlaf zu wiegen.

Welchen „realen Referenzwert" könnte es aber für ein zukünftiges Geld geben? Was hat für uns am meisten „Realität", ohne die wir nicht weiter leben könnten?

Zum Leben brauchen wir Lebensmittel! – Unser zukünftiges Geld müsste seinen Referenzwert zu den Lebensmitteln bekommen.

Wie kann dies real, also ganz praktisch verwirklicht werden?

Man könnte ganz allgemein eine gewisse Menge Brot oder Reis zur Referenz nehmen. Ich schlage aber noch ein viel realitätsbezogeneres Geldsystem vor:

Stellen Sie sich einen Hunderter-Geldschein oder eine aufladbare Geldkarte mit einem Bild seines Gegenwertes vor: Einen Warenkorb mit verschiedenen Lebensmitteln zur vollen Ernährung einer Person für eine Woche. Dieser Lebensmittelkorb würde beinhalten: Getreide, Gemüse, Obst, Käse, Kräuter usw., genug für eine Woche. Die Lebensmittel sollten gesund auf den durchschnittlich 2200 m^2 Landwirtschaftsfläche wachsen, die für jeden Bürger zur Verfügung stehen. Zusätzlich könnten 10 kg Holz in diesen Korb gelegt werden. Auf 1500 m^2 Waldfläche, die im Durchschnitt pro Person zur Verfügung stehen, wachsen nämlich diese 10 kg pro Woche (dies entspricht 1 m^3 im Jahr). Das Ganze sollte auf einem Betrieb, der nachhaltig ökologisch bewirtschaftet wird, gewachsen sein. Der Warenkorbinhalt sollte also ohne Schaden für Mensch und Natur hervorgebracht worden sein.

Solch ein "Wochen-Referenz-Lebenskorb" mit einem Wert von 100 Geldeinheiten würde also einer nachhaltigen und lebensnotwendigen Realität entsprechen. (Welchen realen Gegenwert haben dagegen unsere heutigen Gelder?)

Wie können wir zusätzlich einer solchen "Wochen-Referenz-Lebenskorb"- Währung, die z.B. den Namen „Lebenstaler" haben könnte, eine Stabilität geben?

Die oben beschriebenen neu zu schaffenden Nationalbanken bzw. die Zentralbank hätten nun die Aufgabe immer wieder genauso viele Geldeinheiten zu schaffen und über die Kultur- und Umwelträte in den Wirtschaftskreislauf zu geben, dass für 100 Geldeinheiten heute, nächsten Monat und auch noch in ein paar Jahren immer wieder ein „*Wochen-Referenz- Lebenskorb*" beschafft werden kann.

Die neuen „Lebensreferenzgelder" müssten natürlich einer Alterung (1% im Monat) unterliegen, da, wie schon ausgeführt, die äußeren Dinge ja auch altern. Diese „Umlaufsicherung" verhindert auch das Horten von Geld.

Diese „*Lebensreferenzgelder*" hätten viele Vorteile. Nicht nur, dass sie für die „Realwirtschaft" eine starke Stabilität bewirken, sondern ferner auch, dass wir alle ständig an die realen Lebensprozesse mit ihren wertaufbauenden und wertabbauenden Spannungen erinnert werden. Die gesamte Wirtschaft kann sich dann „auf dem Boden der Tatsachen" neu ausrichten! Die Inflationsgefahr durch eine sich zunehmend verselbständigende und saugende Geldwirtschaft wäre gebannt.

Als Übergangsphase könnten solche „Lebensreferenzgelder" (Lebenstaler) lokal an verschiedenen Orten verwirklicht und in der Realität erprobt werden.

Alternative und komplementäre Geldsysteme

Um eines vorwegzunehmen: Auch mit alternativen Geldern, Gutscheinsystemen, Tauschringen oder Crowdfunding-Geldern kann man Unsinn erwerben, verkaufen oder Mitmenschen kriminell hintergehen.

Trotzdem sollten wir uns ganz bewusst mit neuen Zahlungsmitteln aus dem heutigen saugenden und todbringenden Geldsystem Schritt für Schritt befreien.

Es würde den Rahmen dieses Buches sprengen, wenn ich nun auf die Geschichte und viele Möglichkeiten von alternativen Geldsystemen eingehen würde. Dazu gibt es mittlerweile viele Informationen anderswo. Empfehlen kann ich z.B. die grundlegenden Schriften von Bernard A. Lietaer und Margret Kennedy. Auch die verschiedenen Crowdfunding-Systeme haben viel in Bewegung gebracht. Aber mit all diesen Systemen sind wir noch zu sehr verbunden mit den krankmachenden Elementen unseres heutigen neoliberalen Geldsystems.

Wenn man noch nicht die Möglichkeit hat, sich an einem neuen Geldsystem zu beteiligen, kann man trotzdem schon heute beginnen, mit dem normalen Geld etwas sehr Sinnvolles zu bewegen. Auch wenn ich nur wenig Geld habe, kann ich bewusst bestimmen, was ich damit *kaufe*, wem ich mein Geld *leihe* oder wem ich es *schenke*! Siehe auch: „Die drei Geldarten, eine Bewusstseinsfrage".

Für mich sollte ein zukünftiges Geldsystem grundsätzlich so „realitätsbezogen" wie möglich sein. Die praktische Handhabe ergibt sich aus dem bis jetzt Beschriebenen, besonders der letzten Kapitel. Voraussetzung sind für mich dabei die Aspekte der Eindämmung der Spekulationswirtschaft, des alternden Geldes, ein Wertbezug zu nachhaltig hergestellten Lebensmitteln und eine „Inbetriebnahme" durch „Schenkgelder" über die Kultur- und die Ökologieeinrichtungen.

Im Folgenden möchte ich aber noch an Hand von persönlichen Erfahrungen, besonders durch die Gründung eines Gemeinschaftszahlungsmittels, auf einige wichtige Aspekte aufmerksam machen.

Viel Positives kann erreicht werden, aber auch viele Enttäuschungen können vermieden werden, wenn im Vorfeld die lokalen ökonomischen und sozialen Verhältnisse erst in einer Kerngruppe intensiv und dann im weiteren Kreis studiert und diskutiert werden. Natürlich sollten sich auch einige Mitglieder mit globalen Geld- und Wirtschaftsfragen tiefer beschäftigen und die gesamte Gruppe regelmäßig unterrichten.

Ein Beispiel: Kurz nach der Wende in Ostdeutschland übernahmen wir zu sechst einen aufgegebenen heilpädagogischen Verein in Thüringen mit acht alten renovierungsbedürftigen Häusern, um eine neue Gemeinschaft innerhalb des Dorfes Hauteroda aufzubauen. Das Ziel war es, der Region mit neuen ökologischen, kulturellen und ökonomischen Impulsen aus der Krise zu helfen. Die Arbeitslosigkeit in der Gegend war damals mit 33% die höchste in ganz Deutschland. Die meisten Betriebe und Läden in der Region hatten schließen müssen, weil man lieber „billig" in den neuen Großmärkten aus dem Westen einkaufte.

Die wenigen Gelder, welche unsere Gemeinschaft anfangs durch unsere Arbeit oder Zuwendungen erhielt, versuchten wir so lange wie möglich „intern" zirkulieren zu lassen, bevor es für irgendwelche Waren oder Dienstleistungen wieder nach „außen" abwanderte. Dieses Bewusstsein für die Notwendigkeit, das Geld in unserer eigenen „Wirtschaft" möglichst lange „intern" zirkulieren zu lassen, war nicht für alle Kollegen der wachsenden Gemeinschaft leicht zu verstehen. Zu groß war die Versuchung, „draußen" eine Ware oder Dienstleistung etwas „billiger" zu bekommen. Dabei hatten wir „intern" durch die große Landwirtschaft und die langsam wachsenden Betriebe für fast alle Lebensbereiche etwas anzubieten. Es gab viele Hände und viele Ideen, etwas zu bewegen, aber immer wieder fehlte das Geld.

Erst die Einführung eines eigenen internen Verrechnungssystems brachte den nötigen Durchbruch! Hierzu haben wir uns gegenseitig für unsere Waren und Dienstleistungen „Lieferscheine" mit dem jeweils abgemachten Preis ausgestellt und unterschrieben. Eine Kopie ging jeweils an unsere zentrale Verrechnungsstelle. Hier wurde dem Käufer der Betrag als Minus in sein internes Konto eingetragen und dem Verkäufer der Betrag zu 95% als Plus eingetragen. Die restlichen 5% wurden unserer „Kulturkasse" gutgeschrieben.

Diese „Abschreibung" bzw. „Kultursteuer" ermöglichte uns eine ständige Weiterbildung mit Kulturveranstaltungen zu unserer weiteren Entwicklung. Ich habe in diesem Buch ja schon mehrmals festgestellt, dass Bildung und Kultur die Voraussetzungen für jegliche gesunde Wirtschaftsentwicklung sind.

Natürlich wurde gleichzeitig von „außen" normales Geld bezogen und auch nach außen ausgegeben. Ein Teil der Gemeinschaftsmitglieder oder Betriebe hatte mehr externe Einnahmen als Ausgaben, dafür aber mehr interne Ausgaben als Einnahmen. Der andere Teil hatte weniger externe Einnahmen als Ausgaben, dafür aber mehr interne Einnahmen als Ausgaben. Dies hatte sich gut ausgeglichen. Für alle Teilnehmer wurde eine doppelte Buchführung erstellt, die diese Vorgänge für alle sichtbar darstellte. Steuerrechtlich hatten wir keine Schwierigkeiten, da wir dieses als „Forschungsprojekt" deklarierten.

Mindestens einmal im Monat gab es ein Wirtschaftstreffen mit dem sogenannten „Assoziationskreis", in dem jeder seine Zahlen offenlegte und über den eigenen Bereich berichtete. Hierbei wurde geschaut, wie wir den noch schwachen Betrieben durch Leihgelder oder Subventionen helfen konnten. Schließlich ging es darum, einen lokalen „Wirtschaftsorganismus" aufzubauen, in dem eine Vielfalt von sich gegenseitig ergänzenden Betrieben nötig ist. Die meisten Betriebe fingen zwar unter dem Schirm des gemeinsamen Vereines „Markus Gemeinschaft" an, aber es wurde auf viele selbstständige Unternehmungen hingearbeitet, die unter gemeinsamen Zielen, aber unternehmerisch frei miteinander „assoziierten".

Mit dieser Grundlage konnten sich die internen Betriebe immer besser entwickeln, so dass sich die externen Einnahmen vermehrten und auch größere Bauvorhaben angegangen werden konnten. Als ich die Gemeinschaft Ende 1999 verließ, gab es neben der 70 ha großen biologisch-dynamischen Landwirtschaft und Gärtnerei als Lebensbasis noch die Bereiche Mühle, Bäckerei, Laden, Marktstände, Kantine, Café, Herberge, Tischlerei, Bauhandwerksgruppe, Therapiebetrieb, Seminarveranstaltungen und mein ökologisch-, sozial- und ökonomisches Beratungs- und Planungsteam.

Oft werde ich gefragt, wie sich diese Gemeinschaft weiterentwickelt hat. Der Verein hat leider einen neuen schwachen Vorstand gewählt, der einen charismatischen, aber autoritären Geschäftsführer bestimmt hat. Dieser hat zwar äußerlich die meisten Bereiche gut weiterentwickelt, aber das doppelte Zahlungssystem und die assoziative Arbeit wurden aufgegeben. Alle Arbeitsbereiche wurden unter die „Führung" der Geschäftsleitung gestellt.

Solche „Institutionalisierung" auf Kosten der „freien" Mitarbeiterschaft und Gemeinschaftsbildung finden wir leider immer häufiger in Vereinen, Genossenschaften, Verbänden und anderen Organisationen. Die Mitarbeiter werden zu auswechselbaren „Posten" degradiert. Die ursprünglichen Impulse wirken da nur noch hemmend. Viele Einrichtungen können durch die allgemeine „Institutionalisierung" als „verloren" angesehen werden. Dabei gibt es menschliche Wege und rechtliche Formen, da wieder herauszukommen. (In meinem nächsten Buch über zukünftige Gemeinschaften werde ich auf diese Möglichkeiten eingehen.)

Nun aber zurück zu den alternativen Geldsystemen. Aus meinen oben beschriebenen und vielen anderen Erfahrungen möchte ich noch einige Anregungen geben:

° Sich gegenseitig „Zeiteinheiten" zu verrechnen, empfehle ich nicht als eine Verrechnungsgrundlage. Babysitting einer Schülerin ist z.B. nicht das Gleiche, wie wenn eine ausgebildete Kindergärtnerin sechs lebhafte Kinder betreut. Oder, man möchte sich einen schönen Tisch fertigen lassen. Dabei ist es doch zweitrangig, wie lange jemand dazu braucht. Man möchte den Tisch erwerben und nicht die Zeit. Mit dem Wegfall von Zeiteinheiten würde auch mehr professionelle Qualität in die alternativen Kreise kommen.

° Eine lokale Währung würde ich nicht an die offizielle Währung binden, da diese jederzeit zusammenbrechen kann und damit auch die lokale Währung zu Grunde gehen würde.

° In regelmäßigen Treffen sollte das assoziative Zusammenarbeiten immer wieder geübt werden. Das gegenseitige Wahrnehmen, die Unterstützung untereinander und die richtige Preisfindung sollten thematisiert werden.

° Die beiden Wirtschaftsgrundlagen „Erde und Kultur" müssen als Basis einer gesunden Wirtschaft anerkannt und immer wieder unterstützt werden. Diese Bereiche sollten durch ihre Vertreter kräftig in den Assoziations- und Geldtreffen vertreten sein.

° Eine breite und längerfristige Wirkung wird ein neues Zahlungssystem nur entwickeln, wenn nicht nur Tauschgeld (Kaufgeld, Handelsgeld) bewegt wird, sondern bewusst auch das „Kaufgeld" zu „Leihgeld" und zu „Schenkgeld" erweitert bzw. erhöht wird. (Siehe auch das Kapitel „Die drei Geldebenen – eine Bewusstseinsfrage")

° Wie schon unter „Ein realitätsbezogenes Geld" dargestellt, schlage ich ein Geld vor, in dem 100 Einheiten einem *„Wochen-Referenz-Lebensmittelkorb"* entsprechen.

° Alterndes Geld würde die neuen lokalen Währungen viel lebendiger machen, besonders wenn die dadurch nötige „Neuinbetriebnahme" als „Schenkgelder" über einen Kulturfond läuft.

Beim Umgang mit dem Geld, auch mit neuen Geldsystemen, werden wir immer wieder feststellen, wie auch wir selbst von egoistischen Verhaltensmustern, z.B. immer noch „billig" einkaufen zu wollen, geprägt sind. Wir brauchen viel Geduld miteinander und den Willen das „Zukunftsfähige" immer wieder lernen zu wollen.

Jeden Versuch dem heutigen Schuldgeld-System, mit seinem bald alles tötenden Wachstumszwang, ein zukunftsfähiges Geldsystem entgegen zu setzen, erachte ich als eine extrem wichtige Kulturtat. Bei Bedarf bin ich gerne bereit solchen Initiativgruppen beratend zur Seite zu stehen.

Die Rückeroberung der Macht

Die „Gemeingüter" Land, Wasser, Luft, Rohstoffe, Infrastruktur, Kultur, Wissen, Informationen usw. wandern weltweit immer mehr in die Hände von rein profitorientierten Spekulanten. In gewisser Hinsicht gehört selbst Geld zu den „Gemeingütern", da dies ja nur ein „Recht" ist, Waren und Dienstleistungen damit bewegen zu können. All diese „Gemeingüter" werden zudem immer mehr ausgebeutet und vernichtet. Die Bevölkerung ist mittlerweile in fast allen Lebensbereichen total abhängig von deren anonymen Besitzern. Handlungsspielraum gibt es nur noch wenig.

„Stell dir vor, es ist Krieg und keiner geht hin!" Diesen Satz können wir hier einfach wie folgt umschreiben: „Stell dir vor, jemand will seine Macht durch Spekulation ausweiten und keiner gibt ihm mehr sein Geld oder seine Arbeit!" Natürlich ist dies nicht so einfach, aber jeder Einzelne hat die Möglichkeit, dies ein Stück weit zu realisieren.

Aus dem bis jetzt Erarbeiteten ist sicherlich klargeworden, dass als erste Voraussetzung ich selbst es bin, der sich innerlich von den äußeren Mächten befreien muss. Solange ich mich noch zum Spielball der konsumtreibenden Werbewelt oder der Macht des Geldes machen lasse, gibt es keine Chance aus den Fängen der Profithaie herauszukommen.

Das Gleiche gilt für mein Verhältnis zu den Massenmedien. Solange ich diese Vertreter unseres natur- und menschheitszerstörenden Wachstumssystems noch als Grundlage für meine Meinungsbildung benutze, gibt es keine Möglichkeit das heutige, sich zunehmend zentralisierende Machtsystem zu überwinden.

Erst wenn ich anfange die Mitmenschen, die Natur und die gesellschaftlichen Verhältnisse selbst „wahrzunehmen", kann ich mir eine sichere Grundlage für meine Meinungsbildung und meine Handlungen schaffen. Wichtig ist dabei, dass Details immer wieder im Verhältnis zum Ganzen beobachtet werden.

Eine große Hilfe bei meinen Beobachtungen ist mir dabei immer wieder die Frage zu stellen: „Findet gerade eine Entwicklung für oder gegen Mensch und Natur statt?"

Aus diesen täglichen vielen kleinen und großen „Wahrnehmungen" ergeben sich immer weitere positive Handlungsmöglichkeiten, erst im persönlichen Bereich und dann auch im gesellschaftlichen. Die innere Ohnmacht gegenüber den anscheinend alles beherrschenden Wirtschaftsmächten mit ihren Helfern in Politik und Medien relativiert sich somit.

Zur Rückeroberung der Macht gehört auch unser Konsumverhalten. Wenn wir anfangen unsere äußeren Bedürfnisse zu reduzieren und bewusst gesunde nachhaltige Produkte aus der Region von kleinen und mittleren Unternehmen zu kaufen, werden die zentralisierten, rein profitsuchenden Produktions- und Handelsketten ihre Macht dementsprechend verlieren. Idealerweise unterstützen wir eine lokale Wertschöpfungskette, die bei gesund arbeitenden Landwirten beginnt und über lokale Veredelungsstufen, Transportwege und Vermarktung läuft.

Besonders Dienstleistungen für Gesundheit, Soziales, Bildung, Kultur, Freizeit, Energie, Verkehr, Medien usw. können wir immer besser lokal oder regional aus eigener Kraft organisieren.

Der Umgang mit dem Geld spielt bei der Zurückgewinnung der Macht eine zentrale Rolle. Gerade über das Geld, das wir ja auch als „Möglichmacher" bezeichnet haben, gibt es eine riesige Einflussmöglichkeit, besonders wenn wir dessen drei Ebenen von *Kaufgeld*, *Leihgeld* und *Schenkgeld* verstehen lernen und sachgemäß danach handeln. Mit lokalen Geldsystemen bremst man zusätzlich die Abwanderung von lokalen Werten in die saugenden zentralisierenden Märkte der „Finanzindustrie".

Wenn zudem sich möglichst viele Menschen „selbstständig" machen, indem sie einen Bereich in der lokalen Wirtschaft mit aufbauen, gewinnt man viel Macht zurück.

Erst mit solchen praktischen Grundlagen kann man auch glaubwürdig nützliche politische Reformen einfordern:

- Eine Kulturerneuerung von einer objektiven Medienkultur bis hin zu größeren und bezahlten Bildungs- und Umschulungsangeboten für „Jedermensch".
- Reduzierung der Fiktivwirtschaft durch Verbot oder drastischer Besteuerung von Handel und Spekulation mit Boden, Arbeit und Kapital.
- Geldschöpfung nur noch von der Nationalbank unter Kontrolle einer vierten Staatsgewalt, der Monetative.
- Schützenhilfe für kleine und mittlere Unternehmen durch progressive Besteuerung von Besitz, Umsätzen und Gewinnen von großen Unternehmen.
- Änderung unseres Gesellschaftssystems, welches einseitig der Geld-Profitwirtschaft und dem Konsum den Vorrang gibt, hin zu einer bedarfsorientierten und nachhaltigen Gesellschaft, welche sich stützt auf FREIHEIT (Bildung, Kultur), GLEICHHEIT (Staat, Recht) und BRÜDERLICHKEIT (Wirtschaft).
- Änderung des Bodenrechts, damit Boden wieder schrittweise „Gemeingut" wird. Land sollte nur noch als Nutzungsrecht für bestimmte Zeiten an Hausbesitzer, fähige Landwirte, Unternehmer oder Organisationen vergeben werden. Spekulation sollte mit Land nicht mehr möglich sein (siehe auch: www.GemeingutBoden.ch).
- Aufgabe des Wachstumszwangs durch Überwindung unseres jetzigen Profitmaximierungs- und Zinssystems (Wucher) sowie der Einführung eines Schenkgeldsystemes und Abschaffung des heutigen Schuldgeldsystemes.
- Rettung und Rückgewinnung von gesunden, uns tragenden Naturverhältnissen, insbesondere durch eine flächendeckende ökologische Landwirtschaft.

- Lossagung von den einseitigen Beziehungen zu den USA und deren Dollar, um ausgleichend zwischen Ost und West sowie zwischen Nord und Süd wirken zu können.
- Massiver Ausbau vieler dezentralisierter und sozial-ökologischer Entwicklungshilfen, finanziert auch durch den Abbau der Armee.
- Befreiung der Informationsmedien von ihren profit- und machtgesteuerten Besitzern.

Natürlich werden sich die Mächtigen mit ihren bewussten und unbewussten Helfern in Politik und Medien bis zuletzt mit allen Mitteln gegen solche Maßnahmen wehren. Aber je mehr diese Maßnahmen „von unten" verstanden, gelebt und eingefordert werden, desto mehr „Zukunftssaat" kann aufgehen.

Da die Manipulation der „Masse" über die Konsumverlockungen und die Massenmedien enorm groß ist, rechne ich nicht mit einem ausreichenden Wandel bevor massive Krisen auftreten oder ein Wirtschaftszusammenbruch eintritt. Die entscheidende Frage wird allerdings sein, wie viele Menschen aus Freiheit bis dahin schon neue Gesellschaftsformen denken, diskutieren und vielleicht auch schon leben können! Die Richtung und Qualität eines Neuaufbaues hängt dann von dieser vorausschauenden Minderheit ab.

„Steuer"(-ungs)möglichkeiten

Unser heutiges Steuersystem zementiert das zentralisierende konkurrenz- und profitorientierte Wachstumssystem zugunsten der Reichen und schadet dem Sozialfrieden und der Umwelt. Dieses kranke Steuersystem mit seinen einseitig geprägten Machtorganen gilt es grundsätzlich zu erneuern. Trotz der festgefahrenen Situation stelle ich hier einige Vorschläge zur Diskussion:

Eine zukünftige Steuerbehörde sollte gleichmäßig von Vertretern aus Rechtsstaat, Kultur und Assoziationen aus dem Wirtschaftsbereich geführt werden.

Grundsätzlich sollte zukünftig besteuert werden, was Mensch und Natur schadet. Gefördert werden sollte, was Mensch und Natur gesundet und entwickelt.

Es geht bei einem zukünftigen Steuersystem nicht um die Gleichstellung aller Bürger. Aber die Extreme von ausbeutendem Reichtum einerseits und menschenunwürdigen Lebensbedingungen andererseits müssen dringend geregelt werden. Bei einer Neuregelung sollte man nicht nur auf das Wohlergehen des eigenen Landes sehen, sondern immer auch die Auswirkungen auf die übrige Welt, die uns ständig mit Rohstoffen, Waren und Dienstleistungen versorgt.

Jeder würde in gewissen Bereichen mehr Steuern als heute bezahlen. Gleichzeitig würden an anderer Stelle nicht nur Steuern, sondern auch viel Lebenskosten eingespart werden, da das ständige Absaugen von Profiten durch die unproduktiven Finanzakteure durch ein neues Steuersystem sehr erschwert würde.

Aber auch die Reichen, die vordergründig als Verlierer erscheinen, würden es besser haben, da auch sie von einem allgemein höheren Sozial-, Kultur-, Umwelt- und Sicherheitsstandard profitieren würden.

Die folgenden Vorschläge zu zukünftigen Rahmenbedingungen im Steuerbereich ergeben sich aus den bisher dargelegten Inhalten dieses Buches. Auch wenn diese „Steuerungsvorschläge" im Detail nicht ausgereift sein mögen, bitte ich doch, sie als Grundlage für eine neue Steuerreform zur Verbesserung unserer Verhältnisse anzusehen und in die Diskussionen zu bringen. (Die Geldwerte sind im Folgenden nur vage Vorschläge und nicht mit Währungseinheiten angegeben. Der Leser möge dort innerlich seine Währung, vielleicht sogar eine Alternativwährung, einsetzen):

- Der realwirtschaftlich kreativ arbeitende Mensch sollte bis zu einem Einkommen von z.B. 70'000,00 jährlich für seine Arbeit nicht mehr durch Steuern und Sozialabgaben bestraft werden! *Auswirkungen:* Alle Dienstleistungen, besonders im Sozial-, Gesundheits-, Bildungs- und Umweltbereich würden so erheblich günstiger. Maschinen verlören zum Teil ihren Vorteil dem Menschen gegenüber. Viele neue kreative Arbeitsplätze besonders im Dienstleistungsbereich entständen. Schwarzarbeit im Realwirtschaftsbereich würde es so gut wie nicht mehr geben.

- Unternehmensgewinnsteuern blieben in den unteren Bereichen ähnlich den heutigen, steigerten sich aber progressiv nach oben hin.* *Auswirkungen:* Große Unternehmen verlören ihre Machtstellung gegenüber kleinen und mittleren Unternehmen. Dezentralisierung würde für alle wieder interessant.

- Gewinne aus nicht produktiver Arbeit, wie aus Aktien, Kapital, Mieten, Verpachtung, Spekulationen usw., sollten progressiv, beginnend mit 30% besteuert werden.* *Auswirkungen:* Geld verdienen auf Kosten anderer Menschen und der Realwirtschaft würde so immer schwieriger. Die erarbeiteten Werte würden in der Gesellschaft bleiben.

- Sehr hohe Besteuerung von Energie, besonders von Fossil- und Kernenergie.* *Auswirkungen:* Durch Einsparungen, Effizienz, Technikentwicklung und einsetzende Dezentralisierung wären wir innerhalb weniger Jahre unabhängig von Fossil- und Kernenergien!

- Hohe Finanztransaktionssteuer für Spekulationsaktivitäten (z.B. 8%)*. *Auswirkungen:* Die lebensfeindlichen Spekulationen und damit der Geldstrom von den produktiv Arbeitenden hin zu den unproduktiven Spekulanten würde sehr stark eingedämmt.
- Progressive Vermögenssteuer nach einem Freibetrag z.b. bis 250'000,00 pro Person oder Unternehmen, (ab 251'000,- z.b. 1% Steuer / jährlich, ab 501'000,00 2%, ab 751'000,- 3%, ab 1'000'000,00 4% usw.) Im Ausland lebende ausländische Besitzer bekommen keinen Freibetrag.* *Auswirkungen:* Schrittweise Zurückeroberung der großen Besitztümer und Machtverhältnisse von den meist anonymen Finanzakteuren. Kleine und mittlere Unternehmen würden so gestärkt und besser positioniert werden. Dezentralisierung würde für alle wieder interessant. Große Besitztümer würden sich nicht mehr in einer Hand lohnen und sich auf viele Besitzer, bzw. Mitarbeiter verteilen oder schrittweise in die öffentliche Hand, bzw. in gemeinnützige Organisationen übergeführt werden. Mieten und Pachten würden viel günstiger werden, da sich Spekulationen in diesem Bereich nicht mehr lohnen.
- Progressive Steuer für Wohnflächen nach einer Freifläche, die z.B. bei 30m^2/Person liegt (in Deutschland werden z.Zt. 43m^2/Person bewohnt, 1965 waren es noch 21m^2. In der Schweiz sind es heute 46 m^2/Person, 1965 waren es noch 27 m^2). Ab 31 m^2 werden z.B. 5,00 Wohnflächensteuer pro m^2 und Monat veranschlagt, ab 41 m^2 10,00, ab 51 m^2 15,00, ab 60 m^2 20,00, ab 70m^2 25,00 usw. (Danach würde eine Person mit 40 m^2 Wohnfläche 50,00 Wohnsteuer pro Monat bezahlen, bei 50 m^2 150,00, bei 60 m^2 300,00, bei 70 m^2 500,00, bei 80 m^2 750,00, bei 90 m^2 1050,00 und bei 100 m^2 1400,00 Wohnflächensteuer monatlich bezahlen). Zusätzlich würden besonders in Ballungszentren, je nach Finanzkraft

der Region, Steuern auf überdurchschnittlich hohe Bebauungsflächen erhoben. Zweitwohnungen flössen in diese Berechnungen mit ein. Für Zweitwohnsitze von Ausländern gäbe es keine steuerfreie Fläche. *Auswirkungen:* Sehr große Wohnungen und Häuser würden so geteilt oder größeren Familien zur Verfügung gestellt werden. Große, fast immer leerstehende Villen an den schönsten Orten würden für ihre Besitzer sehr teuer werden und ihre überzogenen Werte verlieren. So könnten diese wieder mehr von lokalen Bürgern bewohnt werden. Das allgemeine Wohnungsangebot würde sich vergrößern und die Mietpreise würden dadurch sinken! Dem weiteren Landfraß durch Neubauflächen, insbesondere durch Einfamilienhäuser mit großen Grundstücken könnte so Einhalt geboten werden.

- Steuer von z.B. 10%/jährlich auf Realkredite (Kredite, die mit Werten wie Landbesitz und Immobilien abgesichert werden). *Auswirkungen:* Die Wirtschaftsprozesse verteuernden Realkredite würden fast ganz aufhören, und die Wirtschaftsprozesse verbilligen. Personalkredite (Kredite auf Grund der Fähigkeiten des Kreditnehmers) würden zunehmen. Fähige Menschen würden so günstig an Geld kommen! Die Besitzenden müssten dagegen viel für Kredite bezahlen, außer sie haben reale Fähigkeiten! Kreditgelder würden mit dieser Steuer in der Realwirtschaf bleiben.

- Progressive Steuer für Landbesitz nach einer Freifläche der durchschnittlich zur Verfügung stehenden Landfläche und ihren Ertragsmöglichkeiten (In Deutschland z.B. sind dies ca. 2000 m^2 pro Person Landwirtschaftsfläche und 1300 m^2 pro Person Wald). *Auswirkungen:* Landwirtschaftsbetriebe, Wälder und andere große Flächenwürden nicht mehr im Besitz von einzelnen Familien bleiben. Landspekulationen, die das Land immer mehr verteuern, wären kaum noch möglich. Erben könnten nicht mehr anderen Nutzern aus Egoismus „das Land unter den Füßen wegziehen". Die Landflächen würden langsam in drei verschiedene Besitzformen übergehen: In Staatsbesitz und von hier als Nutzungsrechte vergeben werden, zweitens in Stiftungsbesitz oder eine ähnliche gemeinnützige Rechtsform und von hier als Nutzungsrechte vergeben werden. Drittens viele Bürger schlössen sich z.B. in Genossenschaften zusammen und ließen „ihr Land" von einer oder mehreren Personen bewirtschaften. Verantwortungsgemeinschaften zwischen Städtern und Landwirten könnten so entstehen.

- Eine Humus- und Ökobilanzsteuer, die die ökologische Gesamtsituation verbessern kann. Alle fünf Jahre sollte man für jeden Landbetrieb neu eine Humus- und Ökobilanz erstellen. Es würden die Humuswerte aller Landstücke, die Hecken, Biotope, die Waldstücke, die Wildecken usw. in Quantität und Qualität bilanziert werden. Die Gesamtergebnisse würden alle fünf Jahre wieder verglichen und der Unterschied besteuert werden. Wer seinen Betrieb ökologisch verbessert hat, bekommt Steuern ausbezahlt. Wer seinen Betrieb ökologisch verschlechtert hat, muss Steuern bezahlen.

- Konsumgüter sollten viel höher besteuert werden. Berechnet würde die Steuer nach ihrem „ökologischen und sozialen Fußabdruck". Energie-, Rohstoff-, Land- und Humusverbrauch, Belastungen durch Emissionen (Luft, Wasser, Boden, Lärm, Licht, Strahlung), Transportwege, Sozialstandards, Entsorgung usw. können heute berechnet werden. Zur Berechnung werden die konventionellen Fabrikationsstandards der an der Produktion beteiligten Länder genommen. Wer ökologisch schonende Produkte und bessere Sozialstandards bei der Herstellung hat, kann diese nachweisen, wie dies heute schon bei Bioprodukten üblich ist, und es könnten niedrigere Steuern beantragt werden. Für die meisten technischen Gebrauchsgüter sollten Garantiezeiten von mindestens zehn Jahren vorgeschrieben werden.

Auswirkungen: Die Rohstoffausbeutung würde sich reduzieren. Fragwürdig hergestellte Produkte, z.B. aus Asien, würden so ihren Vorteil gegenüber saubereren lokalen Produkten verlieren. Ganz neue Recycling- und Herstellungsmethoden würden sich so entwickeln. Die Produkte würden zukünftig mit wesentlich längeren Lebenszeiten hergestellt werden. Die mensch- und umweltschädliche Konsumgesellschaft veränderte sich so in eine neue sozial- und kulturorientierte Bedarfsgesellschaft.

- Besonders hohe Steuern auf alle lebensfeindlichen Stoffe und Güter, wie Agrochemie, Waffen, Zigaretten, Alkohol und Drogen.
- Zum Schutz der Allgemeinheit wäre auch zu überlegen, ob z.B. eine Lärm-, Licht- oder Strahlensteuer einführt wird. *Auswirkungen:* Auto-, Motorboot-, Flugzeug-, Motorrad-, Disko- und Mobilfunkbelästigungen könnten sich so reduzieren lassen.

Die neuen Steuereinnahmen würden besonders durch die progressiven Kapital- und Besitzsteuern wesentlich höher ausfallen als die heutigen Einnahmen. Neben dem Schuldenabbau könnte der Umbau von unserer heutigen Profit- und Konsumgesellschaft hin zu einer zukünftigen sozial, ökologisch und kulturell orientierten Bedarfsgesellschaft finanziert werden. Die Sozialaufwendungen könnten aus dem neuen Steuertopf bequem bezahlt werden.

Niemand bräuchte mehr arbeitslos oder unterbezahlt zu sein. Es sollte für jeden eine finanzielle Möglichkeit geben, an der Kulturerneuerung teilzunehmen. Wem die Fähigkeiten dazu fehlen, der könnte sich – seinen Fähigkeiten entsprechend - bezahlt ausbilden lassen.

Vieles wird noch zu ergänzen und im Detail bestimmt auch zu hinterfragen sein. Trotzdem hoffe ich, dass der Geist dieser Steuervorschläge, in dem zukünftig besteuert wird, was Mensch und Natur schadet, und gefördert wird, was Mensch und Natur gesundet und entwickelt, aufgegriffen und in die Diskussion gebracht wird.

Kapital- und Steuerflucht verhindern

Aus Angst vor Kapital- und Steuerflucht werden heute die Banken, Großkonzerne und die Reichen, im Gegensatz zu den kleinen Firmen und Arbeitenden wie Könige behandelt. Mit großen Steuergeschenken buhlen fast alle Länder um diese Finanzdiktatoren.

Dabei gibt es Möglichkeiten, den Finanz- und Firmenabzug zu minimieren:

Um Steuerflucht durch Anmelden eines Wohnsitzes in einem Steuerparadies zu vermeiden, sollten die Steuern für jeden, auch für die im Ausland lebenden Staatsbürger, erhoben werden. Schließlich verdankt er seinem Staat seine Bildung und den Schutz dritten gegenüber. Falls im Ausland auch Steuern gezahlt werden, können diese von den berechneten Steuern im Heimatland abgezogen werden. (Frankreich und die US Amerikaner praktizieren dies z.T. heute schon).

Die oben genannten Steuern auf den „ökologischen und sozialen Fußabdruck" werden eine Produktionsverlagerung ins Ausland für die im Inland gebrauchten Güter nicht günstiger machen, da die verbilligenden Faktoren Sozial- und Umweltausbeutung im Ausland dann im Heimatland voll besteuert werden. Diese Steuer könnte viele ausgewanderte Produzenten sogar wieder zur Rückkehr bewegen.

Die oben genannten Steuerbefreiungen für die realwirtschaftlich arbeitenden Menschen machen den Standort für Firmen mit hohem Dienstleistungsanteil sehr interessant. Diese werden im Ausland konkurrenzfähiger.

Auch wenn einiges von dem Spekulationskapital bei den vorgestellten Steuermaßnahmen abwandern würde, ist dies nicht so tragisch. Es gibt ja ohnehin viel zu viel von diesen unredlich verdienten Geld-Kapitalien. Viel wichtiger ist, dass begabte Menschen mit einem Gemeinwohlsinn bleiben. Wenn einige reiche „Gesellschaftsegoisten" abwandern, wäre dies sogar wünschenswert.

Aber vielleicht würden ja gerade die ehrlichen Unternehmen versuchen, sich mit einem solchen neuen Wirtschaftsgebiet noch viel kreativer zu verbinden, da hier die gemeinwohl- und realwirtschaftlichen Zusammenhänge überschaubarer und viel sicherer wären.

3. Teil: Wir werden anders leben

Auf allen Ebenen verändern sich rapide die Lebensgrundlagen der Menschheit:

° Auf der technischen Ebene gibt es immer mehr Errungenschaften, die unser Leben erleichtern können. Den Preis dafür bezahlen wir allerdings mit zunehmender Abhängigkeit, Arbeitslosigkeit, Rohstoffausbeutung usw.

° Auf der ökologischen Ebene verstehen wir zwar immer besser Details des komplizierten Ökosystems, wir verlieren aber durch unseren Lebensstil zunehmend deren Gleichgewicht und den persönlich realen Bezug zu ihm, was unser Leben innerlich und äußerlich bedroht.

° Auf der Bildungsebene findet eine zunehmend intellektuelle Spezialisierung statt. Dafür fehlen aber mehr und mehr die sozialen, künstlerischen, handwerklichen, ökologischen und gemeinwohl-schaffenden Fähigkeiten in der Gesellschaft.

° Auf sozialer Ebene gab es noch nie so viele „soziale" Medien und Austausch zwischen den Völkern. Gleichzeitig gab es noch nie so viel Egoismus, Einsamkeit, psychische Krankheiten usw.

°Auf der Finanzebene gibt es zwar Kapitalmassen mit noch nie dagewesenen Möglichkeiten, rettende soziale und ökologische Veränderungen zu finanzieren, aber diese Gelder werden lieber egoistisch gegen die Entwicklung von Mensch und Natur eingesetzt und zentralisiert.

° Auf der spirituellen Ebene gibt es zunehmend Menschen, die ganz individuell ein neues Verhältnis zur geistigen Welt finden, welches ihnen Kraft und „Begeisterung" für die täglichen Herausforderungen gibt. Gleichzeitig gab es noch nie so viel spirituell suchende und orientierungslose Menschen. Die Kirchenaustritte häufen sich. Die Abhängigkeiten von Sekten und religiösen Splittergruppen wachsen und bewirken oft einen Realitätsverlust.

° Auf politischer Ebene gab es wohl noch nie so viele Übereinkünfte über soziale, ökologische und wirtschaftliche Verbesserungen. Gleichzeitig werden diese durch Lobbyisten der Öl-, Waffen-, Finanzindustrie usw. dermaßen verwässert, dass die Politik mehr gegen als für eine Natur- und Menschheitsentwicklung arbeitet.

° Durch die modernen Medien gibt es eine noch nie dagewesene Informationsflut. Die Abhängigkeit, Manipulation und Kontrolle der Masse ist dagegen noch nie so bedrückend gewesen.

Diese Tatsachen werden die Lebensverhältnisse der Menschheit, auch die unsrigen, nun schnell verändern. Inwieweit diese Veränderungen brutal hereinbrechen oder abgefedert werden können, das hängt von dem Verantwortungsbewusstsein und Aktionswillen der einzelnen Menschen ab.

Gesellschaftliche Veränderungen beginnen in der Regel durch die Initiativkraft einzelner Menschen. Inwieweit die „Masse" und damit auch die Politik mitgehen, wenn wirkliche Entscheidungen gefällt werden müssen, hängt von der „Qualität" der neuen Impulse, aber auch von „der Menge der Initialsaat" ab.

Bei den schon als normal hingenommenen degenerierenden Verhältnissen in Umwelt, Sozialem, Politik und Wirtschaft sind allerdings, nach meiner Meinung, im Augenblick keine grundsätzlichen Veränderungsentscheidungen zu erwarten. Allgemein ist die Bequemlichkeit und Angst vor Veränderungen zu groß. Auch hat es die Lobby der Finanzwirtschaft mit ihren Helfern in Medien und Politik bei diesem Hintergrund sehr leicht, das zentralisierende und saugende Monopoly-Wirtschaftssystem weiter aufrechtzuerhalten. Erst bei Schockkrisen wären wirkliche Veränderungen mit der Masse möglich.

Sie kennen bestimmt alle in diesem Zusammenhang das Verhalten eines Frosches, der im langsam immer mehr erwärmten Wasser bleibt, bis er stirbt. Ein Frosch aber, der in ein zu heißes Wasser gesetzt wird, springt sofort wieder heraus ... Viele der oben aufgeführten Veränderungen kamen und kommen schleichend. Hoffen wir, dass dies nicht so weitergeht, sondern dass es demnächst zu einigen Schockkrisen kommt, die die Menschheit zu einem Sprung veranlassen werden.

Hier sei an ein Beispiel gedacht, wo durch eine Krise Veränderungen möglich wurden, die vorher nicht möglich erschienen: Fukushima! Dieser uns alle schockende Unfall hat die Energiepolitik ganzer Nationen verändert, zuvorderst in Ländern, in denen es zuvor schon eine starke Antinuklear- und Alternativbewegung gegeben hat. Diesen Aktivisten haben wir es zu verdanken, dass im entscheidenden Moment die Argumente für einen Wechsel schon bereits in der Bevölkerung gehört, diskutiert und zum Teil praktiziert worden sind.

Ein anders Beispiel hat sich in Island abgespielt. Als in der Finanzkrise 2008 dessen drei Großbanken zahlungsunfähig wurden, hat das Volk es der Regierung per Referendum untersagt, diese Banken mit Staatsgeldern zu retten. Der ausländische Investmentanteil dieser Banken wurde einfach abgewickelt und die Spekulanten, die sich ja ständig ohne eine realproduktive Tätigkeit auf Kosten Dritter bereichern, gingen leer aus. In diesem Prozess wurde die finanzkartellergebene Regierung aufgelöst. Die neue Regierung hat das Land aus der Krise geführt. Unsere finanzgesteuerten Medien berichten natürlich nur wenig von diesem Wandel.

Jeder Einzelne kann sich aber auch in Freiheit, wenn er nur will, schon heute vor dem nächsten Zusammenbruch für enorme positive Veränderungen einsetzen. (Siehe auch die Vorschläge „aktiv ZUKUNFT sichern" im Anhang dieses Buches.) Hier ein stimulierendes größeres Beispiel:

In dem kleinen Land Bhutan zwischen China und Indien hatte der dortige König einen starken Zukunftsimpuls initiiert. Er hat ein System des „Bruttosozialglückes" eingeführt. Was ist ein „Bruttosozialglück"? Im Lexikon der Nachhaltigkeit steht dazu folgendes:

„1972 hat der König von Bhutan das „Glück" zum obersten Ziel der nationalen Politik ausgerufen. 2008 erhielt „Gross National Happiness" (GNH) Verfassungs-

rang; die Idee reicht allerdings viel weiter zurück. Schon im 18. Jahrhundert wurde in einem Gesetzestext formuliert, **die Regierung hätte keine Berechtigung, wenn sie nicht für das Glück ihrer Bürger sorgen könne.(!!!)** *(Ura et al 2012). Der Fortschritt in Richtung eines höheren Bruttonationalglücks wird anhand des GNH Index gemessen.*

Der Index umfasst neun Bereiche (psychologisches Wohlbefinden, die Verwendung von Zeit, die Vitalität der Gesellschaft, kulturelle Diversität, ökologische Resilienz, Lebensstandard, Gesundheit, Bildung und Good Governance) die mit Hilfe von 33 aggregierten Indikatoren messbar gemacht werden. GNH ist somit ein multidimensionales Konzept, das nicht nur subjektives Wohlbefinden und Glück umfasst, sondern auch soziale Aspekte und die Natur.

2010 wurde in einer ersten landesweiten Umfrage das Glück der Bhutanesen erhoben. Demnach waren 10,4% der Menschen "unhappy", 47,8% "narrowly happy", 32,6% "extensively happy"; und 8,3% "deeply happy". Aus den Ergebnissen kann aber auch abgelesen werden, welche Bevölkerungsgruppen in welchen Bereichen glücklich und unglücklich sind. Die Daten sollen der Regierung ermöglichen, die Lebensbedingungen der noch weniger glücklichen Einwohner zu verbessern."

Das gesamte Land Bhutan wird zur Zeit auf eine biologische Landwirtschaft und ein kreatives kulturaufbauendes Bildungssystem umgestellt. Leider hört man in den Medien viel zu wenig von diesem inspirierenden Beispiel. Suchen Sie doch direkt einmal mehr Informationen.

Eine viel größere Wirkung hätte es natürlich, wenn sich ein bekannteres Land zu einem solchen Wandel entschließen könnte und versuchte, sich frei von dem Diktat des Finanzmarktes zu machen. Was wäre das für ein Beispiel für die Welt!

Die Schweiz könnte Vorbild werden

Stellen Sie sich z.B. einmal die Schweiz als zukunftsweisenden Leuchtpunkt vor. Auch, wenn es aus heutiger Sicht utopisch scheint, (und dies wohl erst nach einer richtigen Krise möglich wäre), hätte die Schweiz die besten Voraussetzungen diese Vorbildrolle zu übernehmen:

° Sie ist noch nicht ganz von den bürokratischen Klauen der EU gefangen genommen.

° Sie hat ein über Jahrhunderte entwickeltes Demokratiesystem mit viel Bürgerbeteiligung.

° Die Kantone und Gemeinden haben noch (!) starke dezentrale Entscheidungsbefugnisse.

° Die beiden größten Supermarktketten haben die Rechtsform einer Genossenschaft und unterliegen damit nicht dem Gesetz der Profitmaximierung für außenstehende Aktionäre.

° International genießt die Schweiz eine hohe Anerkennung wegen ihrer Bildungs-, Kultur- Umwelt und Demokratiestandards sowie ihrer (vermeintlichen) Neutralität bei Vermittlungen in heiklen politischen Situationen.

° Ihre geographische Lage mit den Alpen hat die Natur und Dorfstrukturen nicht so nachhaltig geschädigt wie in anderen Ländern.

° Die Verschuldung hält sich in Grenzen, sodass sie noch nicht ganz so handlungsunfähig ist wie schon die meisten Staaten dieser Erde.

° Sie ist als vielsprachiges und multikulturelles Land sehr eng mit vielen Ländern verbunden ...

Die Wandlungsmöglichkeiten ergeben sich aus dem Buchinhalt. Hier die wichtigsten Änderungen im Umriss:

- Ein „Kulturwandel" für die Entwicklung von Mensch und Umwelt wird von „Unten und Oben" eingeleitet. Alle gesellschaftlichen Ebenen werden für dieses Ziel mit einbezogen.
- Politische und gesellschaftliche Manipulation durch wirtschafts-geprägte Massenmedien und Lobbyisten werden massiv eingeschränkt. Eine breite, objektive Informations- und Austauschkultur wird gefördert.
- Geld und Wirtschaft werden durch neu zu schaffende Rahmenbedingungen (z.B. durch Zinsverbot und neue Steuergesetze) diesen menschlichen und natürlichen Entwicklungszielen verpflichtet … Positive Entwicklungen werden gefördert, negative Tendenzen werden erschwert bzw. besteuert … Begriffe wie „Wirtschaftswachstum", „Zentralisierung", „Spekulation" und „Finanzwirtschaft" werden zukünftig mit etwas Negativem assoziiert.
- Ein gesellschaftlicher Strukturwandel wird für GLEICHHEIT, FREIHEIT und BRÜDERLICHKEIT eingeleitet.

a) Das Staatswesen sorgt zukünftig wirklich für „gleiche Rechte" und Sicherheiten aller Bürger. Das Gemeingut „Geld" ist ein „Rechtsgut" und wird zukünftig einzig durch eine rein staatliche Nationalbank geschöpft und kontrolliert von einer neu zu schaffenden 4. Staatsgewalt, der Monetative.

b) Die Bildung und Kultur werden von frei gewählten Gremien in größtmöglicher „Freiheit" mit den neugeschaffenen Geldern der Nationalbank entwickelt. Kinder dürfen zukünftig natur- und realitätsbezogen aufwachsen.

c) Die wirtschaftlichen Zusammenhänge werden „brüderlich bzw. geschwisterlich" von Assoziationen aus Produzenten, Dienstleistern, Händlern und Konsumenten gestaltet. (Siehe auch die Kapitel: „Freiheit, Gleichheit, Brüderlichkeit" und „Ordnung schaffen").

- Um Mensch und Natur eine Überlebenschance zu ermöglichen, wird ein Wachstum der „unendlichen menschlichen Kapazitäten" in Bildung, Kultur und Sozialem gefördert. Der

Verbrauch der „endlichen Ressourcen" wie Rohstoffe, Luft, Wasser, Erde (Humus) wird dagegen massiv reduziert bzw. wieder ausgeglichen werden.

- Dazu wird ein großer Wandel in Richtung Dezentralisierung eingeleitet. Der größte Teil der Bedürfnisse (Nahrung, Wohnen, Energie, Arbeit, Kultur, Bildung, Soziales, Gesundheit usw.) wird lokal oder in der Region zu decken sein. Güter- und Personenverkehr werden sich dadurch sehr verringern und die Lebensqualität wird sich um einiges verbessern.

- Alle Landwirtschafts- und Gärtnerbetriebe werden frei von Chemie und Gentechnik und beziehen keine Futter-und Düngemittel mehr aus Drittländern. Der humuszerstörende und milchüberproduzierende Maisanbau wird sehr reduziert. Dafür wird verstärkt Gemüse, Obst und Getreide angebaut, damit die Bevölkerung sich schrittweise wieder aus der eigenen Region ernähren kann. Humus wird bewusst aufgebaut. Auch die Verbindung zwischen Bauern und Konsumenten wird vielseitig belebt.

- Durch reduzierten materiellen Konsum, Dezentralisierung, neue Techniken und Umbau der Häuser und Betriebe wird nur noch ein Bruchteil der heutigen Energie verbraucht. Sonne, Wind, Wasser und Holz bieten genug Energie, es kann sogar noch Strom von den Stauseekraftwerken exportiert werden.

- Vielfältige Arbeit wird es beim Wandel von der destruktiven Konsumgesellschaft zur neuen Kultur- und Dienstleistungsgesellschaft mehr als genug geben.

- Durch ein neues Geld- und Steuersystem kann Geld nicht mehr einfach ständig in die Spekulationsmärkte abgesaugt werden. Wirtschaftsgewinne stehen so in großem Umfang für Bildung, Forschung, Kultur, Soziales und Ökologie zur Verfügung.

- Als Beitrag zur weltweiten Friedens- und Kulturentwicklung werden mindestens 15% des Staatshaushaltes für Entwicklungshilfen im Sinne der hier vorgebrachten Entwicklungsideen aufgewendet. Gelder hierzu kommen aus den Steuereinahmen der „ökologischen und sozialen Fußabdrücke" der importierten Waren und aus dem ehemaligen Armeebudget, da dieses nun nicht mehr benötigt wird. Ein Großteil der jungen Schweizerinnen und Schweizer wird sich so für eine Periode, neben erfahrenen Entwicklungshelfern, in den internationalen Dienst für Mensch und Natur stellen können.

Die Pharmaindustrie, Nestlé, die Großbanken, die Waffenindustrie, die international arbeitenden Rohstoffhändler usw. werden sich überlegen müssen, ob sie ihre weltweiten Machtpositionen in den Dienst der Menschheit stellen wollen oder abwandern, da sich durch ein neues Steuersystem ein Fortführen der unmenschlichen Wirtschaftspraktiken in der Schweiz nicht mehr lohnt. Natürlich werden viele Schweizer diese „Geldbeschaffer" im Land behalten wollen. Aber will man, um einen Vergleich zu gebrauchen, wirklich weiter den Räubern im Dorf Schutz gewähren, da sie ja vorwiegend in anderen Dörfern auf Beutezug gehen? – Selbst wenn die großen

Aktionäre (Räuberhauptmänner) zum Abzug blasen, werden doch die meisten Mitarbeiter mit ihrem know how im Land bleiben wollen und können beim großen Umbau für Mensch und Natur mithelfen.

Tragende Gemeinschaften

Das Rückgrat einer jeden Gesellschaft sind funktionierende Gemeinschaften. Die alten natürlich gewachsenen Familien-, Nachbarschafts-, Dorf-, Arbeits-, Kirchen-, Ordensgemeinschaften usw., in denen der Einzelne Sicherheit finden konnte, sind in der Regel kraftlos geworden. Die Staaten haben mit ihren Sozialeinrichtungen äußerlich zum Teil diese Sicherungen übernehmen können. Durch unsere heutigen neoliberalen Wirtschaftsverhältnisse sind nun aber auch diese zentralisierten Sozialabsicherungen zunehmend gefährdet.

Politische Forderungen nach mehr Geldern für die Bevölkerung an die immer schwächer werdenden Staaten werden nur vorübergehende und punktuell äußere Sicherheiten bringen können. Die alten äußeren Sicherheiten gehen zu Ende. Wir brauchen ganz neue Formen von Sicherheiten.

In Zukunft wird Sicherheit in unserem individuellen Innern geboren werden müssen. Dazu braucht es eine innere Freiheit von Staat, Medien, Arbeitgeber, Familie usw. Ein Kraftpool kann aufgebaut werden, der sich aus dem *Geiste zukünftiger Entwicklungsmöglichkeiten für Mensch und Natur* speist.

Wir selbst sind es dann, die aus dieser inneren Kraft neue praktische Wege zur Lebenssicherung für unsere Familie, unsere Nachbarschaft, unsere Arbeitsgemeinschaft, ja der ganzen Menschheit, aufbauen werden.

Eine Grundstimmung der Dankbarkeit, des ständigen Lernens und des Mehr-Gebens-als-Nehmens, sollte selbstverständlich werden. Wir werden darauf vertrauen lernen, dass unsere inneren und äußeren Arbeiten auch die Menschen in unserer Umgebung positiv beeinflussen werden.

Auf diese Art entstehen schon heute überall ganz neue zarte Gemeinschaften, die Sicherheiten in ihre Umgebung ausstrahlen. Ich denke sogar, dass ohne diese sich in allen Lebensbereichen zart bildenden Gemeinschaften unsere Lebensverhältnisse bereits zusammen gebrochen wären.

Den nun schneller und schneller sich zuspitzenden politischen, wirtschaftlichen, sozialen und ökologischen Problemen sollten allerdings auch noch ganz neue kraftvolle Gemeinschaften entgegen gesetzt werden, die sich aus Menschen mit besonderem Verantwortungsbewusstsein zusammensetzen. Es wird nötig sein, dass solche Menschen sich zusammen tun, um exemplarisch Gemeinschaften aufzubauen, in denen zukünftige Lebensformen lernend entwickelt werden. Ein Grundverständnis der sozialen Kräfte: **Freiheit** (im Bildungs-, Kultur- und Religionsleben), **Gleichheit** (im Rechtsleben) und **Brüderlichkeit** bzw. Geschwisterlichkeit (im Wirtschaftsleben) ist dazu erforderlich.

Es kann da z.B. an einen zukünftigen „Dorforganismus" gedacht werden, der die beiden Lebenssäulen *Landwirtschaft* und *Kultur* ganz bewusst entwickelt. Zwischen diesen Säulen wird ein äußerlich einfaches, aber starkes Sozial-, Wirtschafts- und Rechtsleben sich entfalten können: mit Entscheidungsstrukturen, basierend auf breiter Information, Kompetenz und Verantwortungsbereitschaft, mit Lebensmittelveredelung und Handwerksbereichen, generationenübergreifend, energieneutral, mit lokaler Währung, mit Kindergarten, Alters- und Krankensicherung, Regelung von neutralen Besitzverhältnissen, Seminarbetrieb usw. – In diesen Gemeinschaften wird nicht die Selbstversorgung im Mittelpunkt stehen, sondern ein Service für die allgemeine Kulturentwicklung.

Auch in den Städten braucht es solche dienenden Gemeinschaften. Die Gestaltung von kulturellen, sozialen und ökologischen Lebensräumen und die Verbindung zu ökologischen Landwirtschaftsbetrieben werden dort von besonderer Bedeutung sein.

Vieles ist schon in verschiedenen Gemeinschaften erprobt worden, und sehr vieles muss noch weiter entwickelt werden. Jeder Standort und jede Gruppe bringen andere Vorrausetzungen mit. Wichtig ist, dass sich all diese Gruppen, Organisationen und Einzelaktivisten noch viel stärker

– voneinander lernend – vernetzen. Jeder kann etwas dazu beitragen. Das „Zuhören" und „Fragen" sollte vor dem „Reden" und „Besserwissen" stehen. Mit unserem alten Denken kommen wir nicht weiter. Schon im Vorfeld braucht es einen ständigen Lernprozess für neue Gemeinschaften. (Ein Buch zu diesem Thema wird folgen.) Immer wieder sehe ich bei meinen Beratungen, wie Gemeinschaften zusammenbrechen, bzw. erst gar nicht zustande kommen, weil man sich einfach keine übergeordneten Ideale oder neuen Fähigkeiten in Sozialem, Wirtschaft, Recht usw. aneignen will. Die guten Intensionen alleine reichen einfach nicht.

Hier ein Bild, um die Notwendigkeit einer Vorbereitung zu einer wirkungsvollen Gemeinschaft verständlicher zu machen: Wenn eine Gruppe den Mount Everest besteigen will, muss sie sich intensiv vorbereiten. Viel physisches und mentales Training ist dazu notwendig, Karten und Berichte vorheriger Aufsteiger müssen studiert werden, Beratungen oder besser noch die Teilnahme von erfahrenen Guides sind nötig, soziale und rechtliche Verhaltensregeln müssen erarbeitet werden, die richtigen Zelte, Seile, Schuhe, Jacken, Funkgeräte, Erste-Hilfe-Ausbildungen, Medikamente und vieles mehr braucht es. Alles kostet viel Geld. Und natürlich ist der eiserne Wille nötig, diese Tour, trotz aller Unbekannten, auch meistern zu wollen! In der intensiven Vorbereitungsphase werden einige von selber oder auf Anraten sich zurückziehen von der Gruppe. Sie können aber die Gruppe ein Stück helfend begleiten.

Zur Vorbereitung einer Lebens- und Arbeitsgemeinschaft braucht es sogar noch viel mehr Anstrengung, besonders wenn diese auch nach außen positiv und nachhaltig auf die weitere Gesellschaft wirken soll!

In unserer Gemeinschaft auf Hof Maiezyt im Berner Oberland müssen auch wir uns, trotz der täglichen praktischen Herausforderungen immer wieder an diese gemeinschaftsbildenden Fragen erinnern. Wir bieten auch Seminare zur Grundlagenerarbeitung zukunftsfähiger Gemeinschaften an.

Dazu habe ich z.B. das folgende Arbeitspapier ausgearbeitet:

Gemeinschaften für das Gemeinwohl

Unsere konventionellen Gesellschaftsstrukturen destabilisieren sich auf allen Ebenen. Soziale, wirtschaftliche und ökologische Probleme wachsen. Mehr und mehr Menschen suchen deshalb nach neuen Lebensformen. Viele alternative Gemeinschaften entstanden oder gründen sich nun neu, um „andere Wege" zu gehen.

Die anfangs erhofften Wunschvorstellungen erfüllen sich häufig nicht oder nur unter ungeahnten Schwierigkeiten. Widerstände, soziale Spannungen und ökonomischer Druck lassen oft den anfänglichen Enthusiasmus dahinschwinden. Ein innerer Rückzug in die alten (selbstbezogenen) Denk- und Lebensmuster führt dann zu weiteren Frustrationen.

Wir können aber aus den negativen Erfahrungen lernen, um uns besser auf die zu erwartenden Schwierigkeiten vorzubereiten.

Der Grund und Boden, die physische Grundlage einer Gemeinschaft ist oft noch in Privatbesitz und bevorteilt den Besitzer den anderen Mitgliedern gegenüber. Oder der Boden gehört einer Gemeinschaft, z.B. einem Verein, dessen Vorstand und Geschäftsführung sich immer weiter von den ursprünglichen Idealen der „grundgebenden" Gründer entfernen kann. Darum sollte auf die „Objektivierung" des Bodens, z.B. durch eine Stiftung geachtet werden. Dadurch hätte die Gemeinschaft ein „Gegenüber" welches die vereinbarten Ziele spiegelt und bei Bedarf auch helfen kann.

Bei Gemeinschaften gibt es immer wieder zwei entgegengesetzte Problemgruppen:

1. Gemeinschaften mit zu viel Institutionalisierung (meistens etablierte Gemeinschaften mit einem Sozial- oder Bildungsauftrag). Hier gibt es häufig eine straffe Führungsstruktur mit einer Geschäftsführung, die oft nur schwachen menschlichen Kontakt zu den meist angestellten Mitarbeitern hält. (Finanzielle)-

Wirtschaftlichkeit und Staatsvorgaben stehen zunehmend im Vordergrund. Oft ist die Geschäftsführung gut akademisch ausgebildet, hat aber mit den ursprünglichen Idealen der Gründungsgruppe wenig zu tun. Durch die institutionelle Kälte ziehen sich die Mitglieder zunehmend in ihr enges Privatleben zurück.

2. Gemeinschaften mit zu wenig Realitätssinn. Gutgemeinte Konzepte, wie Permacultur oder Transition-Town werden häufig ohne jeglichen professionellen Hintergrund der Mitglieder zur Grundlage gemacht. Die angestrebte Selbstversorgung stellt sich schnell als Illusion heraus, da nicht nur Lebensmittel, sondern auch Baumaterialien, Autos, Energie, medizinische Versorgung usw. von außen bezogen werden. Viel Energie geht in das soziale Miteinander und in die Versuche eine Basisdemokratie aufzubauen. Gemeinsame Ziele, die nach außen gerichtet sind, gibt es dagegen kaum. Mit Gemeinschafts-Regeln tut man sich oft schwer.

Zur Vorbereitung einer zukunftsfähigen Arbeits- und Lebensgemeinschaft braucht es Ziele mit klaren Aufgaben, die dem Gemeinwohl dienen. Um die dazu notwendigen Gemeinschaftsmitglieder zu gewinnen und langfristig zu motivieren braucht es auch Strukturen, die dies ermöglichen.

a) Im Kern einer solchen Gemeinschafts-Struktur wird es immer eine *Verantwortungsgemeinschaft* mit voller Rechenschaftspflicht brauchen, die aber bemüht ist weitere Mitglieder aus der erweiterten Gemeinschaft in diese hineinwachsen zu lassen.

b) Es wird natürlicherweise immer Gemeinschaftsmitglieder geben, die nicht, noch nicht oder nicht mehr in der Lage sind die volle Verantwortung mitzutragen. Trotzdem sollte jedes dieser *Mitglieder* eine oder mehrere Mitverantwortungen tragen, (und seien sie noch so klein).

c) Zur weiteren Gemeinschaft gehören auch die *Freunde*, (Vereinsmitglieder, Kunden, Besucher, Förderer usw.).

Viele Spannungen und Rückschläge können reduziert werden, wenn sich jedes Mitglied seines Platzes innerhalb dieser 3 Gruppen bewusst ist, diesen akzeptiert und sich zum Wohle der Gemeinschaft und dessen Ziele weiterentwickelt.

Die Ziele der Gemeinschaft (ein grundlegendes Beispiel):

Die Entwicklung einer vielfältigen Arbeits- und Lebensgemeinschaft soll in Verbindung mit einem biologisch- dynamischen Landwirtschaftsbetrieb stattfinden.

Die Gemeinschaft will sich tatkräftig für die Gesundung und Entwicklung der Gesellschaft in den Bereichen: ☐ der Ökologie, ☐ der Volkspädagogik, ☐ des sozialen Friedens, ☐ der Kultur / Spiritualität, ☐ der Gesundheit, ☐ einer Gemeinwohlökonomie und ☐ diese Ziele unterstützende Rechtsformen einsetzen.

Die folgenden Bereiche werden dazu aktiviert und entwickelt:

a) Bewusstseinsförderung hin zu einem wirklichen Verantwortungsbewusstsein gegenüber der landwirtschaftlichen Urproduktion – „solidarische Landwirtschaft" durch Mitverantwortung der Bevölkerung.

b) Der biologisch-dynamische Landwirtschaftsbetrieb soll bei steigendem Humusgehalt des Bodens und erhöhter ökologischer Vielfalt mindestens so viel Nahrung hervorbringen wie die Durchschnittsfläche pro Person in Mitteleuropa dies leisten kann (ca.2200 m2 / Person). Also 1 Ha Landwirtschaftsfläche mittlerer Bodengüte sollte mindesten 4 Personen voll ernähren.

c) Kindern und Jugendlichen die Natur und das Handwerk näher bringen und dadurch Observationsfähigkeiten, Kreativität und Willenskräfte fördern. Die Schaffung von Erfahrungswerten ermöglichen. Kinder und Jugendliche darin unterstützen Handlungs- und Urteilsfähigkeit zu entwickeln.

d) Ein gesundes assoziatives Wirtschaftsleben, welches dem Gemeinwohl dient. Das heisst: Produktion und Dienstleistungen nur für den wirklichen Bedarf, welcher möglichst aus der Region und sozial und ökologisch vertretbar hervorgebracht wird. Produzenten, Dienstleister, Händler und Konsumenten werden an der Entwicklung dieser Gemeinwohlökonomie beteiligt.

e) Ein auf das nötigste reduzierter Energiebedarf mit erneuerbaren Energieformen. Die Gemeinschaft versucht sich mindestens energieneutral zu versorgen (inkl. der Urlaubreisen).

f) Ein reiches kulturelles / spirituelles Leben, welches zwischen Natur – Mensch – Bildung – Wissenschaft und Wirtschaft webt. Studiergruppen und Kulturfeste sollen zu diesem Ideal beitragen und Hoffnung und Freude in der Gemeinschaft sowie dem sozialen Umfeld/Region verbreiten.

g) Alle Lebensbereiche (Ökologie – Kultur – Bildung –Wirtschaft – Energie – Gesundheit – Soziales –Rechtformen usw.) sollen wissenschaftlich begleitet werden. Das Ziel dabei ist es die Entwicklungsprozesse so zu optimieren, dass die verschiedenen Bereiche sich zu einem gesunden sozialen Organismus entwickeln können. (Hierbei kommt **1.** das geschwisterliche Wirtschaften, **2.** die gleichberechtigten Sozial-, Gesetzes- und Politikformen und **3.** das freie Geistesleben in Bildung, Religion, Wissenschaft und Kunst zum Tragen. Dieser dreigegliederte soziale Organismus kann mit Hilfe der Anthroposophie eine neue Orientierung erfahren und entwickelt werden). Die Erkenntnisse sollen der Gesellschaft zur Verfügung gestellt werden.

h) Erwachsenenbildung, welche die Teilnehmer befähigt ähnliche Initiativen auch anderen Ortes begründen zu können.

Regeln

Die Entwicklung und Freiheit des Einzelnen ist Grundlage für eine zukunftsfähige Gemeinschaft. Gleichzeitig braucht es für die Entwicklung einer Gemeinschaft Individuen, die aus Verantwortung auf manche Freiheiten verzichten können.

Um die nachhaltigen Entwicklungsziele erreichen zu können, macht sich die *Verantwortungs-Gemeinschaft* folgende Regeln zur Grundlage:

1) Die Motivation zur Teilnahme an der Verantwortungsgemeinschaft wird in erster Linie durch den Willen gesucht, die Gemeinschaft bei ihren Zielsetzungen zu unterstützen. Persönliche Motivationen wie Geltungsbedürfnis sind fehl am Platz.
2) Mehr geben als nehmen sollte selbstverständlich sein. (Für Eltern Ihren Kindern gegenüber ist dies ja auch selbstverständlich).
3) Mehrgenerationen. Wir wollen aus einer altersbedingten sozialen Vielfalt schöpfen und uns gegenseitig bereichern.
4) Es wird ein gesundes körperliches, seelisches und geistiges Leben angestrebt.
5) Die Gemeinschaftsmitglieder übernehmen Verantwortung nicht nur in ihrem eigenen Wohn- und Arbeitsbereich, sondern möglichst weit auch für den gesamten Lebensorganismus und deren soziales Umfeld. Dafür soll jeder in seiner persönlichen Initiativkraft befeuert und unterstützt werden ...
6) Das direkte Arbeitsfeld sollte möglichst professionell und im assoziativen Austausch mit den anderen Arbeitsfeldern durchgeführt werden. Eine ständige Weiterbildung ist dazu notwendig.
7) Ein einfaches äußeres Leben ist selbstverständlich. Ein auf die Bedürfnisse zugeschnittenes Leben im Materiellen wird gelebt. Im Durchschnitt werden von den tragenden Mittarbeitern nicht mehr als 35 m2/Person private Wohnfläche (wie 1995), inklusive gemeinschaftlicher Räume wie Gästezimmer und Bibliothek bewohnt. Es gibt nur Gemeinschaftsautos. Auch andere Gebrauchsgegenstände, wie Waschmaschinen und Elektrowerkzeuge können gemeinsam genutzt werden. (Ohne diese Einschränkungen wären die energetischen, ökologischen, sozialen, wirtschaftlichen und beispielgebenden Ziele kaum zu erreichen sein.)
8) Nahrung und Gebrauchsgüter wie Kleidung, Baumaterialen und Technik sollten möglichst mit geringen ökologischen und sozialen Schäden hergestellt worden sein (Fußabdruck). Dies heißt in der Regel auch faire Preise zu bezahlen.

9) Der richtige und offene Umgang mit Geld ist sehr wichtig. Geld wird als „Möglichmacher" zugunsten des Gemeinwohls wahrgenommen. (Eine eigene Währung und eine Gemeinschaftskasse unter den Verantwortungsträgern kann sehr hilfreich sein.)

10) Soziale Wachheit und Toleranz sind ein ständiges Übungsfeld.

11) Am gesamten Leben teilnehmen gibt Kraft. In der Gemeinschaft gibt es viele wirtschaftliche, soziale und kulturelle/spirituelle Aktivitäten. Auch wenn der Einzelne seinen Schwerpunkt nur in einer dieser 3 Felder hat, so ist es doch wichtig dass sich jeder an allen Bereichen beteiligt. (Z.B. wenn sich jemand aus dem sozialen Leben oder dem kultur-spirituellen Leben zurückzieht, dann führt das über kurz oder lang zu Spannungen oder sogar zur Krankheit)

12) Entscheidungen werden von den Mitgliedern getroffen, die die sachliche und menschliche Kompetenz in dem jeweiligen Bereich haben und in der Lage sind auch die Verantwortung dafür zu übernehmen. Das Delegationsprinzip wird unter diesem Gesichtspunkt eingesetzt (Entscheidungen oder Vorbereitungen dazu werden an kompetente Mitglieder delegiert). Wo nötig ist fachlicher Rat von außen einzuholen. Auf eine breite Transparenz und Möglichkeit für die weitere Gemeinschaft zusätzliche Gesichtspunkte einzubringen, wird viel Wert gelegt.

13) Konflikte werden möglichst im Anfangsstadium geklärt und gelöst. Wenn Konflikte weiterbestehen, verpflichten sich die Beteiligten, neutrale Personen, erst einmal aus der Gemeinschaft, zur Lösung beizuziehen.

14) Jeder Einzelne braucht zur Entwicklung auch seinen individuellen Freiraum! Idealerweise wird dieser weniger vom Einzelnen eingefordert, als vielmehr dieser von der Gemeinschaft gegeben.

15) Es wird regelmäßig an den Zielen der Gemeinschaft zum Wohle der Menschheits- und Erdentwicklung weiter gearbeitet.

16) Jeder bemüht sich eine gewisse Frische und Freude in das Gemeinschaftsleben zu bringen. Die Gemeinschaft unterstützt

ihre Teilnehmer individuell und gemeinschaftlich in ihrer Entwicklung.

17) Die Verantwortungsgemeinschaft bemüht sich ihren Kreis durch Offenheit und Weiterbildung zu erweitern.

18) Das Ausscheiden sowie der Zugang aus oder in die Verantwortungsgemeinschaft werden mit viel Bewusstsein geregelt. Dies ist ein Rechtsakt. (Es soll ja nicht wie in der Politik üblich, die Verantwortung übernommen werden indem man einfach „den Hut nimmt und geht".)

19) Die Verantwortungs-Gemeinschaft und deren einzelnen Mitglieder machen jährlich eine Rückschau (mit Protokoll) auf ihre Tätigkeiten in Zusammenhang mit den hier aufgeführten Zielen und eingegangenen Regeln. Bei Bedarf, spätestens aber alle zwei Jahre werden diese mit der grundstücksverpachtenden Stiftung auditiert und weiterentwickelt.

Die Ziele und Regeln dieses Arbeitspapieres für gemeinwohlorientierte Gemeinschaften verursachen bei den Lesern oft ganz unterschiedliche Reaktionen. Manche sagen sie seien zu streng und dogmatisch, andere empfinden diese als bereichernd und notwendig. Die letzteren sind eher ideelle Menschen mit viel Lebenserfahrung.

Die Stärke der Bewegung von anders lebenden und arbeitenden Gemeinschaften liegt in ihrer Vielfalt. Zu große Organisationen büßen nicht nur in ihrem Innern Kraft durch eine wachsende Institutionalisierung ein. Sie sind auch von außen leichter angreifbar. Zu leicht finden die Herrschenden mit ihren Massenmedien irgendwelche menschlichen „Verfehlungen" oder versuchen vor einer „Sekte" zu warnen, weil einige Menschen anders (bewusster) leben wollen. Viele kleine Davids (Gemeinschaften) werden den Goliat in die Schranken weisen müssen.

In der Geschichte hatten wir schon einmal die Verfolgung und Vernichtung einer selbstlosen und menschheitsfördernden Organisation. Im Mittelalter herrschten damals politische Unstabilität, Barbarei, Hunger und innerer Zerfall. Die dekadente Kirche konnte dem Verfall nichts entgegensetzen. Eine Bewegung, die sich tief religiös, aber sehr praktisch für die kulturelle und wirtschaftliche Entwicklung von ganz Europa eingesetzt hat, konnte diesen negativen Trend ins Positive wenden. Der „Templerorden", offiziell: *Arme Ritterschaft Christi und des salomonischen Tempels zu Jerusalem* (1118-1312), verband damals aktiv ein tief spirituelles Mönchsleben mit den Idealen eines schützenden Rittertums. Die Templer beschützten nicht nur die Pilgerstrecken wie z.B. jene nach Jerusalem oder den Jakobsweg, sondern sorgten auch in ganz Europa für relativ sichere Handelswege. Überall wurden Herbergen, Krankenstationen und Hospize betrieben. Für den sicheren Handel wurde auch eine Art Reisechecksystem eingeführt. Gegen eine Gebühr konnte Gold an einer der vielen Komtureien abgegeben werden und mit dem ausgestellten Reisecheck an anderer Stelle wieder gegen Gold eingetauscht werden. Die Gewinne aus diesen gesellschaftlich nützlichen Bankgeschäften sowie die vielen Zuwendungen erlaubten den Templern, den Kulturaufbau in Europa immer weiter voranzutreiben. Die enormen Reichtümer an Land, Gebäuden und Gold wurden nicht im negativen Sinne als „Besitz" angesehen, sondern als „Mittel", ein die Menschen förderndes Christentum zu verbreiten. Der Beginn des Baus vieler gotischer Kirchen und Kathedralen ist auf die Aktivitäten und spirituell-mathematischen Kenntnisse der Templer zurückzuführen. Die Ordensmitglieder selbst lebten – ihrem Namen entsprechend (Arme Ritter Christi) – in äußerer Armut. Damals schon war diese Bewegung in der Lage, weltliche Macht-, ja sogar schon Demokratiestrukturen durch ein auf Kompetenz sich stützendes System zu erneuern. Ganz bewusst unterordneten sich die Templer geistlich-christlichen Gesetzen. Je mehr ein Mitglied die geistigen Gesetze zur Menschheitsentwicklung durch Meditation „wahrnehmen" konnte, desto höher stand es in der Hierarchie des Ordens. Ganz oben standen die höchsten Eingeweihten mit dem Großmeister an der Spitze. Diese geistigen Führer wirkten zuletzt von Frankreich aus. (Vorher: Zypern, Jerusalem und Akkon).

Bei den weltlichen Führern und bei der Kirche erzeugten die hohen Ideale und physischen Besitztümer des Templerordens allerdings Misstrauen und Begehrlichkeiten – vor allem bei dem französischen König

Philipp IV. (Philipp der Schöne). Er organisierte mit Hilfe des Papstes Clemens V. eine konzertierte Aktion gegen die Templer und ließ alle Templer in Frankreich durch eine vorher geheim gehaltene Generalanklage am Freitag, den 13. Oktober 1307 verhaften. Es wurde ihnen u.a. Ketzerei und Homosexualität vorgeworfen – und ihr ganzer Besitz wurde beschlagnahmt. In den folgenden Wochen und Jahren erzwang Philipp der Schöne durch brutalste Folterungen die gewünschten Geständnisse von vielen Templern und überließ der Kirche die weiteren Verhandlungen. Unter Leitung der Kirche wurden die Untersuchungen der Inquisition jahrelang fortgeführt, wieder mit Hilfe der schlimmsten Folterungen. Viele starben bei diesen „Verhören" oder auf dem Scheiterhaufen. Am 22. März 1312 löste dann Papst Clemens V den Templerorden auf. Der letzte Großmeister des Templerordens, Jacques de Molay, und seine führenden Begleiter lebten noch für weitere zwei Jahre unter den qualvollsten „Verhören". Am 18. März 1314 wurden sie in Paris bei lebendigem Leibe auf dem Scheiterhaufen verbrannt. Kurz vor seinem Tod widerrief Jacques de Molay die erpressten Geständnisse und beteuerte die Unschuld des Ordens.

Bis zum heutigen Tag wurden von der katholischen Kirche die Templer nicht rehabilitiert, und die Auflösung des Ordens wurde nicht formal aufgehoben. Da das meiste historische Material zu diesem grausamen Fall in Händen der katholischen Kirche liegt, ist es auch nicht verwunderlich, dass bis heute noch deformierende Geschichten über die Templer im Umlauf sind, die sich auf vermeintlich offizielle Unterlagen stützen.

Auch wenn Jacques de Molay und seine vielen tausend Mitstreiter ihre Mission damals so brutal beenden mussten, leben bis heute nicht nur ihre äußeren kulturellen Errungenschaften weiter, sondern auch ihr „unerschütterliche Glaube an das Entwicklungspotential der Menschen" wirkt weiter in der geistigen Welt und kann von jedem in Freiheit gesucht werden.

Darum ist dieses Buch Jacques de Molay und all denen gewidmet, die ihr Leben für den Aufbau einer menschenwürdigeren Welt gegeben haben.

Aus der „Mitte" heraus aktiv werden

Alle alternativen bzw. sozialen Techniken und politischen Aktivitäten werden nicht genügen, unsere wachsenden Probleme zu überwinden. Ein stärkeres wahrhaftiges Interesse am „Entwicklungspotential" des Menschen und der Natur wird immer mehr vonnöten sein.

„Innere Arbeit", die uns wieder zu unserer „Mitte" führt und uns die Kraft und Weisheit gibt, praktisch das Richtige zu tun, ist Voraussetzung für einen Wandel.

Bei den heutigen Lebensverhältnissen ist es allerdings nicht so einfach, unsere „Mitte" wiederzufinden.

Inwieweit versuchen wir persönlich zum Beispiel eine „Mitte" zwischen „Nehmen" und „Geben" zu finden? „Geben" wir der Natur und den Mitmenschen in dem Maße auch unser Interesse und unsere Arbeitskraft zurück, so wie wir etwas von ihnen genommen haben? Die persönlichen und gesellschaftlichen Krankheiten und Abstürze haben sehr damit zu tun, dass das „Nehmen" einseitig in unserer egoistischen Kultur zum Ideal erhoben worden ist.

Von zwei Seiten werden wir immer wieder aus unserer „Mitte" gezogen. Auf der einen Seite haben wir die Tendenz, dem Materialismus zu verfallen. Alles muss sich „rechnen" können und „billig" sein. Selbst in der Umweltpolitik oder in der Biolandwirtschaft kalkuliert man immer mehr mit wachsenden Mitglieder- oder Umsatzzahlen. Der sich „entwickelnde Mensch" oder die „erbauende Vielfalt der Natur" werden leicht übersehen.

Andererseits kann uns zu viel intellektuelles Gerede und Phantasterei von den praktischen Notwendigkeiten für eine bessere Welt ablenken. Auch religiöser Dogmatismus, spirituelle Schwärmerei oder Abhängigkeiten von einem Führer oder Guru wirken schädlich, da sie für die Verbesserung der Lebensverhältnisse eher hinderlich sind.

Aber auch religiös gefestigte Menschen werden immer wieder Verführungen ausgesetzt. Diese können sich z.B. in Form von Realitätsverlust, Selbstüberschätzung oder Machtgelüsten zeigen.

Woher kommen diese „Angriffe" auf unsere Menschheits- und Erdentwicklung? Wer verursacht „willentlich" die Umweltzerstörung, die Hungersnöte usw.? Sind es wirklich die Reichen, die Superreichen, Politiker oder ein Kreis von Verschwörern? Will der Mensch (mich nicht ausgenommen) die Welt wirklich „willentlich" zerstören? Sicher nicht (wenn man von einzelnen „Besessenen" absieht).

Aber was treibt uns dazu, diese Selbstvernichtung im Großen und im Kleinen täglich noch zu verschlimmern? Sind wir uns dieser „negativ treibenden Kräfte" wirklich bewusst? Warum nennen wir gerade unsere negativen Eigenschaften „menschlich"? Gerade diese Eigenschaften sind es doch – besonders wenn sie im Zusammenhang mit Geld auftreten –, welche die wachsenden „unmenschlichen" Situationen verursachen. Sind wir in unserer „Urteilskraft" schon so gefangen genommen und degeneriert, dass wir die krankmachenden Verhaltensweisen als selbstverständlich, oft sogar als „richtig", beurteilen? Unser Unterbewusstsein scheint zunehmend diesen destruktiven Kräften ausgeliefert zu sein.

Könnte es nicht sein, dass es außerhalb unseres normalen Bewusstseins einen mächtigen „Angriff" dieser „negativ treibenden Kraft" auf die Menschheit gibt, die unsere Weiterentwicklung verhindern will?

Gleichzeitig haben wir immer noch ein Empfinden für Gerechtigkeit, Schönheit, Wahrheit, Lebenswillen, usw. Diese positiven „Empfindungen" sind es, die uns - trotz aller Schwierigkeiten - immer wieder zur Arbeit gehen, das Gespräch mit den Mitmenschen suchen, den Garten oder die Wohnung schön gestalten lassen usw. Sind wir uns dieser „positiven Kräfte" wirklich bewusst?

Wir können uns diesen positiven Kräften bewusst öffnen. Wir können uns in Freiheit für sie entscheiden.

Man sollte meinen, dass die Kirchen bei der inneren Orientierung und Festigung der menschlichen „Mitte" helfen, so dass die Menschen mit dieser Kraft dazu in der Lage sind, auch nach außen eine kräftige mitmenschliche und nachhaltige Zukunft aufzubauen. Aber leider findet man nur wenig zukunftsweisende Leuchtpunkte im Umkreis unserer Kirchen. Eine wirkliche praktische Auseinandersetzung mit den degenerierten sozialen, wirtschaftlichen und ökologischen Verhältnissen findet kaum statt. Wo findet man z.B. eine substantielle Hilfestellung für die leidenden Mitmenschen oder eine naturschonende Bioernährung bei den Veranstaltungen der Kirchen?

Die Kirchen scheinen allgemein zu netten, systemgetreuen und kraftlosen Institutionen verkommen zu sein. Es wird viel von dem guten Menschen Jesus gesprochen. Aber wer fragt sich dort noch, wer Christus ist und warum er sich für die gesamte Menschheit inkarniert hat? Wir sollten das „Christentum" nicht mit der „Institution Kirche" verwechseln. Wobei ich damit nicht behaupten will, dass es in der Kirche keine Christen gibt, die sich auch aktiv für Mensch und Natur, also für eine bessere Zukunft einsetzen.

Die Begriffe „Gott", „Christus", „heilig", „brüderlich" usw. kann man im Gespräch mit den meisten Mitbürgern nur noch mit größter Vorsicht verwenden. Zu sehr sind diese Begriffe durch die Kirchen missbraucht, intellektualisiert, hohl und kraftlos gemacht worden. Viele Menschen fühlen sich sogar abgestoßen von diesen Begriffen.

Dabei leben in der Bevölkerung zunehmend Fragen und Wünsche nach „inneren Werten", „Erkenntnissen", „Spiritualität", „Engeln" usw. – was auch für Zulauf bei den verschiedensten Glaubensrichtungen, z.B. den östlichen Religionen oder Schamanismus, sorgt. Die spirituelle Suche scheint sich mehr und mehr zu individualisieren.

Der Frust mit den konventionellen Kirchen hat leider auch unseren religiösen Wortschatz materialistischer werden lassen. Ausdrücke wie: „Kraftfelder", „in Resonanz kommen", „Schwingungen aufnehmen" usw. werden immer selbstverständlicher.

Können wir nicht den Mut aufbringen, ganz persönlich wieder mit der Suche zu beginnen und unseren geistigen Ursprung mit „Gott" benennen, unseren göttlichen Freiheitsbringer mit „Christus" und unser geistiges Rechtsempfinden mit „Heiligem Geist"? Die uns umgebende geistige Welt wartet förmlich auf unser tieferes Verständnis, so dass sie uns Kraft, Idealismus und „Begeisterung" geben kann, um die praktischen Herausforderungen zu meistern. Wenn wir diese geistige Welt nicht zu eng sehen, braucht sie auch nicht im Widerspruch mit „Engelwesen", „Reinkarnation", „Buddha", „Elementarwesen" usw. zu stehen. All diese Kräfte wirken zusammen, um eine Entwicklung zu ermöglichen.

Es gibt auf dem spirituellen (Jahr-)Markt reichlich Angebote über sanfte Wege ins vermeintliche Glück geführt zu werden. Möchtegern Gurus und Medien kosten oft viel Geld und können in gefährliche Sackgassen führen. Viele Suchende fangen an, den Boden unter den Füssen zu verlieren.

Eine wirklich geistige Entwicklung braucht dagegen einen starken Willensentschluss. Konzentration, Kontemplation und Meditation sollten dazu regelmäßig gepflegt werden. Nur so kann die Verbindung zwischen Himmel und Erde ins fließen kommen. Im Umfeld der übenden Menschen wird es sich zeigen, ob die Lebensverhältnisse sich verbessern und sie damit auf dem richtigen Pfade sind.

In Zukunft werden sich die Verhältnisse umkehren. Der Einzelne wird nicht mehr seine Kraft aus den Familien, Alternativgemeinschaften, institutionalisierten Kirchen, Staaten, Gewerkschaften, Sozial-, Bildungs- und Umweltorganisationen ziehen können, sondern er wird es selbst sein müssen, der diese Gemeinschaften und Institutionen wieder mit Spiritualität und Leben füllt. Die zukünftige Gemeinschaft oder Kirche wird immer mehr dort als verborgene Kraft wirksam sein, wo sich Menschen begegnen und das (göttliche) Entwicklungspotential von einander wahrnehmen. Es wird uns immer schwerer fallen glücklich zu sein, wenn es nicht auch unseren Mitmenschen gut geht.

Wie es bei der Metamorphose der Pflanze nach der stufenweisen Ausbildung von grünen Blättern plötzlich einen Sprung gibt und die ersten Kelchblätter, dann die Blütenblätter, die Staubgefäße, der Stempel usw. hervorkommen, so gibt es auch in der Menschheitsentwicklung immer wieder Evolutionssprünge. Die Menschheit steht mitten in solch einem Wandel. Jeder Einzelne trägt die Mitverantwortung für die Ausgestaltung dieses „Evolutionssprunges".

Was hat dies alles mit einer „zukunftsfähigen Geld- und Wirtschaftsordnung für Mensch und Natur" zu tun? Sehr viel! Denn Nachhaltigkeit und Entwicklung(!) ist nur möglich, wenn wir die Welt durch unsere innere Aktivität, durch unsere „Mitte" neu beleben. Die Welt braucht unser „begeistertes" Wirken, damit die „Evolution" sich in einer positiven Richtung über das Absterbende erheben kann.

Abschließendes

Wir konnten in diesem Buch erfahren, dass jeder Einzelne von uns die Zukunft auf allen Ebenen mitgestalten kann.

Die Wandlung des Einzelnen ist die Voraussetzung, um von unserer zerstörerischen Profit- und Konsumgesellschaft hin zu einer sozial- und kulturaufbauenden Bedarfsgesellschaft zu gelangen.

Wer heute noch darauf vertraut, dass „die da oben" in Wirtschaft und Politik unser immer mehr zentralisierendes, auf Wachstum und Profitmaximierung aufgebautes „System" noch im Griff haben und meint, dass sie schon rechtzeig das Richtige tun, um uns und die Welt vor Schäden zu schützen, zeigt nur, dass er ein gut gesteuertes Rädchen im „System" ist.

Ein Beispiel der menschen- und naturverachtenden Handlungen unserer „Führer" in Wirtschaft und Politik sind die immer weiter forcierten Freihandelsabkommen, um irgendwie noch ein Wirtschaftwachstum hinzubekommen. Hierdurch können wir noch mehr ganz „frei" und „billig" Waren aus Ländern kaufen, in denen die Menschenrechte mit Füßen getreten werden und es kaum Umweltstandards gibt. Gleichzeitig müssen hierzulande Landwirte und Unternehmen aufgeben, die eben wegen dieser Standards nur zu teureren Preisen produzieren können.

Die zunehmenden Proteste in der Bevölkerung, egal ob von Links oder Rechts kommend, richten sich im Kern gegen die Führenden in Politik und Wirtschaft, da sie einfach die Zukunftssorgen in der Bevölkerung nicht mehr ernst nehmen und sich fast ganz auf die Seite der mächtigen Finanzindustrie gestellt haben. Die Antwort auf die Proteste sind nicht etwa Verständnis, Lösungssuche und Dialog; nein, die Bevölkerungsteile werden ganz geschickt mit Hilfe der Medien gegeneinander ausgespielt. Die Rechten gegen die Linken, die Umweltschützer gegen die Technokraten, die Arbeitenden gegen die Arbeitslosen, die Ausländer gegen die Heimatschützer, die Burka's gegen die Erotikkultur usw. Es werden verdrehte und einseitige Inhalte vermittelt und damit wird eine gefährliche Stimmungsmache provoziert. Die Medien schüren sogar noch die Demonstrationen und Gegendemonstrationen an, siehe z.B. „PEGIDA". Im Schatten dieser Volksrangeleien lässt es sich weiter regieren wie gehabt. Das alte Rezept: „teile und herrsche" funktioniert immer noch sehr gut.

Von einer objektiven Demokratie entfernen wir uns immer mehr!

Um die Machtansprüche, das Wirtschaftswachstum und besonders den Dollar aufrecht zu erhalten, binden die USA Europa immer mehr an ihre Expansions-Politik. Gemeinsam wird z.b. gefährlich gegen Russland und den Iran agitiert, manipuliert und provoziert. Die Medien, gefüttert von den zentralisierten Nachrichtenagenturen, stellen dies allerdings umgekehrt dar. Dabei verliert Europa seine eigentliche Aufgabe, zwischen West und Ost ausgleichend aufzutreten.

Mehr und mehr zusätzliche oder sogar gegenteilige Informationen zu politischen und wirtschaftlichen Themen sickern durch. Islamischer Terrorismus, Menschenrechtsverletzungen, Kriege, Regierungsstürze, Freihandelsabkommen, sogenannte Epidemien, wie Ebola usw. erscheinen oft in einem ganz anderen Licht. Bei jeder einzelnen Nachricht sollte man sich fragen, wer verdient denn gerade daran oder welches politische Kalkül steckt gerade dahinter, kurz: „Wem nützt es?". Zum sogenannten Terrorismus z.B. könnte man sich fragen, warum es diesen überhaupt gibt, und ob unsere ausbeutende Weltwirtschaftspolitik vielleicht damit etwas zu tun habe. Oder warum Bomben zwischen unschuldigen Normalbürgern explodieren und nicht in Börsen-, Bank-, Medien- und Rohstoffhandelszentralen. Sind es nicht vielleicht auch gewollte Attentate, damit das Volk mehr Angst bekommt und noch mehr Bespitzelungen hinnimmt und Kriegen gegen sogenannte Terroristen und Diktatoren zustimmt?

Da ist es wichtig, sich auch andere Informationsquellen zu besorgen und beide Seiten unter die Lupe zu nehmen. Z.B. fand ich in *„Stimme und Gegenstimme"* folgenden kleinen Artikel:

„*Absturz der MH17 und Verschwinden der MH370: Zufall? lv. Mit dem Absturz von MH17 im Juli 2014 und dem ominösen Verschwinden von MH370 im März 2014 war innerhalb weniger Monate die staatliche „Malaysian Air" betroffen. Ein Zufall bei ca. 1000 Airlines weltweit, oder ein Einschüchterungsversuch? – Malaysia bot nämlich der US-Vorherrschaft wiederholt die Stirn: Es führte im Jahr 2010 eine vom US-Dollar unabhängige Währung ein, die durch eigenes Edelmetall gedeckt ist. Zudem lässt ein Urteil eines hohen malaysischen Gerichts aus dem Jahr 2012 aufhorchen. Denn darin wurden Tony Blair, ehemaliger britischer Premierminister, und George W. Bush, ehemaliger US Präsident, als Kriegsverbrecher verurteilt. Der Grund sind die gefälschten Beweise für den Kriegseinsatz gegen den Irak im Jahr 2003. Im Jahr 2013 verurteilte dasselbe Tribunal zudem Bush und sieben weitere Personen aus seiner Regierung wegen Verbrechen gegen die Menschlichkeit im Irak und in Guantanamo."*

(Da das Blatt *„Stimme und Gegenstimme"* von verschiedener Seite als Verschwörungsblatt einer Sekte kritisiert wird, überprüfte ich besonders die Angaben dieses Blattes. Alle Aussagen in diesem Artikel fand ich voll bestätigt!)

Ich habe schon erwähnt, dass ich bei den heutigen Verhältnissen nicht damit rechne, dass globale soziale und wirtschaftliche Zusammenbrüche noch aufzuhalten sind. Die Waffen- und Finanzmarktlobby mit ihren Helfern in Politik und Massenmedien ist einfach zu stark und hält die Masse mit ihrer „Wachstums- und Terroristenpropaganda" bis zum Schluss an der „Konsum- und Überwachungsleine".

Aber vielleicht ist es ja auch trotz des zu erwartenden Chaos und Elends besser, wenn diese Zusammenbrüche früher als später kommen. Denn noch haben wir etwas Humus in der Erde, einige Fische in den Meeren, ein Klima, welches sich vielleicht wieder stabilisiert, bedrohte Pflanzen- und Tierarten, die sich wieder vermehren könnten, Rohstoffe, die noch nicht ganz ausgebeutet sind, und wir haben noch einen größeren Teil der Bevölkerung, der emotional gesund und frei von Medikamenten, Alkohol, Film, Spiel und anderen Süchten ist.

Was passiert aber nach gravierenden Wirtschaftszusammenbrüchen?

Grundsätzlich sehe ich zwei mögliche Szenarien. Diese hängen davon ab, wie viele Menschen sich jetzt schon innerlich und praktisch mit nachhaltigen Lebensstrukturen intensiv beschäftigen.

Zur Zeit mögen in der westlichen Welt vielleicht 40% der Menschen alternativen Ideen gegenüber aufgeschlossen sein. Aber es sind vielleicht nur 10% der Menschen, die regelmäßig bewusst zumindest einige Dinge im Leben geändert haben und z.B. konsequent „Bio" einkaufen. Dies reicht aber nicht. Schätzungsweise ist zur Zeit vielleicht nur 1% der westlichen Bevölkerung so konsequent in ihrem Leben, dass es nicht nur in Teilbereichen ein nachhaltig aufbauendes Leben führt. Dieser Teil ist nicht nur aktiv in physischen Bereichen, wie Nahrung, Wohnen, Arbeit, Verkehr usw., sondern engagiert sich auch aufbauend in sozialen und kulturellen Zusammenhängen.

Diese 1% an Menschen, die wirklich nachhaltig und vorbildlich leben, werden aber nicht reichen, die Gesellschaft nach einem Zusammenbruch wirklich aus dem Chaos und Elend zu führen. Das allgemeine Unverständnis und der Egoismus werden das Chaos nur noch schlimmer machen. Die alten Machthaber werden wieder versuchen, eine Struktur aufbauen, welche genau dem gleichen menschen- und naturverachtenden

Profitsystem von heute entspricht. Dies ist das eine (pessimistische) Szenario.

Für das zweite (optimistische) Szenario brauchen wir nach meiner Meinung mindestens 5% an nachhaltig und vorbildlich lebenden Menschen, um eine bessere Zukunft dann begründen zu können. Dieser wachsende bewusst lebende Bevölkerungsanteil würde ja schon vorher vorbildlich wahrgenommen werden. „Anders leben können" ist dann auch für den Rest der Bevölkerung keine Utopie mehr. Dieser Gruppe wird man für einen Neuaufbau mehr Vertrauen schenken, als den Vertretern des alten krebskranken Wachstumssystems.

Natürlich werden viele aus heutiger Sicht die hier genannten Gefahren und skizierten Lösungsansätze als übertrieben, durch Ideale verblendet und nicht machbar abtun wollen.

Immer da, wo Neues sich entwickelt, werden Politik und Massenmedien es erst ignorieren, dann herunterspielen, dann als unmöglich und vielleicht als ökonomisch verantwortungslos abkanzeln. Wenn die hier dargestellten und ähnliche neue Lebensweisen dann aber trotzdem immer mehr in die Diskussion kommen, wird man die verschiedenen Lösungsansätze versuchen, als innere Kämpfe einer illusionären Bewegung abzutun. Aber lassen wir uns nicht weiter beirren.

Redliche Menschen werden nicht an ihrem intellektuellen Argumentationsgeschick erkannt, sondern schlicht und einfach daran, wie ihre Gedanken, Worte und Taten sich längerfristig positiv auf die Mitmenschen und die Natur auswirken.

Mit weitreichenden Visionen und starken Willenskräften kann auch immer wieder Beispielhaftes in die Welt gesetzt werden.

Ein persönlich erlebtes Beispiel: Vor einigen Jahren bat mich Dr. Ibrahim Abouleish, der Gründer von „Sekem", einer großen sozial-ökologisch-kulturellen Gemeinschaft in der ägyptischen Wüste, neue Vorschläge für die Wasserversorgung und Schmutzwasserreinigung zu erarbeiten. Während meines Besuches trafen wir uns jeden Abend gegen 22 Uhr, um Fragen und Vorschläge miteinander auszutauschen. Für das Abwasser hatte ich Schilfbeete zur Reinigung mit anschließender

Bewässerung für die Bäume vorgeschlagen und hierzu einige Skizzen gemacht. Dr. Abouleish war begeistert von der Idee und bat mich, ihm den vorgeschlagenen Platz dafür zu zeigen. Es war mittlerweile 23 h. Im Mondschein zeigte ich ihm und einigen Begleitern den Platz. Er bevorzugte, diesen noch etwas zu erweitern, damit noch mehr Menschen zukünftig angeschlossen werden können. Dann schickte er einen Mitarbeiter, einen Eimer Kalk zu besorgen, der auch bald damit zurückkam. Nun wurde ich gebeten die benötigte Aushubfläche für die Schilfbeete mit dem Kalk zu markieren. Daraufhin ordnete Dr. Abouleish einem Mitarbeiter an, einen Bagger zu holen und mit der Arbeit zu beginnen! Meinem Einwand, dass es doch mittlerweile Mitternacht sei, begegnete er mit den Worten: „Wenn man hier nicht einen gefassten Entschluss sofort anfängt umzusetzen, dann wird nie etwas draus!" - Am nächsten Morgen fuhren Dr. Abouleish, der Architekt Winfried Reindl und ich Richtung Kairo durch die Wüste und hielten neben der Hauptstraße. Dr. Abouleish zeigte uns ein großes, sandig-steiniges Gelände. „Hier wird unsere Universität für *Ökologie*, *Soziales* und *Internationale Zusammenarbeit* entstehen!" sagte er. Nach der Begehung des Geländes zeichneten wir im Sand die ersten Entwürfe für diese Universität. – Hier dauerte die Verwirklichung wegen der ägyptischen Verhältnisse zwar etwas länger, aber die ersten Studiengänge laufen heute in der „Heliopolis University".

Wie sieht es mit unseren eigenen Idealen und Willensimpulsen aus? Mit welchen praktischen Maßnahmen könnten auch wir persönlich heute schon beginnen, uns von den Finanzmächten zu befreien und das Leben menschlicher und nachhaltiger für die nächsten Generationen zu gestalten?

Die folgenden Maßnahmen erscheinen mir neben der so bedeutenden inneren, meditativen Entwicklung am wichtigsten:

- Alles Geld von den konventionellen Banken und Versicherungen abziehen.
- Eine vertrauenswürdige Zusammenarbeit mit nachhaltig arbeitenden Landwirten und Gärtnern aufbauen.

- Eine praktische und kulturelle Zusammenarbeit mit den Nachbarn und Freunden aufbauen.
- Eine wirklich sinnvolle Arbeit erlernen und ausführen.
- Ein nachhaltiges dezentralisiertes Kaufen, Wohnen und Arbeiten einleiten.
- Unsere Häuser ökologisch renovieren und passiv und mit erneuerbaren Energien heizen.
- Massenmedien hinterfragen und sich um objektive Zusammenhänge bemühen.
- Unsere Kinder aus der Welt des Konsums, der Elektronik und des kalten Intellekts befreien und sie in Kontakt mit einem kreativen Natur-, Arbeits-, Sozial- und Kulturleben bringen.
- Für den Aufbau eines zukunftsfähigen Geldes eine Gruppe suchen oder selber eine aufbauen.

Wenn wir darüber hinaus noch mindestens 10% unseres Geldes oder unserer Zeit für das Gemeinwohl verschenken, kann unsere Gesellschaft ein ganzes Stück zusätzliche „Heilung" erfahren und Hoffnung verbreiten.

Menschen im 2. und 3. Lebensabschnitt fällt es in der Regel nicht mehr so leicht, etwas in ihrem Leben zu ändern. Jüngere Menschen hingegen suchen oft Möglichkeiten, sich für eine bessere Welt einzusetzen. Allerdings fehlt ihnen oft das Geld dazu. Wenn sie eine zukunftsgerichtete Ausbildung oder etwas Geschäftliches/Berufliches neu starten könnten, würde dies uns allen aber weiterhelfen. Hier könnte es die fruchtbarsten Zusammenschlüsse zwischen den Generationen geben. Die besitzenden, aber oft unbeweglicheren Älteren könnten den offenen und kreativen jungen Menschen helfen. Dazu braucht es nicht unbedingt die Blutsverwandtschaft. Dies kann man auch „generationsübergreifende Zukunftsgestaltung" nennen.

„*Freiheit*", „*Gleichheit*" und „*Brüderlichkeit*" dürfen für uns keine abstrakten Begriffe bleiben. Wenn wir aus dem giftigen Nebel unserer heutigen Gesellschaftsstrukturen herausfinden wollen, müssen wir diesen drei Idealen einen praktischen Inhalt geben und sie gesellschaftlich richtig einordnen.

In „Freiheit" muss sich unser Bildungswesen, unsere Kunst, Religion und Forschung, aber auch Informationswesen entwickeln können. Wir müssen sie befreien von der Bevormundung durch den Staat und die Wirtschaft.

Der Staat mit seinen Rechtsorganen sollte sich für die „Gleichheit" eines jeden Bürgers einsetzen und ihn notfalls auch beschützen. Der Staat muss den Menschen dienen und nicht der Wirtschaft.

Die Wirtschaft hat die Aufgabe, die Bedürfnisse der Menschen zu befriedigen und die Verhältnisse so zu ordnen, dass „brüderlich" oder „geschwisterlich" „füreinander" gearbeitet wird. Finanzspekulationen, Profitsucht, Zinsen usw. gehören nicht in eine gesunde Wirtschaft.

Wenn wir nur wollen, können wir mit viel Entwicklungsfreude „eine zukunftsfähige Welt" mitgestalten. Erst auf lokaler Ebene und dann mit diesen Beispielen auch zunehmend auf regionaler, nationaler und globaler Ebene. Wir können zeigen, wie die drei Geschwister „Freiheit, Liebe und Verantwortung" zusammen wirken.

Die menschlichen Entwicklungspotentiale sind „unendlich". Wir haben erst angefangen, diese Saaten in uns zu entdecken.

Anhänge:

Für jeden Tag im Monat ein lebendiger Vorschlag zum

„aktiv ZUKUNFT sichern„

Es gibt menschlich- praktische Wege aus den wachsenden Krisen!

Wir stehen vor existentiellen Herausforderungen: Wachsende Umweltzerstörung, Wirtschaftskrisen, Sozialgräben, orientierungslose Jugendliche, Kriminalität, Kriege und Flüchtlingsströme sind nur die äußeren Zeichen kultureller Degeneration. Verantwortung für Mitmenschen und Natur wird allgemein viel zu wenig übernommen.

Ein kultureller Wertewandel ist dringend notwendig!

Liebevolles Bewusstsein und verantwortliches Handeln kann aber nicht einfach „von oben" verordnet werden. Für neue kulturelle, politische und wirtschaftliche Rahmenbedingungen braucht es glaubwürdige Initiatoren. Die Entwicklungsarbeit dazu sollte allerdings bei jedem selbst beginnen!

Die folgenden 31 kurz gefassten, aber lebensnahen Vorschläge zur Verbesserung der natürlichen und menschlichen Lebensbedingungen werden von vielen Menschen zum Teil schon gelebt. Sicherlich findet hier mancher auch neue Anregungen. Jeder ist gefragt, weitere Ideen zu entwickeln und zu realisieren.

1. Bewusstes und dankbares Wahrnehmen der Natur sowie lebensfördernder Ideen und Aktivitäten bereichern unseren Realitätssinn! Persönliche Handlungsmöglichkeiten für Mensch und Natur zeigen sich durch eine innere Öffnung immer häufiger.

2. Menschliche Bereicherung: Vermehrtes Zugehen auf die Nachbarn und Kollegen, auch wenn es nicht immer leicht fällt! Wir brauchen einander, bald vielleicht sehr ... Arbeit, Ideen, Gärten, Autos, und vieles mehr können geteilt werden!

3. Weniger kaufen, dafür aber gesunde und sozial-ökologisch vertretbar hergestellte Produkte, möglichst aus der Region! Käufe bei rein profitorientierten Konzernen vermeiden. Es geht da nur um das Heraussaugen von Profiten für die lebensfeindlichen, spekulativen Finanzmärkte. – Als bewusster Konsument habe ich eine enorme Macht!

4. In Mitteleuropa stehen jedem Bürger 2000 – 2500 m2 landwirtschaftliche Fläche für die Ernährung zur Verfügung. Mitverantwortung und Sicherheiten können z.B. durch Konsumentenkreise geschaffen werden, die sich mit Landwirten arrangieren. Getreide, Obst und Gemüse sollten gegenüber dem humuszehrenden Maisanbau und der damit verbundenen Milchüberproduktion bevorzugt werden.

5. Gemeinsam kann Agrarland von Schulden, Spekulationsdruck und Chemie befreit werden. – „Kulturhöfe" könnten geschaffen werden, die auch Volkspädagogik, Begegnungsmöglichkeiten, vielfältige Arbeitsbereiche u.v.m. bieten. Nur gesunder Boden schafft gesunde Pflanzen, gesunde Tiere, gesunde Menschen und damit eine gesunde Grundlage für Kultur und Wirtschaft.

6. Kinder brauchen Schutz vor der „modernen" Verschmutzung (Elektronikwelt, Werbung, Konsum ...). Von Anfang an Kinder am praktisch pulsierenden Leben beteiligen! Gärtnern, Handwerkern und Musik wird sie begeistern! Frühzeitiger (bis 10-jährig), verhärtender intellektueller Unterricht sollte ihnen

erspart werden. So werden diese jungen Menschen kreativ gerüstet sein für die sich schnell verändernde Welt ...

7. Die Wohn-, Arbeits- und Sozialorte werden möglichst nahe zueinander gelegt! Geh- und Fahrraddistanzen wären ideal. Dies reduziert die Abhängigkeit von energiefressenden Autos und den damit verbundenen Belastungen für Mensch und Umwelt.

8. Organisation oder Gestaltung von Straßen- und Hof-Festen für Jung und Alt! Alkohol und andere Drogen können durch Kreativität ersetzt werden. Beim Vorbereiten, Theaterspielen, Musik machen, Tanzen und Aufräumen entstehen ganz neue Beziehungen ...

9. Durch die Erarbeitung gemeinsamer Ideale, die auch in die Praxis führen, können partnerschaftliche und freundschaftliche Beziehungen sehr gestärkt werden!

10. Wir verschwenden heute über 50% der Energie ohne wirklichen Nutzen! Schon mein erweitertes Bewusstsein beim Energie- und Naturverbrauch verändert viel! Mit Kopf, Sonne und neuen Techniken können z.B. unsere Häuser bis zu 100% energieneutral umgebaut werden.

11. Arbeiten in einem gesunden sozial–ökologischen Zusammenhang kann auch in Krisenzeiten „aktiv ZUKUNFT sichern". Noch(!) haben wir die Freiheit zum Umlernen, zur Umschulung.

12. Kinder brauchen Großeltern! Ältere Menschen können liebevoll praktische Erfahrungen und eine gesunde Lebenskultur vermitteln, aber brauchen ab und zu auch etwas Hilfe! Es braucht keine Blutsverwandtschaft, um sich miteinander zu arrangieren.

13. Die weitere Überbauung unserer Landschaft kann durch die Reduzierung des eigenen Raumbedarfes auf ein für alle gesundes Maß zurückgehen! Z.B: aus einer großen Wohnung zwei machen. Dies bringt ökonomische, soziale und ökologische Entlastungen.

14. Wochenenden und Urlaube können kreativ beim Gärtnern, Wandern, Seminaren usw. genutzt werden! Das umweltfeindliche Flugzeug sollte nur genutzt werden, wenn der Kulturgewinn, auch für die Menschen am Zielort, überwiegt.

15. Weniger Fleischkonsum lindert den weltweiten Hunger! Riesige Mengen an Fleisch und Tierfutter importieren wir aus armen Ländern mit zunehmenden Agrarwüsten.

16. Soziale und wirtschaftliche Sicherheiten können aktiv mit der Nachbarschaft und dem Freundeskreis assoziativ aufgebaut werden. In einer gesunden Wirtschaft wird „füreinander" gearbeitet. Die Wirtschaftsverhältnisse können, z.B. auch in Genossenschaften mitgestaltet werden. So können Gewinne nicht einfach von Spekulanten abgesaugt werden. Die Abhängigkeit vom Staat wird so reduziert!

17. Die Bezahlung von nachvollziehbaren und korrekten Preisen stärkt alle Beteiligten! Durch einen „Billig"-Einkauf werden in der Regel irgendwo Mensch und Natur ausgebeutet! – Als Bewusstseinsübung könnte man jeden Tag innerlich ein Konsumgut in seiner Entstehungskette zurückverfolgen ...

18. Den unproduktiven und lebensfeindlichen Spekulanten mit Aktien, Devisen, Grundstücken, Immobilien usw. können wir unser Vertrauen und Geld entziehen! Die meisten Banken, Versicherungen und Rentenkassen spekulieren mit unserem Geld!

19. Wir können in nachhaltige Projekte investieren, wie ökologische Landwirtschaft, Umbauten zu Passivhäusern, Entwicklung von ökologischen Techniken, Sozialprojekte usw. Möglichst keine Geldrendite erwarten. Sichere Verhältnisse sind die Rendite.

20. Privat verliehenes Geld schafft neue Möglichkeiten und Vertrauen! Freunde des Schuldners könnten zur Sicherheit bürgen. Es gibt auch alternative Banken.

21. Für die Zukunft „arbeitet" mein Geld am besten, indem ich es verschenke, bzw. stifte! Bildungs- und Kulturprojekte mit Bezug zur Ökologie, welche besonders der Jugend zu Gute kommen,

sind die produktivsten Zukunftsgaranten! Z.B. könnten Gartenbau-, Waldbau-, Landwirtschafts-, Theater-, Musik- und Sozialseminare gefördert werden. Die Unterstützung von Partnerschaftsprojekten in armen Ländern fördert zudem ein globales Zukunftsvertrauen.

22. Die Beschäftigung mit zukunftsfähigen Alternativwährungen, die parallel zum offiziellen Geld eingesetzt werden, stärkt nicht nur das Nachbarschafs-und Ressourcenbewusstsein, sondern auch die lokale Realwirtschaft! Bei einem globalen Finanzzusammenbruch gibt es so schon erprobten Ersatz.

23. Verlässliche und zukunftsweisende Informationsquellen sind nicht immer leicht zu finden, aber es gibt sie! Massenmedien sollten vermieden oder nur sehr kritisch benutzt werden, solange sie noch das zerstörerische Wachstumssystem für Finanzwelt, Wirtschaftslobby und Politik offen oder versteckt vertreten.

24. Sich nicht nur auf die elektronischen Medien verlassen! Abgesehen davon, dass wir damit einer totalen Kontrolle unterliegen, Abhängigkeiten entstehen, gigantisch Energie und Ressourcen verbraucht werden sowie deren Strahlen gefährlich sind, kann auch hier alles zusammenbrechen!

25. Durch bewussten Lebenswandel können Geist, Seele und Körper sich weitgehend gesund entwickeln! - Eine Unabhängigkeit von der rein profitorientierten und alles manipulierenden Pharmaindustrie sollte angestrebt werden. (Wer z.B. initiiert wohl die regelmäßige Panikmache vor einer neuen Krankheit oder Epidemie?). Alternative Heilmetoden genießen ein wachsendes Vertrauen.

26. Kontemplatives Beobachten und Zuhören, besonders in der Natur und im Sozialen erweitert den Horizont enorm! Zur Überwindung von manipulierten und festgefahrenen Vorstellungen und Meinungen hilft es auch immer wieder, tiefere Fragen den Mitmenschen, der Welt und besonders sich selbst zu stellen! So können neue „Einsichten" gefunden werden.

27. Es gibt Konzentrations- und Meditationsübungen, die die praktische Kreativität für Mensch und Natur stärken! Nicht abheben, sondern den Himmel auf die Erde holen!
28. Das allgemeine Kulturniveau muss dringend gehoben werden! An vielen Orten könnten Gesprächsrunden, Lesekreise, Vorträge, Garten-, Musik-, Theatergruppen usw. organisiert werden. Im Gegensatz zu den materiellen Rohstoffen sind unsere menschlichen Kapazitäten unerschöpflich!
29. Die Verbindung mit anderen Gruppen weltweit und das Austauschen von „Einsichten" und Erfahrungen kann vielerorts neue Lebensverhältnisse schaffen! Besonders in armen Ländern könnten durch neue dezentrale, sozial-ökologische Lebensformen Hungersnöte, starkes Bevölkerungswachstum, Umweltschäden und Hoffnungslosigkeit überwunden werden.
30. Die positive Initiativkraft des Einzelnen, egal in welchem Bereich, ist notwendig, um letztendlich „die Masse" oder gar die Politik zu bewegen!
31. Bei allen Aktivitäten die Freude und die Liebe zum Menschen und zur Natur nicht vergessen!

Man stelle sich seinen Stadtteil oder sein Dorf mit den oben vorgeschlagenen Aktivitäten vor und verbinde alle Bereiche zu einem blühenden Lebensorganismus! Alles Utopie? – Viele Anfänge gibt es in unseren Nachbarschaften schon heute. Jeder von uns hat Fähigkeiten, diese Lebenszellen weiter mit zu entwickeln!

Wenn wir nicht zwischen den zunehmenden chaotischen Verhältnissen einerseits und dem wachsenden Diktat von Finanzwirtschaft und Staat andererseits, unsere verbleibende Freiheit verlieren wollen, bleibt uns nichts anderes übrig, als aktiv zu werden ...

9/11 hat nie aufgehört

Helmut Scheben / 15. Sep 2016 - Der Staub der Twin Towers liegt bis heute über der US-Aussenpolitik und vernebelt die Sicht auf ein geostrategisches Desaster.

Die Autobiographie von George W. Bush hat den Titel «Decision Points». Auf den Seiten 418/419 gibt es einen Abschnitt von verblüffender Aufrichtigkeit.* Dort erinnert sich der ehemalige amerikanische Präsident daran, dass seine Geheimdienste ihm im November 2007 eröffneten, der Iran baue keine Atombomben.

«We judge with high confidence that in fall 2003, Tehran halte dits nuclear weapons program», heißt es in dem National Intelligence Estimate, der wichtigsten und verbindlichsten Form von Bericht, den die 16 amerikanischen Geheimdienste liefern können.

Der Bericht machte Bush einen Strich durch die Rechnung. Jahrelang war von den Falken im Weißen Haus und im Kongress die iranische Nukleargefahr hochgespielt worden. Bush selbst hatte noch im Oktober 2007 in einer Pressekonferenz erklärt, wenn man einen dritten Weltkrieg verhindern wolle, müsse man Iran unverzüglich daran hindern, die Bombe zu bauen. Die Vorbereitungen für einen Militärschlag gegen Iran waren getroffen.

Der Geheimdienstbericht unterminierte nicht nur die Diplomatie, erinnert sich Bush, er habe ihn auch militärisch blockiert: «It also tied my hands on the military side.»

Nun musste schnell verhindert werden, was in den Augen von Präsident Bush und seiner Crew – Rumsfeld, Rice, Cheney, Wolfowitz u.a. – der größte anzunehmende Unfall war: In der Öffentlichkeit könnte sich die Vorstellung breit machen, der Iran sei überhaupt nicht der aggressive

Schurkenstaat, den man in Washington an die Wand malte. Bush krempelte laut eigenen Erinnerungen die Ärmel hoch und hatte Erfolg:

«Einen großen Teil des Jahres 2008 verbrachte ich damit, die diplomatische Koalition gegen den Iran wieder aufzubauen, wir schafften es auch, eine neue Runde von UN-Sanktionen zu bekommen (...) Außerdem dehnten wir unseren Raketenschild aus, darunter ein neues Raketensystem mit Stützpunkten in Polen und der Tschechischen Republik, um Europa vor einem iranischen Angriff zu schützen.» (S.420)

Da wurde also aufgerüstet gegen eine Nuklearmacht, die keine war. Und es wurden die größten Anstrengungen gemacht, die Vogelscheuche der iranischen Nuklear-Bedrohung weiterhin über die Weltbühne zu ziehen. Das amerikanische Volk und die internationale Öffentlichkeit wurden betrogen, und dieser Betrug ist bis heute wirksam. Westliche Medien assoziieren das Wort Iran reflexartig mit dem Verdacht der Atombombe, und die Falken in Washington setzen derzeit Himmel und Hölle in Bewegung, um Obamas 2013 geschlossenes Iran-Abkommen rückgängig zu machen.

George W. Bush lag es damals besonders am Herzen, seine engsten Verbündeten im Nahen Osten zu beruhigen: Saudi-Arabien und Israel. Im Januar 2008 reist er zu einem Treffen mit dem saudischen König Abdullah. Bush eröffnet das Gespräch, indem er sich für den Geheimdienstbericht entschuldigt: «Ich bin über diesen Bericht genau so verärgert wie Sie es sind.»

Man kann es kaum glauben, aber da steht es schwarz auf weiß. Der Mann desavouiert die eigenen Geheimdienste, die seine Kriegstreiberei bremsen. Er brüstet sich mit einer Politik der Aufrüstung und schreibt dies alles in schöner Offenheit in seinen Memoiren. Wie viel Realitätsverlust und Größenwahn sind da zu diagnostizieren? Wie felsenfest musste dieser aus der Erdölbranche stammende Texaner von seiner Mission als Weltpolizist überzeugt sein?

Der Glaube an die Berufung zur Weltmacht

Der Glaube, es sei «manifest destiny» der USA, die Welt zu führen und militärisch im Griff zu halten, hat eine lange Geschichte, die bis ins

19. Jahrhundert zurückgeht. Beweis für die Richtigkeit dieses Glaubens war der Sieg über Hitler-Deutschland. Man verkauft ihn bis heute auf D-Day-Feiern als amerikanisch-britischen Triumph, die 27 Millionen Toten der Sowjetunion geflissentlich übersehend.

Vietnam war ein Rückschlag, doch die Niederlage in Vietnam wirkte in der Armee und der mit ihr verbundenen Rüstungsindustrie nicht nachhaltig als Medikament der Ausnüchterung, sondern generierte das starke Bedürfnis nach Rache. Dies vor allem auch im rechtsgerichteten politischen Establishment, also z.B. bei Figuren wie dem Vietnam-Veteran John McCain.

Mit dem Afghanistan-Konflikt kam 1979 der Moment, es den Sowjets heimzuzahlen. Gemeinsam mit Saudi-Arabien finanzierten und bewaffneten die USA islamische Gotteskrieger, die Mudschaheddin. Der pakistanische Geheimdienst war mit von der Partie. Als wirksames Propagandamittel investierte Washington außerdem viel Geld in afghanische und pakistanische Schulbücher, die mit Koranversen zum Heiligen Krieg gegen die sowjetischen Besatzungstruppen aufriefen. Es war eine Politik, die katastrophale Folgen haben sollte. Das spätere Erstarken der Taliban und die Entstehung von Al Kaida waren letztlich Produkte dieser Politik.

Doch Ende der 80er-Jahre herrschte zunächst Euphorie. Mit dem schmählichen Rückzug der Russen aus Afghanistan und schließlich dem Zusammenbruch der Sowjetunion war der Glaube an die quasi von Gott gegebene Führerrolle der USA wiederhergestellt und für viele Gewissheit geworden.

Dann kam der 11. September 2001, und die Schockwelle der Explosionen war nicht der Auslöser für Analyse und Reflexion, sondern für eine Politik der blindwütigen Vergeltung. Es war eine Mischung aus Paranoia und Größenwahn, das heißt, der Wahn einer Regierung, die glaubt, sie sei berufen, auf der Welt Ordnung zu schaffen und müsse dies mit militärischer Gewalt tun.

Bush erklärte folglich seinen «Krieg gegen den Terror», ein Begriff, der in sich eine Absage an jeden vernünftigen Menschenverstand ist.

Denn man kann gegen Terror ebenso wenig Krieg führen wie beispielsweise gegen die Krebserkrankung. Man kann eine Lebensweise fördern, die die Entstehung von Krebs mindert, desgleichen kann man eine Politik betreiben, die die Faktoren mindert, die Terrorismus entstehen lassen. Einer dieser Faktoren ist – um nur ein Beispiel zu nennen – der ungelöste Konflikt zwischen Israel und den Palästinensern.

Aber nach 9/11 ging es in Washington offensichtlich nicht darum, Probleme zu erkennen und politisch zu lösen, sondern um militärische Ersatzhandlungen. Wenige haben dies in so gnadenloser Offenheit bezeugt wie der amerikanische General Wesley Clark, ehemaliger Nato-Oberbefehlshaber in Europa und Präsidentschaftskandidat in den USA.

Clark sagte im März 2007 in einem Interview mit Amy Goldmann in der Sendung «Democracy Now», er habe um den 20. September 2001 – also rund eine Woche nach 9/11 – im Pentagon von einem General erfahren, dass man beschlossen habe, den Irak anzugreifen:

«I said: We are going to war with Iraq. Why? He said: I don't know. He said: I guess they don't know what else to do. He said: I guess it's like we don't know what to do about terrorists.»

Das Projekt «New Middle East»

Darüber hinaus gab es in Kreisen der sogenannten Neokonservativen genug Leute, die darauf drängten, die Gelegenheit zu nutzen, um den Nahen und Mittleren Osten neu zu gestalten: das Projekt «New Middle East». General Clark sagte im oben genannten Interview, er habe ein paar Wochen nach 9/11 ein Pentagon-Memorandum gesehen, demzufolge innerhalb von fünf Jahren sieben Länder angegriffen werden sollten: Irak und Libanon, Sudan, Libyen, Syrien, Somalia und der Iran. Das war im Oktober 2001, als in Afghanistan schon bombardiert wurde.

Das Projekt «New Middle East» wurde seit längerem auch in amerikanischen Militärakademien diskutiert. US-Außenministerin Condoleeza Rice benutzte den Ausdruck erstmals auf einer Erklärung in Tel Aviv im Juni 2006, wo sie betonte, das Chaos der militärischen Interventionen sei nichts anderes als die «Geburtswehen» für die Entstehung eines «New Middle East».

Von Afghanistan (1979) über den Irak bis Libyen und Syrien ist ein gleichbleibendes Handlungsmuster zu erkennen. Die USA unterstützen oppositionelle Gruppen, die sich auf den Koran und ethnisch-religiöse Bindungen berufen und durch bewaffneten Aufstand «Regime Change» erreichen wollen. In allen Fällen wird in Washington, Paris, London und Berlin verkündet, es gelte, unterdrückten Volksgruppen zu Hilfe zu kommen sowie Demokratie und Achtung der Menschenrechte herzustellen.

Der Angriff auf Afghanistan (2001) wurde noch damit gerechtfertigt, Osama Bin Laden sei der Verantwortliche für 9/11 und werde von den Taliban protegiert. Doch selbst der ehemalige afghanische Präsident Hamid Karzai hält weder das eine noch das andere für erwiesen. Bin Laden applaudierte zwar in Videoaufnahmen dem Terroranschlag, hatte aber wahrscheinlich mit der operativen Aktion nichts zu tun.

In allen Ländern, in denen die USA seit 9/11 militärisch intervenierten, sind die Resultate katastrophal: Hunderttausende von Toten und Staaten, die in den Kämpfen bewaffneter Banden zerfallen. Das Projekt «New Middle East» von Bush, Rumsfeld, Cheney und Rice hat sich als Albtraum entpuppt.

Das Versagen der Medien

Die großen westlichen Medien haben sich bei all diesen Kriegen blamiert bis auf die Knochen. Washington verfügte stets über die Deutungshoheit, und die Medien übernahmen meist eilfertig die Vorgaben aus Washington. Sie sahen stets und überall «Rebellen» am Werk, die für Freiheit und Demokratie kämpften. Erst feierten sie in den 80er-Jahren die Mudschaheddin in Afghanistan. Als diese sich als üble Warlords erwiesen, feierten sie die «sympathischen jugendlichen Taliban», dann den ersten und zweiten Golfkrieg, dann die «Freiheitskämpfer» in Libyen und schließlich die «Rebellen» in Syrien.

Die westlichen Medien waren mit wenigen Ausnahmen völlig unfähig, die kommende Katastrophe zu sehen, als der US-Zivilverwalter Paul Bremer im Mai 2003 in Bagdad den historischen Irrtum beging, die Baath-Partei und die irakische Armee aufzulösen und vierhunderttausend Soldaten auf die Strasse zu stellen. (Vgl. Ulrich Tilgner: «Zwischen Krieg und Terror», Bertelsmann 2006, S. 118/119). Aus ihren Reihen entstand der harte sunnitische Kern des heutigen Islamischen Staates.

Der amerikanische Journalist Charles Lewis hat sich die Mühe gemacht, akribisch die Falschmeldungen und Propagandalügen zu zählen, die im Irak-Krieg verbreitet wurden: Er kam auf die Zahl 935.

Doch all das hat nie zu Selbstzweifeln in den Mainstream-Medien geführt. Im Syrien Konflikt wiederholt sich das bekannte Szenario. Journalisten, die heute die westliche Propaganda im Syrien-Krieg in Frage stellen, werden als Verschwörungstheoretiker oder Putin-Trolle beschimpft. Im vergangenen Frühjahr versicherte mir ein hochrangiger ehemalige CIA-Offizier, US-Außenminister Kerry habe gelogen, als er im August 2013 behauptete, er habe Beweise dafür, dass Bashar al-Assad hunderte Menschen mit Giftgas getötet habe. Es gebe vielmehr hinreichende Beweise dafür, dass die aufständischen Dschihaddisten das Sarin-Massaker veranstalteten, um die USA zum Angriff auf Syrien zu verleiten. Mehrere Schweizer Zeitungen weigerten sich, das Interview, das ich ihnen anbot, zu drucken. (Das Interview auf Infosperber: «Den Mächtigen die Wahrheit sagen»).

15 Jahre nach dem 11. September 2001 ist der Glaube, die USA seien dazu berufen, die Welt zu führen und militärisch zu beherrschen, ungebrochen in der politischen Elite der USA. Man höre sich die Rede an, die Hillary Clinton am 31. August vor Kriegsveteranen in Cincinnati hielt. Sie sagte, das Erste, was sie als Präsidentin zu tun habe, sei die Erneuerung des Atomwaffen-Arsenals. (Infosperber berichtete: «Hillary Clinton propagiert Aufrüstung der USA»). Auf ihrer Kampagnen-Webseite ist zu lesen, als Präsidentin garantiere sie den USA «the strongest military the world has ever known».

Für die Überholung und den Ausbau der Nuklearwaffen-Systeme haben die USA ein Budget von einer Billion Dollar über die nächsten 30 Jahre geplant (im englischen Text: $ 1 trillion).

«Wir sind immer noch am Davonlaufen, denn 9/11 hat nie aufgehört», schreibt der amerikanische Journalist William Rivers Pitt. Es sei nicht vorüber, das Gegenteil sei der Fall: 9/11 sei gewachsen, habe sich ausgebreitet, habe Metastasen gebildet und schließlich die ganze amerikanische Nation erfasst. Und weiter: «Wir stehen barfuß auf dem Flughafen und reden in abgehörte Handys, während die neusten Kriegsbilder über die Bildschirme laufen.»

* George W. Bush: Decision Points. Virgin Books 2011

Helmut Scheben war von 1993 bis 2012 Redaktor und Reporter im «Schweizer Fernsehen» (SRF), davon 16 Jahre in der «Tagesschau».

Biographie des Autors

Es lag mir eigentlich fern, meine Biographie zu schreiben. Mir wurde dies aber von Freunden nahegelegt, damit der Leser die in diesem Buch aufgezeigten Probleme und Lösungsvorschläge nicht einfach als ersonnene und idealverblendete Theorien wertet, sondern sieht, dass sie auf Grund meiner Lebenserfahrungen als realistische Erkenntnisse ernst genommen werden können.

Meine Eltern lernten sich beide als Pfleger in einem Krankenhaus in Bremen kennen. Meine Mutter kam von einer Bauernfamilie aus dem Umland und mein Vater wuchs in einer großen Stadtfamilie auf. Am 14. September 1956 wurde ich als erstes von 4 Kindern in ärmlichen Verhältnissen geboren. Überall gab es noch Kriegsschäden und der wirtschaftliche Aufschwung war erst am Anfang. So bewohnten wir anfangs nur eine Einzimmerwohnung und steigerten uns langsam zu einer Vier-Zimmerwohnung für unsere sechsköpfige Familie. Mehrmals wechselten wir den Wohnort.

Nach der Geburt des vierten Kindes erkrankte meine Mutter schwer mit immer wiederkehrenden epileptischen Anfällen und ich musste zwischen meinem achten und zwölften Lebensjahr viel Verantwortung übernehmen. Dazu gehörten das Wickeln meiner kleinen Schwester, das Haushaltführen und oft die Pflege meiner Mutter. Mein Vater musste viele Stunden arbeiten und war mit der Gesamtsituation oft überfordert, was die soziale Stimmung sehr angespannt machte. Mit neun Jahren wurde mir einmal alles zu viel und ich verschwand mit Zelt, Fahrrad und etwas Proviant in Richtung Berge. Das Kartenlesen und Fahrradflicken hatte ich mir schon beigebracht. Nach einigen Tagen kehrte ich aber mit hungrigem Magen wieder heim. Die Ferien und manchmal sogar ein paar Monate Schulzeit verbrachten wir bei Verwandten auf dem Land oder in Bremen bzw. Stuttgart. Die natürliche, kulturelle und soziale Polarität zwischen Land und Stadt kam mir so schon sehr früh zum Bewusstsein.

Die Stadtverwandten arbeiteten bei der Bank, als Radiosprecher, als Schauspielerin, als Elektronikentwickler, fuhren zur See oder hatten einen Friseurladen. Einen Hauch von der weiten Welt erlebte ich dort. Bei den Familienzusammenkünften wurde viel diskutiert, gesungen und auch über die Anthroposophie vom Großvater hergezogen, der es still über sich ergehen ließ. Auch wenn ich diese kritischen Späße damals nicht verstand, hinterließen sie bei mir aber irgendwo im Innern einige Fragen, zumal mein Großvater ein sehr großes Allgemeinwissen hatte und seinen Schrebergarten, neben einer geschäftsführenden Tätigkeit in der Industrie, „biologisch dynamisch" kultivierte.

Bei den Verwandten auf dem Land ging es dagegen viel robuster zur Sache. Auf den Höfen waren Tiere und Maschinen, und es wurde immer wieder gebaut. Verschiedenste Lebensmittel wurden kultiviert und durch Einkochen, Trocknen, Räuchern usw. haltbar gemacht. Überall durfte ich mithelfen. Einmal rechte ich mit meinem Opa das liegengebliebene Heu zusammen, nachdem mein Onkel das Feld mit der Maschine leergeräumt hatte. Mir blieb deutlich in Erinnerung, was mein Opa mir dabei sagte: „Sieh, dies sind noch einmal fünf Ballen. Dies ist der Gewinn für den Hof! Was dein Onkel eben zusammengefahren hat, bezahlt gerade einmal die Kosten". Auf dem Land ging es rau aber herzlich zu. Manchmal wurde allerdings zu viel Alkohol getrunken.

Bei jedem Wetter fuhren meine beiden Brüder und ich auf Schotterwegen mit dem Fahrrad einige Kilometer durch eine Wiesenlandschaft zur kleinen Dorfschule in Langwedel. Die vorwiegend älteren Lehrer waren zwar sehr streng, aber sie unterrichteten mit Herz und sehr lebensnah. Immer wieder ging es hinaus in die Natur oder zu verschiedenen älteren Handwerkern in ihren originellen Werkstätten. Die Gerüche beim Schuster, beim sehr alten Müller in der noch arbeitenden Windmühle, beim Tischler oder beim Imker habe ich noch heute in meiner Nase.

Nach vier Jahren Krankheit wechselte meine Mutter zu einem neuen Arzt, der sie einfach schrittweise von ihren vielen Medikamenten befreite. So wachte sie aus ihrem Dauertrancezustand auf und konnte wieder normal am Leben teilnehmen.

Im Alter von zwölf Jahren zogen wir nach Schneverdingen in die Lüneburger Heide. Unsere Kleinstadt war umgeben von Militärübungsplätzen, was uns manchmal die Möglichkeit gab, Munition oder Handgranaten zu „finden". Kleine Brandsätze, sogar kleine Bomben konnten wir uns so bauen und damit abenteuerlich spielen.

Die Zeit meiner Pubertät muss für meine Mitmenschen nicht einfach gewesen sein. Ich rebellierte gegen alles und jeden, besonders gegen mich selbst. Vom Vater ließ ich mich nach der langen verantwortungstragenden Zeit nicht wieder zum Kind machen. Die Nachbarn waren mir zu spießbürgerlich, der Konfirmationsunterricht zu geheuchelt und die Schule zu theoretisch. Mit älteren Freunden rauchte ich, trank Alkohol und kiffte gelegentlich. Manchmal ging es nach Hamburg in alternative Diskotheken und auch in das damals berühmt besetzte Haus in der Ekhofstraße, welches von der Polizei schwer unter Beobachtung stand. Ich suchte eine Verbindung zum Leben, konnte aber keine Antworten finden. Gottseidank hatte mein ganz junger Klassenlehrer etwas Verständnis für mich, da er selbst eine gesellschaftskritische Einstellung hatte. Das Geld für meinen ungesunden Lebenswandel erarbeitete ich mir mit kleinen praktischen Jobs.

Mit 16 Jahren zog ich nach Bremen in ein Lehrlingswohnheim, um bei der Post eine Fernmeldehandwerkerlehre zu beginnen. Meine praktischen Talente konnte ich hier in den vielfältigen Lernwerkstätten gut entwickeln. Wir lernten das Arbeiten mit Metall, Kunststoff, Mauerwerk, Elektronik, Elektrik und das Planen und Zeichnen zu all diesen Bereichen. Privat suchte ich zunächst meine Lebenserfüllung mit Freunden im Äußeren durch Partys, Zigaretten, Alkohol, Frauen, Reisen usw. Mit 18 kamen große Autos dazu, die ich günstig kaufte, reparierte und gewinnbringend verkaufte. Nach der Lehre ging das Leben mit einem guten Gehalt noch mehr ins Äußerliche. Die Reisen wurden größer und die Partys anspruchsvoller. Ich führte ein Leben, wie man es in der Werbung vorgemacht bekommt. Parallel hatte ich aber immer ein ungutes Gefühl. Dies konnte nicht das Ziel im Leben sein. Ein schwerer Motorradunfall, bei dem ich Grenzerlebnisse hatte, öffnete mich auch für spirituelle Fragen. Verschiedene westliche und östliche Religionsgemeinschaften besuchte ich zum näheren Kennenlernen. Aber immer wieder stellte ich fest, dass die Mitglieder ihr „Ich" zugunsten eines Führers aufgaben, oder dass das, was sie predigten, im Sozialen oder Praktischen nicht umgesetzt wurde. Auch in den alternativen Kreisen bemerkte ich immer wieder eine Diskrepanz zwischen dem Wort und der Tat. Interessant fand ich zwischendurch immer wieder die Gespräche mit meinem anthroposophischen Großvater. Wir redeten viel über die persönliche und gesellschaftliche Entwicklung. Fragen wie: „Wer bin ich?", „ Wo komme ich her?", „Welche Aufgabe bringe ich mit?", „Welches Ziel hat die Menschheit?" tauchten immer wieder in unseren langen Diskussionen auf.

Mit 21 Jahren schenkte mein Großvater mir die „Philosophie der Freiheit" von Rudolf Steiner. Hierin geht es um ein objektives Wahrnehmen und klares Denken, um zu freien und intuitiven Handlungen kommen zu können, die in Harmonie mit der Weltentwicklung stehen. Für mich als ein sich „frei" empfindender Mensch war das eine Herausforderung. Schließlich konnte ich doch äußerlich fast alles tun und lassen, wenn ich nur wollte.

Immer mehr versuchte ich mein Wissen über gesellschaftliche und ökologische Zusammenhänge zu erweitern. Es fiel mir auf, wie sehr unsere konventionellen Medien die Verhältnisse einseitig darstellten. Durch eigene Beobachtungen und die Lektüre von alternativen Schriften lernte ich auch zunehmend „zwischen den Zeilen" der konventionellen Medien zu lesen. Das Wirtschaftswachstum, die Atomkraftwerke, die Aufrüstung und die Kontrolle der Bevölkerung wurden immer weiter vorangetrieben.

Als Wehrdienstverweigerer wählte ich mir den Dienst auf dem Rettungswagen. Nach einer sehr guten Schulung von Notärzten konnte ich mit meinem jeweiligen Kollegen das Erlernte immer wieder helfend anwenden. Ich wurde aber auch mit einer Realität konfrontiert, die ich nur ansatzweise kannte. Häusliche Gewalt, schwer vernachlässigte Kinder, Drogenopfer, erfrorene Obdachlose, Alkoholexzesse, Schlägereien, Verkehrstote, Selbstmorde, halb verweste alte Menschen in ihrer Wohnung, Mord usw. Bei den meisten Kollegen bemerkte ich eine gewisse Abgestumpftheit als Selbstschutz. Ich versuchte, den anderen Weg zu gehen, den der Sensibilisierung. Immer wieder beobachtete ich die sozialen Verhältnisse, die Seelenverfassungen der beteiligten Menschen und die Ausstrahlung der Sterbenden oder Toten.

Meine sozialen, ökologischen und gesellschaftlichen Fragen und die immer flacher werdenden Gespräche mit meinen Partyfreunden veranlassten mich mit 22 Jahren zu einer radikalen Entscheidung: Ich wollte nun helfen, die Welt zu retten! Von heute auf morgen stoppte ich das Rauchen und den Alkoholgenuss. Ich stellte meine Ernährung auf Bio um und stoppte den Weißzucker, das Weißmehl und wurde Vegetarier. Auch mein Auto verkaufte ich und fuhr mit dem Fahrrad. Für meine Mitmenschen war ich nun nicht immer leicht zu ertragen. Durch den Wandel war ich davon befreit, immer mehr Geld für meinen Konsum verdienen zu müssen und hatte außerdem erhebliche Mittel zur Verfügung, um mich für die Gesellschaft zu engagieren. So setzte ich mich z.B. bei der „Gesellschaft für bedrohte Völker" für die Sinti und Roma ein. Studienreisen bei unbezahltem Urlaub nach Asien zu den Brennpunkten menschlicher Ungerechtigkeiten in Sri Lanka, Indien, Burma und Indonesien konnte ich so ebenfalls finanzieren. Die Frage nach einem sinnvollen Beruf, indem ich mich positiv für die Welt einsetzen konnte, beschäftigte mich sehr.

Bei meiner Tätigkeit als Fernmeldespezialist in der elektronischen Nachrichtenübermittlung hatte ich nicht das Gefühl, noch etwas Sinnvolles zu leisten, zumal mit den neuen Glasfaserkabeln die Menschen immer mehr an die „Fernsehleine" gelegt wurden. Auch wurden immer häufiger Menschen aus der alternativen Szene und von den sich gerade formierenden „Grünen" telefonisch wegen der angeblichen „Terrorgefahr" abgehört. Bei meinen Arbeiten in den verschiedenen Vermittlungsstellen notierte ich mir immer wieder die abgehörten Nummern und steckte den Abgehörten Zettel mit: „Vorsicht, Du wirst abgehört!" anonym in den Briefkasten. Auch ging ich postintern und über die Medien gegen das Abhören und Kabelfernsehen an. Dies sorgte für große Diskussionen und erheblichen Ärger für mich, welchen ich aber letztendlich gerichtlich von mir wenden konnte. Zu dieser Zeit kamen mir zunehmend terroristische Gedanken. Ich überlegte, wie ich ohne Menschen zu verletzen, mit wenigen kleinen Brandsätzen oder Bomben ganz Bremen und Teile Niedersachsens telefonisch lahmlegen könnte. Das gleiche überlegte ich mir für das Stromversorgungsnetz.

„Arbeitslosigkeit als Chance", diesen Vortragstitel von Anton Kimpfler fand ich in meinem 25. Lebensjahr in der Zeitung angekündigt. Der Besuch dieses Vortrages stimulierte mich, weitere Schritte in meinem Leben zu machen. Neben dem sehr inspirierenden Vortrag, in welchem Krisensituationen als Möglichkeiten für neue Lebenswege praktisch dargestellt wurden, lernte ich auch eine Reihe sehr weltoffener Anthroposophen kennen. Außer meinem Großvater hatte ich bis dahin keinen mir bewussten Kontakt mit dieser von Rudolf Steiner vor ca. 100 Jahren initiierten Gesinnungsrichtung. Bei weiteren Treffen mit dieser Gruppe ging es immer wieder um die soziale und geistige Entwicklung des Menschen, resp. wie er selbst auch bewusster und praktisch aufbauend in das Leben eingreifen kann. So erfuhr ich mehr über die Waldorfschulbewegung, die biologisch- dynamische Wirtschaftsweise, Kunst, Kulturgeschichte, anthroposophische Medizin usw. Der sich in „Freiheit" entwickelnde Mensch steht im Mittelpunkt dieser Bewegung. Ein Weg des Lernens, bei dem mit jeder Antwort neue Fragen entstehen, stand mir bevor.

Meine Einstellung zu den sozialen, ökologischen und politischen Verhältnissen änderte sich. Ich wollte nun nicht mehr *gegen* das Negative ankämpfen, sondern *für* lebensaufbauende Verhältnisse arbeiten. Die Frage nach: „Was ist meine Aufgabe in dieser Welt?", anstatt „welche Arbeit bringt mir am meisten?" wurde zu meiner Lebensrichtschnur. Die Freude am Leben stieg. Dies wirkte auf mich wesentlich motivierender, als das frühere „Spaß am Leben haben". Ich sammelte organische Küchenabfälle in der Nachbarschaft für unseren Biobauern. Die politischen Parteien, selbst die „Grünen", lehnten damals meine Forderung nach einer „grünen Tonne", als unrealistisch ab. Ferner entwickelte ich Vorschläge zur Energieeinsparung auf Handzetteln und organisierte lokale Diskussionsrunden zu all diesen Themen. Parallel fingen meine Freundin und ich an, uns in der Umgebung einen Hof zum Gemüseanbau zu suchen, welchen wir gerne mit einer Gemeinschaft aufbauen wollten. Die steigenden Landpreise ließen uns diesen Traum aber nicht verwirklichen.

So wollten wir in meinem 27. Lebensjahr unsere Aufgabe lieber woanders suchen und gingen in die Toskana. Vielmehr fuhren wir mit dem Fahrrad dorthin. Hier hatten wir uns bei einem der vielen Höfe, die von Deutschen gekauft worden waren, angemeldet, um dort etwas mit aufzubauen. Es gab viel zu tun: die Terrassen reparieren, Stall und Haus renovieren, Getreide und Gemüse anbauen usw. Leider mussten wir feststellen, dass wir mit unserem Arbeitselan die Kollegen nicht sehr begeisterten. Sie stellten sich das Leben etwas ruhiger vor. Viel wurde hier von Selbstversorgung, Umwelt und sozialer Erneuerung gesprochen. Aber fast alles, selbst ein Großteil der Lebensmittel, wurde von Außen eingekauft. Das Auto und das Flugzeug wurden wie selbstverständlich gebraucht und finanziert wurde alles vom Arbeitslosengeld oder der Sozialhilfe aus Deutschland. Die Besuche bei den umliegenden Höfen der Deutschen zeigten ähnliche Situationen. Auch erhofften wir hier, etwas von den erfahrenen Biolandwirten lernen zu können. Weit gefehlt, niemand hatte auch nur eine kleine Ausbildung gemacht. Unsere wenigen Erfahrungen und das aus Büchern Erlernte sowie das Hinschauen auf die italienischen Nachbarn gab uns mehr Kompetenz, als wir hier bei den meisten „Aussteigern" vorfanden. Hier waren wir fehl am Platz, um einen positiven Beitrag für die Welt zu leisten. Wir brauchten eine bessere Grundlage für unser Anliegen.

In meinem 28. Lebensjahr gingen wir nach Südengland an das internationale und sehr lebendige „Emerson College". Ich studierte „biologisch-dynamische Landwirtschaft mit Schwerpunkt Entwicklungshilfe" unter der Leitung von Matthias Goupon und Prof. Koepf. (Meine Freundin machte die Waldorflehrerausbildung). In jeglicher Hinsicht konnte ich hier meinen Idealen ein Fundament geben. Neben den vielen interessanten, theoretischen Fächern führte unser Kurs früh morgens und nachmittags eine zwei Hektar Kleinlandwirtschaft ohne Maschinen mit allem was eine Großfamilie zum Leben braucht. Gemüse, Obst, Kräuter und Getreide bauten wir an. Ziegen, Schafe, Schweine und

Hühner lieferten den Mist für die verschiedenen Kompostarten. Hochbeete, Ställe, Lehmöfen, Wasserversorgung und Naturzäune entwickelten und bauten wir selbst. Zusätzlich belegte ich Abendstudiengänge. Einmal die Woche „Socialdevelopment" und einmal die Woche „Weltökonomie". Außerdem nahm ich ein Jahr lang an einem Meditationskurs teil. Wir erarbeiteten das Buch „Wie erlangt man Erkenntnisse der höheren Welten?" von Rudolf Steiner. Immer wieder arbeitete ich mit John Wilkes, der am College wohnte, Bildhauerei lehrte und Wasserschwingschalen entwickelte, um das Wasser und die Landschaft zu beleben. Bei dem bunten Sozialleben am College und in unserer Wohngemeinschaft wurden auch viele zukunftsweisende Projekte mit den Studenten vieler Nationen und Altersstufen diskutiert.

In meinem 30. Lebensjahr schlossen wir uns der jungen „Camphill Dorfgemeinschaft Oaklands Park" in Südwestengland an. Mit den Kollegen entwickelten wir hier einen komplexen Dorforganismus mit vielfältigem biologisch-dynamischem Ausbildungsbetrieb sowie diversen Handwerksbetrieben, Vermarktungsstrukturen und einem internen Verrechnungssystem zur Intensivierung des Wirtschaftslebens. Es gab auch sehr viele Kulturaktivitäten. Parallel zur landwirtschaftlichen Tätigkeit übernahm ich die Verantwortung für die Bauentwicklung und vertrat auch unser Dorf im englischen Camphill Wirtschaftsrat, dem ca. 20 Dorfgemeinschaften angehörten. (Hier arbeiteten wir auch mit dem sehr inspirierenden Gründer der GLS Bank / Bochum, Ernst Wilhelm Barkhoff zusammen).

Wir integrierten in das Dorfleben geistig behinderte Erwachsene. In die eigene Familie nahmen wir sieben Behinderte und zwei junge Praktikanten auf. Schnell aufeinander folgend wurden hier auch unsere drei Söhne Johannes, Matthias und Christian sowie unsere Tochter Sophia geboren.

Durch den Bau von zwei schönen und gut funktionierenden Pflanzenklärparks für unser Dorf und das Medieninteresse daran erhielt ich immer mehr Beratungsanfragen. Diese führten in meinem 33. Lebensjahr zur Gründung meines ersten Beratungs- und Planungsbüros (Camphill Water). Wasserprojekte, Landschaftsplanungen und ökologische

Bauberatungen machten bald weitere Mitarbeiter nötig. Seminartätigkeiten zu Ökologie-, Geld-, und Sozialthemen kamen zunehmend im In- und Ausland hinzu. Viele sozial-ökologische Organisationen, wie Findhorn, das Zentrum für alternative Energien in Wales, Permacultur und National Trust suchten meinen Rat. So wuchsen meine Kenntnisse bei jeder Beratung und Planung stetig an. Sehr interessant war es auch, für Prince Charles zu arbeiten. Für seine Privatresidenz High Growe entwickelte ich einen Wasserreinigungspark und gab Beratungen für seine 400 Ha Biolandwirtschaft. Diese Tätigkeit eröffnete mir auch den Kontakt zu Persönlichkeiten in einer ganz anderen Gesellschaftsschicht. So ergab sich auch über längere Zeit ein näherer Kontakt zu einer Persönlichkeit, die zu den oberen Logenmitgliedern der „Freimaurer" gehörte. Wir redeten immer wieder über unsere verschiedenen Weltansichten zu Wirtschaft, Politik, Spiritualität und Menschheitsentwicklung. Ich war erstaunt, wie er die Weltpolitiker in verschiedene Strömungen einteilen konnte. Die damaligen Geschehnisse in Polen und Russland sowie dann das Öffnen der Mauer in Deutschland konnte er mir als von langer Hand vorbereitete Aktionen beteiligter Politiker schildern, die ebenfalls den Freimaurern angehörten.

Ab meinem 35. Lebensjahr kamen Beratungs-, Forschungs- und Planungsaufträge viel größerer Dimensionen dazu: Für die Großunternehmen „Smith-Klein-Beecham" (Pharmazie), „Bass-Bier" (größte Brauerei Englands) und „Blue-Circel-Zement" übernahm ich Forschungsaufträge, um deren sehr große Umweltschäden durch ökologische Maßnahmen zu reduzieren.

Ben Green von der „Severn Trent" Wasserbehörde hatte meine Tätigkeiten mit dem Wasser als Fachmann und zunehmend als Freund über Jahre begleitet und holte mich in einen überregionalen englischen Wasserforschungsring, der auch Vorschläge für die europäischen Wassergesetze ausarbeitete.

Durch die Freundschaft mit Peter Lawrens, der bei „Watson Hauksley", einer der weltgrößten Wasserplanungsfirmen arbeitete und verantwortlich für Südeuropa und dem Nahen Osten war, entwickelte ich ein natürliches Abwasserkonzept für zwei Ortschaften in Griechenland. Dies wurde von der EU unterstützt und wurde die Referenzanlage für Südeuropa.

Der Stadt Leipzig half ich bei der Entwicklung neuer sozial-ökologischer Konzepte, die Land und Stadt wieder verbinden könnten.

Immer wieder hinterfragte ich meine umweltschädlichen Flugreisen. Da meine Ideen und Umwelttechniken aber ein Vielfaches an Energien wieder einsparten und ich gleichzeitig half, mit anderen Augen auf unser westliches Konsumleben zu schauen, ging ich diesen schwierigen Kompromiss ein.

Geerdet wurde ich bei all diesen Tätigkeiten zwischen Flugzeug, Politik, Ingenieurdiskussionen und Chefetagen durch mein Leben in unserem Camphill-Dorforganismus. Hier lebte ich mit meiner erweiterten 14 köpfigen Familie in einem Haus mit Solaranlage und Garten, half zwischendurch in unserem biologisch dynamischen Betrieb, begleitete die Baustellen, spielte mit meinen Kindern, nahm an den Dorfkonferenzen teil, nahm mit meiner Frau Tanzunterricht, übernahm manchmal eine Rolle im Theaterspiel und pflegte alleine oder mit den Kollegen das Studium anthroposophischer Schriften. Jeden Samstag organisierten wir im Haus einen sozialen Bibelabend, der mit 15 Schweigeminuten begann, bevor gemeinsam gegessen wurde. Abschließend wurde ein Bibeltext bearbeitet, der auch schon die Woche über vor dem Frühstück gelesen wurde.

Wirtschaftlich gingen alle internen und externen Gewinne unserer vielen Aktivitäten in die Dorfkasse. Hieraus wurden zukünftige Projekte finanziert und jeder konnte sich, nach den gemeinsamen Budgetabsprachen, das Geld für seine individuellen Bedürfnisse vom Gemeinschaftskonto nehmen. So arbeiteten wir nicht für das eigene Einkommen, sondern für die gemeinsamen Ziele der Gemeinschaft und der weiteren Gesellschaft. Ich empfand dieses System als sehr sozial und gesellschaftsstärkend. Mit drei Ehepaaren arbeiteten wir auch über Jahre an den Fragen des „dreigliedrigen sozialen Organismus", über den Rudolf Steiner ausführte, wie sich ein Kultur- und Geistesleben zur „Freiheit", ein Staatswesen zur „Gleichheit" und das Wirtschaftsleben zur „Brüderlichkeit" verhalten und entwickeln müssen, um gesunde

Verhältnisse zu schaffen. Dies war unsere Grundlage für die Erarbeitung der Fragen, wie zukünftige Dorf- bzw. Stadtorganismen sich entwickeln müssten. Alle drei Ehepaare gründeten dann auch Gemeinschaften an verschiedenen Orten.

In meinem 37. Lebensjahr siedelte ich mit meiner Familie nach Thüringen (Ostdeutschland), um eine neue „Camphill- Dorfgemeinschaft" aufzubauen. Wir übernahmen mit vier älteren Kollegen einen aufgegebenen Verein mit acht leeren, renovierungsbedürftigen Häusern und pachteten einen großen baufälligen Gutshof im Dorfe Hauteroda. Wir hatten das Ziel, dem Dorf und der Umgebung bei der Bewältigung der ökologischen, wirtschaftlichen und kulturellen Probleme zur Seite zu stehen. Dieses sollte wohl die schwierigste Herausforderung meines Lebens werden. Mit 33% Arbeitslosigkeit war es damals die Gegend mit der höchsten Rate in ganz Deutschland. Über ein Arbeitsbeschäftigungsprogramm des Arbeitsamtes stellten wir gleich 35 Menschen zum Aufbau unserer Initiative ein. Wir mussten allerdings feststellen, dass mit der kommunistischen Vergangenheit ein verantwortliches und selbstständiges Arbeiten bei den meisten dieser Kollegen sehr unterentwickelt war. Auch war die Arbeitsstimmung viel von Kritik und Anspruchshaltung uns „Wessis" gegenüber geprägt. Mit viel Weiterbildung, Kulturangeboten und Verteilung kleiner Verantwortungsbereiche in der Landschaftspflege, der Gärtnerei und dem Bau versuchten wir, diesem Trend entgegen zu steuern. Schrittweise integrierten wir auch geistig- und seelisch behinderte Jugendliche und Erwachsene als „Kollegen" in die Gemeinschaft. Wir entwickelten eine biologisch-dynamische Landwirtschaft, erst mit nur wenig Land und zwei Kühen, die ich abwechselnd mit einem Kollegen die ersten drei Jahre, zur Begeisterung meiner Kinder, mit der Hand molk. Nach zweieinhalb Jahren entschieden wir uns vorzeitig die Arbeitsbeschäftigungsmaßnahme aufzugeben, da ein Vorankommen durch die anhaltende kritisch fordernde Haltung vieler dieser Mitarbeiter kaum möglich war. Einige Kollegen aus diesem Kreis übernahmen wir allerdings in einer Festanstellung, da diese unsere Ziele verstanden und sie verantwortungsvoll mit umsetzten. Nun erst fing mit diesen und weiteren neuen Kollegen unsere Initiative an in Fahrt zu kommen. Trotz viel Widerstand des großen örtlichen Agrarunternehmens (ehem. LPG), konnten wir den Gutshof kaufen und 70 ha. Land dazu pachten. Mit weiteren Mitarbeitern und dem Umbau des Gutshofes konnten wir die Landwirtschaft, eine Gärtnerei, eine Vollkornbäckerei, einen Hofladen, eine Schreinerei, eine Kantine, ein Kultur-Café, eine Herberge und Büros aufbauen, z.T. mit der eigenen Baugruppe. In diesem Prozess musste ich allerdings die Kollegen von der Notwendigkeit überzeugen, alle Werkstätten gleichzeitig zu entwickeln. Keiner der Arbeitsbereiche hätte an diesem abgelegenen Ort alleine existieren können, wenn nicht auch die angrenzenden Arbeitsbereiche funktionieren würden. Ein wirtschaftlich sich selbst tragender Dorforganismus musste mit seinen Grundpfeilern geschaffen werden. Um den millionenschweren Umbau zu stemmen, warb ich intern für ein assoziatives Wirtschaftsdenken, für welches ich auch ein internes Zahlungssystem mit Hilfe von Lieferscheinen entwickelte. Jeder Arbeitsbereich sollte sich den wirtschaftlichen Herausforderungen stellen können, damit auch Mieten für die Abzahlungen erwirtschaftet werden konnten. Gewinne gingen in den weiteren Immobilienausbau und ins Kulturleben. Von außen warb ich Spenden und private Darlehen an. Zusätzlich organisierte ich Kredite von einer ethisch orientierten Bank. Alles wurde fachkundig von unserem Vorstand begleitet, wozu ein Steuerberater und drei Gründungsmitglieder ähnlich orientierter Einrichtungen gehörten. Unser „Dorforganismus" nahm nun immer mehr Gestalt an. Unsere Gemeinschaft vertrat ich als Mitglied des mitteleuropäischen Camphill Wirtschaftsrates mit 15 Dorfgemeinschaften, in dem ich regelmäßig Ökonomiereferate hielt.

Wenn irgend möglich, hielt ich mir die Abende für die erweiterte Familie frei. Besonders liebte ich es, meinen Kindern vor dem Zubettgehen eine Geschichte zu erzählen oder vorzulesen.

An den Wochenenden durchstreiften wir oft die naheliegenden Wälder oder besuchten geschichtsträchtige Burgen. Für die Erwachsenen gab es jeden Samstag einen Bibelabend. Dies war wirklich ein aufbauender Ruhepunkt in der Woche. Mit einem Teil der Mitarbeiter betrieben wir eine Gemeinschaftskasse. So arbeitete ich nicht für mein eigenes

Einkommen, sondern für die anderen. Und die anderen arbeiteten für meinen Lebensunterhalt. Jede Familie hatte ihre eigene Wohnung, aber Autos und vieles mehr wurden gemeinsam benutzt. All das gab uns viel ökonomische Freiheit.

Parallel zu den organisatorischen und praktischen Tätigkeiten für den Aufbau des „Dorfes" hatte ich, wie schon in England, ein Beratungs- und Planungsbüro für Umwelt-, Siedlungs- und Sozialfragen mit einigen Angestellten aufgebaut. Bauplanungen konnten so für unser Dorf erarbeitet werden. Die Aufgaben nach außen waren z.B. die Mitwirkung bei der Stadtplanung Leipzig-Ost, ökologische Konzepterarbeitung zur Neubesiedlung der Zukunftsinsel Wustrow (mit Joachim Eble und Rainer Kroll) und das Ökostadt-Entwicklungskonzept Rom-Austika, Italien (auch mit Eble und Kroll). Ich führte Gespräche mit der palästinensischen Übergangsregierung und hohen EU-Vertretern über ökologische Wasserprojekte im Westjordanland und deren Finanzierung. Zum Schluss wuchs für uns ein Auftrag in Weimar-Taubach, in 50km Entfernung, immer mehr heran. Wir erarbeiteten für eine medizinische und sozialkulturelle Akademie die ökologische Geländegestaltung ihres 6 ha großen Baugeländes und koordinierten die Bauplanung von Akademiegebäuden für 400 Studenten, eine 60-Betten-Klinik, 70 Altenwohnungen, und eine Mitarbeitersiedlung. Für alles zusammen erwirkten wir in jahrelanger Kleinarbeit die politischen und behördlichen Genehmigungen. Wegen der Größe des Projektes nahm ich zum Schluss kaum noch andere Projekte an.

Das 44. Lebensjahr war mein Krisenjahr. Unser Dorfprojekt nahm nach außen immer konkreter Gestalt an und erfuhr auch in der Umgebung zunehmend Anerkennung. Nun kam aber ein Angriff von innen. Machtansprüche eines neuen Kollegen sorgten für erhebliche Spannungen, welche mich veranlassten, die Gemeinschaft zu verlassen. Mit Familie und Beratungsbüro, inklusive Mitarbeitern, zog ich nach Weimar. Für die vorher schon erwähnte Akademie bereiteten wir hier den Baubeginn vor. Dann kam der nächste Schlag. Die Banken verweigerten dem Vorstand der Akademie die Baukredite. Die ökonomische Situation in Ostdeutschland war ihnen nicht mehr stabil genug. Meine aufgelaufenen

Honorarforderungen an die Akademie konnten nicht beglichen werden und ich war gezwungen, meine Mitarbeiter zu entlassen. Während dieser schwierigen Zeit zeigten sich auch noch tiefe Risse im Fundament unserer Ehe, und ich verließ die Familie. Im Laufe der Zeit wurde mir immer bewusster, dass ich diese drei Niederlagen innerhalb eines Jahres meiner ungenügenden spirituellen Arbeit schuldete. Zu sehr war ich damit beschäftigt die äußere Welt zu meistern. So hatten mich negative Mächte bezwingen können.

Das erste Mal im Leben hatte ich nun Schulden. Meine Kinder sollten trotzdem weiter zur Waldorfschule gehen, Musikunterricht nehmen und gesund ernährt werden. (Diese Ausgaben für die Kinder, insbesondere für die Waldorfschule, waren wohl die zukunftsweisendsten in meinem Leben.) Auch kamen Fahrkosten für die Kinderbesuche und vieles mehr dazu. Ich fand mich in der gleichen Situation wie viele Millionen anderer getrennter Familien. Neue gut bezahlte Aufträge fielen nicht gleich vom Himmel. Für kleinere Aufträge reiste ich nach Norddeutschland, in die Schweiz und nach Ghana. Dann gab es einen schönen Auftrag bei der Weleda in Schwäbisch Gmünd. Ich sollte Wasseranlagen zur Klimatisierung im und an den neuen Verwaltungsgebäuden planen und die Dächer begrünen. Weiterhin kam eine Bauplanung und Bauleitung für ein kleines ökologisch-sozialtherapeutisches Wohnzentrum für aktive ältere Menschen in Wernstein, Bayern hinzu.

Im 46. Lebensjahr nahm ich eine Anstellung als Werkstattleiter in dem anthroposophischen Behindertendorf La Branche bei Lausanne an. Mein Gehalt und weitere Beratungen und Seminartätigkeiten erlaubten mir nun, die Schulden abzutragen. Meine Kinder kamen oft zu Besuch und arbeiteten häufiger mit, um sich etwas Geld zu verdienen. Das Arbeiten mit den behinderten Menschen und die geschäftliche Entwicklung der Werkstatt machten mir Freude, so dass ich blieb, wenn auch nur in Teilanstellung. Nebenher intensivierte ich meine Beratungs- und Planungstätigkeiten zu ökonomischen, ökologischen und sozialen Entwicklungsfragen. Dafür ging ich auch nach Ägypten (Sekem), Israel (Kibbuz), Bulgarien und Griechenland. Die Beschäftigung mit der Anthroposophie zur Kräftigung der äußeren Tätigkeiten wurde mir immer wichtiger.

Im 51. Lebensjahr lernte ich meine heutige Frau Isabelle kennen. Sie ist eine ehemalige Waldorflehrerin, und unsere Ideale und Fähigkeiten ergänzen sich sehr gut. Als erstes bauten wir ihr Elternhaus ökologisch um. Das Haus produziert heute mehr Energie als es verbraucht. Wir gründeten die Bildungsinitiative *„aktiv ZUKUNFT sichern"*, (auf Französisch: *„FONDER L'-AVENIR"*) mit der wir regelmäßig im Haus Lesekreise, Vorträge und Seminare zu ökologischen, sozialen, ökonomischen und kulturellen Themen organisierten. Wir halfen Landwirten bei der ökologischen Umstellung ihrer Betriebe und organisierten Hoffeste und Verbrauchertreffen.

Die Dorfeinrichtung La Branche hatte ich mittlerweile verlassen, da sie zunehmend von innen und außen institutionalisiert wurde und deren anthroposophischer Gründungsimpuls kaum noch zu finden war. Meine Bemühungen ein Klima des respektvollen Austausches und Mitbestimmung unter den Mitarbeitern zu erhalten scheiterte an der hierarchischen Autorität der nicht anthroposophischen neuen Direktorin und der ihr ergebenen Co-Direktoren. Selbst der biologisch-dynamische Landwirt wurde so unterdrückt, dass er den Betrieb verließ. Meine zum Schluss sogar sehr offenen Briefe fruchteten nicht und der Betrieb wurde zunehmend lebensfeindlichen Strukturen unterworfen. Eine Mischung aus Hörigkeit, Angst und Resignation herrschte unter den Mitarbeitern aber auch im Vorstand des Vereines. Auch hier gab es kaum noch Anthroposophen. Die alleinige Rechtsform des „Vereines" für den Grund und Boden, die Gebäude und gleichzeitig für den Betrieb machte die überspannte „Macht" der Direktorin möglich. Eine rechtliche „Gewaltentrennung" der verschiedenen Bereiche hätte die Entfremdung von den ursprünglich anthroposophischen Mensch- und umweltfördernden Idealen vielleicht nicht verhindern, aber mindestens reduzieren können.

Auch in Umwelt- oder Sozialverbänden, politischen Parteien, Kirchen oder anderen anthroposophischen Einrichtungen stelle ich zunehmend die abbauenden Kräfte einer fortschreitenden Institutionalisierung mit ihren wirtschaftsgetriebenen Machtstrukturen fest. Die eigentlichen Entwicklungsziele für Mensch und Umwelt geraten immer mehr in den Hintergrund. Man schaue da z.b. nur die „Grünen" in der Politik an, wie sie sich heute an das kapitalistische System angepasst haben.

Dass das Christentum oder die Anthroposophie oft nur noch wenig in deren weltlichen Einrichtungen zu finden ist, betrachte ich mit großer Sorge. Das vielfältige Versagen dieser eigentlich so entscheidenden Bewegungen für eine menschenwürdige Zukunft hinterlässt ein großes Vakuum.

Durch die Suche nach einem neuen Lebenssinn entstehen heute zunehmend spirituelle und alternative Organisationen und Gemeinschaften. Sie ziehen viele junge Menschen an, sind aber leider oft realitätsfremd organisiert.

Einige dieser Gruppen haben mich als Berater eingeladen, um Wege aus deren gemeinschaftlichen, finanziellen oder rechtlichen Problemen zu finden. Immer wieder musste ich mit sehr vielen Illusionen aufräumen. Die größte Illusion ist immer wieder der Wunsch nach „Selbstversorgung", gepaart mit der Vorstellung, dass dies mit nur wenig Ausbildung und Arbeitseinsatz möglich ist. Dass die Welt sie aber ständig mit dem größten Teil ihrer Bedürfnisse, wie Baumaterialien, Autos, Medizin, Energie, Elektronik usw. versorgt, wird kaum bewusst wahrgenommen. Gemeinsame, nach außen gerichtete Ziele gibt es kaum. Zusätzlich fand ich oft eine Mischung aus fast anarchistischen Entscheidungsstrukturen und spirituellen Idealen, die aber vorwiegend auf emotionalem Boden entwickelt werden. Von „Geistigkeit" habe ich dort aber wenig gespürt. Die Willenskräfte eine Idee in die Tat umzusetzen leiden bei diesem Hintergrund. Viele junge Menschen können so ihren „Beruf" (Berufung) nicht finden.

Gottseidank gibt es aber auch starke, inspirierende Persönlichkeiten, die trotz aller abbauenden Kräfte „über den Dingen" stehen und Neues in die Welt bringen. Immer wieder konnte ich solchen Menschen begegnen und mit ihnen arbeiten. Manche „Wunder" durfte ich so erleben. Am kraftvollsten inspirierten mich dabei die Menschen, für die der Christus nicht nur ein besonderer Mensch (Jesus) oder ein Prophet war, sondern ein reales göttliches Wesen ist, welches sich helfend mit der Erd- und Menschheitsentwicklung verbunden hat. Zur Beurteilung der Redlichkeit solcher Persönlichkeiten half es mir auch, die praktischen Ergebnisse in deren Umfeld anzuschauen. „Findet dort eine Entwicklung für Mensch und Umwelt statt oder nicht?" fragte ich mich dabei immer wieder. Durch Meditationsarbeit konnte auch ich mich der Geistessphäre etwas nähern und so meine Urteilskraft über diese Menschen erhöhen und mich unabhängiger von den oft schnell gefassten „Meinungen" anderer Menschen oder der Medien über solche Persönlichkeiten machen.

Meine wichtigste Begegnung mit einer außergewöhnlichen Persönlichkeit hatte ich in meinem 55. Lebensjahr. Sie ist bis ins Physische hinein tief mit dem Christus verbunden und hilft den Menschen in ihrem Umkreis, ganz frei lassend, das mystische Christusereignis zu verstehen. Die über Jahre hinweg regelmäßigen Zusammenkünfte, in einer Studiengruppe, mit dieser Persönlichkeit halfen mir meine Aufgaben noch ernster zu nehmen, gleichzeitig aber dies mit steigender Freude tun zu können. So wurde mir auch immer klarer, dass in jedem Menschen, egal welcher Herkunft oder Religion, ein „Entwicklungskeim" durch den Christus gelegt wurde. Die Entwicklung dieses Keimes hängt aber in erster Linie von der eigenen Arbeit ab. Diese Arbeit ist nicht nur eine nach innen gerichtete, sondern sie hängt auch sehr damit zusammen, in wieweit ich mich für meine Mitmenschen (weltweit) und den Erhalt unserer Erde engagiere.

Trotz großer Zurückhaltung, ist diese Persönlichkeit enormen Anfeindungen ausgesetzt. Ihre Bücher und Arbeitskreise über den Christus stoßen in unserer intellektuellen und materialistischen Zeit z.T. auf erbitterten Widerstand. Dies auch bei einigen Anthroposophen. Dabei kennen die Kritiker diese Persönlichkeit oft nicht einmal persönlich oder haben deren Bücher nicht gelesen. Andere Meinungen werden oft *ohne Prüfung* einfach übernommen.

Auch bei unseren „Meinungen" über die politischen, sozialen, wirtschaftlichen und ökologischen Hintergründe in der Gesellschaft ist es mit der Objektivität nicht unbedingt gut bestellt. In der Regel wird als die eigene Meinung wiedergegeben, was durch die Medien, auch alternative Medien, verbreitet wird. Darum bemühe ich mich immer wieder, die Tatsachen selbst aufzusuchen und durch das Analysieren der Phänomene hinter den Gegebenheiten selbst zu einem objektiveren Bild zu kommen. Durch das Studium der Anthroposophie von Rudolf Steiner bekomme ich oft noch einen zusätzlichen Blickwinkel, der mir hilft, die richtige Spur zu finden.

Neben meinen Ideellen-, Beratungs- und Planungstätigkeiten bin ich auch praktisch tätig. Mit meiner kleinen Firma „Natur & Technologie AG" organisiere ich seit 2008 ökologische Haussanierungen, Solarheiz-Systeme und Wassergärten, die von engagierten Mitarbeitern ausgeführt werden.

Meine Frau Isabelle und ich haben einen Fonds „Erde und Kultur" innerhalb der gemeinnützigen Stiftung Edith Maryon Basel gegründet*. Erde und Kultur, die Grundvoraussetzungen für eine jegliche menschliche und wirtschaftliche Entwicklung, wollen wir neu zusammenbringen, damit besonders die junge Generation wieder Perspektiven für das Leben entwickeln kann. (Siehe das Reglement weiter unten.) Die Gründungstätigkeit brachte mich auch in die Gruppe „Gemeingut Boden", welche eine öffentliche Plattform für einige Schweizer Stiftungen organisiert, die den Boden und Immobilien durch Schenkungen und Käufe aus dem Spekulationskreislauf nehmen und sie idealerweise für kulturaufbauende Initiativen zur Verfügung stellen. (*Siehe www.GemeingutBoden.ch*)

Im Oktober 2015 wurde ich von einer Stiftung gebeten „Hof Maiezyt" in Habkern im Berner Oberland beratend zu besuchen. Der Demeter Bergbauernhof mit zwei Gästehäusern für Gruppen wurde von einer Familie und einigen Mitarbeitern durch außerordentliche Leistungen liebevoll aufgebaut. Der Weggang der mittragenden Mitarbeiter und krankheitsbedingt von dem mittlerweile außerhalb lebenden Besitzer, wurde Hof Maiezyt nur noch mit Hilfe von zwei jungen Mitarbeitern bewirtschaftet. Es ging um die drängende Frage: Mit welchem Konzept und welchen Menschen könnte Hof Maiezyt weiter geführt und der Besitz in eine Stiftung überführt werden? Um den Betrieb auch von innen kennenzulernen stiegen meine Frau Isabelle und ich Weihnachten 2015 für zwei Wochen voll in den Betrieb ein. Aus konventioneller Sicht hatte das Projekt keine wirtschaftliche Überlebenschance und die Häuser hätten einzeln verkauft werden müssen um auch die aufgelaufene Schuldenlast begleichen zu können. Die Überlastung der jungen Mitarbeiter brachte auch sozial den ganzen Betrieb an die Grenze des Machbaren, so dass sie beabsichtigten bald zu gehen. Um einen Zusammenbruch zu verhindern, arbeiteten wir nun drei Tage die Woche am Hof Maiezyt und organisierten zwei neue Mitarbeiter für eine Übergangszeit.

Nach meiner Einschätzung hatte Hof Maiezyt nur eine Chance, wenn er von mehreren weitsichtigen Idealisten übernommen würde, die keine Arbeit scheuen, neue Einnahmequellen erschließen und sich mit kleinen Einkommen zufrieden geben können. Die folgenden Monate machten wir uns intensiv auf die Suche solche Menschen zu finden. Zu Ostern 2016 organisierten wir dann ein viertägiges Gründungsseminar mit 14 Bewerbern. Wir arbeiteten theoretisch an den Zielen, aber auch an den zu erwartenden Herausforderungen in den verschiedenen Arbeitsbereichen, im Sozialen, im Wirtschaftlichen, im Rechtlichen usw. Allen wurde klargemacht wie existentiell diese Herausforderungen sind und für mindestens ein Jahr eine gewaltige Aufbauarbeit bevorsteht. Als Grundlage für das Seminar nahmen wir ein Arbeitspapier zu Gemeinschaftsgründungen, welches ich ein Jahr zuvor ausgearbeitet hatte (Siehe Kapitel „Tragende Gemeinschaften"). Wir arbeiteten auch täglich einige Stunden in der Küche, im Stall oder beim Holzspalten um einander praktisch kennenzulernen. Am Ende dieser Tage entschlossen sich fünf Menschen, inklusive Isabelle und mir, die Verantwortung für Hof Maiezyt übernehmen zu wollen. Vier weitere Menschen entschlossen sich im Projekt für eine Übergangszeit mitzuhelfen. Am 1. Mai 2016 übernahmen wir dann auch offiziell den Betrieb Hof Maiezyt.

Nun mussten neue Einnahmequellen schnellstmöglich hinzukommen. Dazu wurde im Juli 2016 eine kleine Bio-Beizli mit 20 Sitzplätzen eröffnet und die ersten Zimmer für Einzelgäste in der ehemaligen Wohnung der vorherigen Familie eingerichtet und angeboten. Dafür wurden mit den Mitarbeitern meiner kleinen Baufirma neue Bäder gebaut und sehr viel in beiden Gästehäusern renoviert. Eine neue Internetseite und

Buchungsportale wurden eigerichtet. Ab November 2016 kamen auch selbst organisierte Seminare hinzu, die zusätzlich Seminargebühren, Übernachtungs- und Verpflegungseinnahmen brachten. Für den Bauernhof bauten wir eine neue Scheune, so dass die Landmaschinen nicht weiter dem Regen und Schnee ausgesetzt waren. Wir Mitarbeiter begnügten uns erst einmal mit einfachsten Wohnverhältnissen.

Für über ein Jahr kam unsere Gemeinschaft durch Überarbeitung immer wieder an ihre Grenzen, was auch im Sozialen zu Spannungen führen konnte. Gemeinsame Studienarbeiten an der „Anthroposophie" Rudolf Steiners und der „Gewaltfreien Kommunikation" von Marschall Rosenberg gaben uns aber immer wieder eine Basis.

Die Früchte der schweren Pionierarbeit unserer Vorgänger und dann unserer Gemeinschaft dürfen nicht nur wir, sondern auch unsere Gäste genießen. Schulklassen und andere Gruppen steht ein renoviertes und Solargeheiztes Gästehaus von 1755 zur Verfügung. Manche Gruppen helfen auf dem Hof, der Alp oder in der Käserei mit. Die große Ferienwohnung im solargeheizten Haupthaus von 1868 kann 14 Familienmitglieder oder Freunde beherbergen. Grill- und Spielplätze stehen zur Verfügung nachdem man die herrliche Bergwelt erwandert hat und noch einmal die Grauviehkühe mit ihren Kälbern am Hof bewundert hat. Weitere ökologisch renovierte Einzel-, Doppel- und Familienzimmer stehen Menschen, die etwas besonders suchen zur Verfügung. In unserer Biobeizli kann man sich morgens, mittags und abends verwöhnen lassen. Wer möchte, setzt sich zu unserer Gemeinschaft einfach an den Tisch und kann sich näher über die Gemeinschaftsintensionen informieren, aber auch persönliche Anliegen austauschen.

Und hier liegt unsere eigentliche Motivation, für die wir so viel auf uns nehmen. Wir denken, dass wir Menschen uns viel mehr über zukunftsfähige Lebensinhalte austauschen sollten. Nur so können wir beginnen uns aus der Sklaverei unseres heutigen egoistischen Systems zu befreien.

Um mehr in die Tiefe gehen zu können, organisieren wir auch Seminare zu verschiedenen Lebensfragen. Selber biete ich immer wieder Seminare zu Gemeinschafts- und Unternehmensgründungen sowie Ökologie-, Wirtschafts- und Geldfragen an, auf Einladung auch an anderen Orten. So bat mich eine Gruppe in Interlaken mit ihnen ein neues „Schenkgeld-System" für die Region zu erarbeiten.

Näheres zu den Aktivitäten von Hof Maiezyt finden Sie unter
www.hofmaiezyt.ch

Uwe Burka kann persönlich unter uweburka@posteo.org
angeschrieben werden.

Reglement des Fonds „Erde und Kultur"

I. Errichtung, Name und Zweck des Fonds

Art. 1 Innerhalb der Stiftung Edith Maryon besteht ein Fonds „Erde und Kultur", errichtet auf der Grundlage des Schenkungsvertrages zwischen Uwe Burka, Isabelle Goumaz Burka und der Stiftung Edith Maryon vom 18. Dezember 2014.

Art. 2 Der gemeinnützige Fonds „Erde und Kultur" bezweckt die Förderung und Unterstützung von Entwicklungen verantwortungsbewusster Beziehungen zwischen Mensch und Natur, vor allem im Bereich der Landwirtschaft. Er vermittelt die Bewusstseins- und Verantwortungsbildung in der Bevölkerung für eine gesunde Landwirtschafts- und Kulturentwicklung.

Zu diesem Zweck fördert der Fonds nachhaltige landwirtschaftliche Praktiken und Techniken zur Pflege und Verbesserung der natürlichen Fruchtbarkeit des Bodens sowie zur gesunden Entwicklung von Pflanzen und Tieren in Übereinstimmung mit der lokalen Umgebung.

Zur Erfüllung des Zwecks kann der Fonds helfen durch:

- Förderung von sozial-kulturellem Austausch zwischen Landwirten, Nachbarn, Städtern oder anderen Bevölkerungsteilen mit dem Ziel, sich stimulierend zu begegnen und voneinander zu lernen;

- Entwicklung von neuen sozial-ökologischen Bewirtschaftungs- und Vermarktungskonzepten mit Landwirten und Konsumenten;

- Förderung und Durchführung von Praktika, Seminaren und Kursen idealerweise auf Bauernhöfen für Interessierte, namentlich Kinder und Jugendliche;- Erwerb von Bauernhöfen, soweit damit der Zweck des Fonds gefördert wird;

- Führung eines oder mehrerer Bauernhöfe (Versuchs- oder Schulbetrieb) zum Zwecke der Wissenschaft, Forschung und Entwicklung der landwirtschaftlichen Individualität im Sinne des Fondszwecks.

Der Fonds „Erde und Kultur" konnte schon einige ökologische Landprojekte, insbesondere solche mit pädagogischen Zielsetzungen unterstützen.

Auch Sie können sich mit einer Spende beteiligen:

Kontoinhaberin ist jeweils die Stiftung Edith Maryon, Gerbergasse 30, CH-4001 Basel.

Für Zahlungen in CHF bitte dieses Konto angeben/verwenden: mit Vermerk: „Fonds Erde und Kultur"

Freie Gemeinschaftsbank Basel

IBAN:CH22 0839 2000 0040 0152 4

BIC:RAIFCH22XXX

Für Zahlungen in EUR bitte dieses Konto angeben/verwenden:

Bitte mit dem Vermerk „Fonds Erde und Kultur"

Credit Suisse (Schweiz) AG

IBAN: CH21 0483 5091 7381 7200 0

BIC: CRESCHZZ80A

Jeder kann die Zukunft mitgestalten" von Uwe Burka

Dieses Buch ist ein Geschenk,
auch zum Weiterschenken …

Der Autor und viele Leser der ersten Auflage machten dies möglich.

Falls auch Sie dieses Buch stimulierend finden und an einer noch größeren Verbreitung interessiert sind, beteiligen Sie sich doch bitte mit einem kleinen Betrag an der Finanzierung der nächsten Geschenk-Auflage und Übersetzungen.

Konto CHF:

Uwe Burka, Freie Gemeinschaftsbank Basel,

IBAN CH91 0839 2000 0040 1037 0, BIC: BLKBCH22

Konto EUR:

Uwe Burka, GLS-Bank Bochum,

IBAN DE23 4306 0967 0033 7455 40, BIC: GENODEM1GLS

Gerne schenken wir auch Ihren Freunden ein Buch:

Dazu senden Sie uns bitte *einen adressierten und frankierten B5-Briefumschlag ohne Polster (CH = 2,0 CHF, D = 1,0 €, A = 2,5 €).*
Für bis zu 20 Bücher schicken Sie uns bitte eine Adresse und 20,00 CHF oder 15,00 € für den Versand zu der jeweiligen Landesadresse:

Uwe Burka
La Vulpillière 10
CH 1070 Puidoux
uweburka@posteo.org

Schweiz: Uwe Burka, ~~Hof Maiezyt, CH 3804 Habkern~~

Deutschland: Kultur-Tankstelle, Autohaus Manske GmbH & Co KG
Hauptstr. 49, D-79591 Eimeldingen

Österreich: Daniela Schmock, Kulturraum Gut Oberhofen
A-4894 Oberhofen am Irrsee

Auf unserer Website *www.aktivZUKUNFTsichern.com* ist zu erfahren, wie viel Vorrat es noch hat. Dort kann es auch frei heruntergeladen werden.

Dieses Buch ist ausdrücklich zum Kopieren freigegeben. Der Name des Autors sollte bei einer Weitergabe allerdings mit angegeben werden und der Sinn des Gesamtinhaltes bei der Verwendung einzelner Passagen nicht verfälscht werden. In diesem Sinne können auch die Zeichnungen von Isabelle Goumaz Burka kopiert werden.

Dieses Buch gibt es auch frei in elektronischer Form unter:

www.aktivZUKUNFTsichern.com

Peter Jósika

Ein Europa der Regionen

Trotz aller Anstrengungen ist es bisher weder der EU noch den Nationalstaaten gelungen, nationale Konflikte und Vorurteile zu überwinden. Nirgends gelang es, basisdemokratische Strukturen aufzubauen und wettbewerbsfähige wirtschaftliche Bedingungen zu schaffen.

Stattdessen steckt Europa in einer schweren von Strukturschwäche, Arbeitslosigkeit und Verschuldung gekennzeichneten Krise und kämpft mit seiner größten Zerreißprobe seit dem Zweiten Weltkrieg.

Über die Wurzeln dieses Dilemmas wird heftig diskutiert. Tragende Lösungen sind keine in Sicht. Das Buch geht dem Übel auf den Grund.

2014 erschienen im

IL-Verlag, Basel, Schweiz

ISBN: 978-3906240-10-7. Preis: 19,80 CHF / 16,80 EUR

NOTIZEN

NOTIZEN